新时代党的创新理论研究论丛

主编单位 **青海大学** 丛书主编 杨玢 张利涛

人才生态系统优化研究

RESEARCH ON THEORY OF
TALENT ECOSYSTEM

周忠坚 著

社会科学文献出版社
SOCIAL SCIENCES ACADEMIC PRESS (CHINA)

总　序

习近平总书记指出："这是一个需要理论而且一定能够产生理论的时代，这是一个需要思想而且一定能够产生思想的时代。"① 作为与实践相对应的哲学范畴，理论始于常识、源于实践，其发端于对事物发展客观规律的揭示，也呈现为对事物发展规律的逻辑化阐述和系统化概括。理论是行动的指南，列宁强调："没有革命的理论，就不会有革命的运动。"② 理论之所以重要，恰恰在于理论具有实践伟力，它一旦被广大人民群众所掌握，就能变成强大的实践力量。但与此同时，"实践没有止境，理论创新也没有止境。要使党和人民事业不停顿，首先理论上不能停顿"③。时代在不断前进，事业在不断发展，立足于实践发展之上的理论创新一刻也不能停止。中国特色社会主义进入新时代、迈向新征程，我们在理论上必须要跟上时代，在中国特色社会主义的生动实践中，坚持"两个结合"，不断推进马克思主义的中国化时代化发展，持续推进新时代党的理论创新。

习近平新时代中国特色社会主义思想是当代中国马克思主义、二十一世纪马克思主义，是中华文化和中国精神的时代精华，开辟了马克思主义中国化时代化新境界，实现了马克思主义中国化时代化新的飞跃，是全党全军以及全国各族人民必须长期坚持的根本指导思想。习近平总书记明确强调："实践告诉我们，中国共产党为什么能，中国特色社会主义为什么好，归根到底是马克思主义行，是中国化时代化的马克思主

---

① 习近平：《在哲学社会科学工作座谈会上的讲话》，人民出版社，2016，第 8 页。
② 《列宁全集》第 2 卷，人民出版社，1984，第 443 页。
③ 习近平：《论党的宣传思想工作》，中央文献出版社，2020，第 131 页。

义行。"① 中国共产党自成立以来，始终坚持以马克思主义为指导，坚定社会主义、共产主义信仰，高度重视并致力于把马克思主义基本原理同中国具体实际相结合、同中华优秀传统文化相结合，坚持解放思想、实事求是、与时俱进、求真务实，不断推进马克思主义中国化时代化。中国共产党的历史，就是一部不断推进理论创新、进行理论创造的历史，理论创新始终贯穿于中国共产党的百年光辉历程，其生动佐证了"马克思主义之所以行，就在于党不断推进马克思主义中国化时代化并用以指导实践"②。在不断推进马克思主义中国化时代化的过程中，中国共产党不断赋予马克思主义鲜明的中国特色、民族特色、时代特色，让马克思主义成为中国的，让中华优秀传统文化成为现代的，从而实现了马克思主义与中华优秀传统文化价值耦合与创新发展之双向赋能。马克思主义是我们立党立国的根本指导思想，是我们党的灵魂和旗帜。恩格斯深刻指出："马克思的整个世界观不是教义，而是方法。它提供的不是现成的教条，而是进一步研究的出发点和供这种研究使用的方法。"③ 马克思主义必须随着实践发展而发展，必须中国化才能落地生根，必须时代化才能深入人心。不断丰富和发展马克思主义，不断推进马克思主义中国化时代化，是中国共产党人的神圣职责，也是所有哲学社会科学工作者尤其是马克思主义理论工作者的使命担当。

思想建党、理论强党是我们党的鲜明特色和宝贵经验。理论上清醒，政治上才能坚定。习近平总书记指出："要把学习贯彻党的创新理论作为思想武装的重中之重，同学习马克思主义基本原理贯通起来，同学习党史、新中国史、改革开放史、社会主义发展史结合起来，同新时代我们进行伟大斗争、建设伟大工程、推进伟大事业、实现伟大梦想的丰富实践联系起来，在学懂弄通做实上下苦功夫。"④ 马克思主义是随着时代、实践等与时俱进不断发展着的开放的理论体系，它并没有结束真理，而是开辟了通向真理的道路。一百多年来，中国共产党在坚持马克思主义基本原理同

---

① 《习近平著作选读》第 1 卷，人民出版社，2023，第 14 页。
② 《习近平谈治国理政》第 4 卷，外文出版社，2022，第 29 页。
③ 《马克思恩格斯选集》第 4 卷，人民出版社，1995，第 742~743 页。
④ 《习近平著作选读》第 2 卷，人民出版社，2023，第 300~301 页。

中国具体实际相结合、同中华优秀传统文化相结合的过程中，创立了毛泽东思想，创立了邓小平理论，形成了"三个代表"重要思想、科学发展观，创立了习近平新时代中国特色社会主义思想等，为党和人民事业发展提供了科学理论指导。党的理论创新每前进一步，理论武装就要跟进一步。习近平总书记指出："加强思想教育和理论武装，是党内政治生活的首要任务，是保证全党步调一致的前提。"① 认真学习马克思主义理论，加强新时代党的理论武装工作，这是我们做好一切工作的看家本领。"一个民族要走在时代前列，就一刻不能没有理论思维，一刻不能没有正确思想指引。"② 新时代新征程，要推进理论学习教育不断往深里走、往心里走、往实里走，强化理论武装，把牢思想之舵；要进一步增强党的创新理论的传播力、感染力、影响力，自觉坚持用习近平新时代中国特色社会主义思想武装头脑、指导实践、推动工作，让当代中国马克思主义、21世纪马克思主义放射出更加灿烂的真理光芒。

习近平总书记强调："新时代新征程，要坚持守正创新，聚焦学习宣传贯彻新时代中国特色社会主义思想，着力深化体系化、学理化研究阐释，着力增强学习宣传的针对性、实效性，推动党的创新理论更加深入人心。"③ "新时代党的创新理论研究论丛"正是立足时代背景、基于时代需求应势而创的理论著作。该论丛主要包括《新时代中国特色社会主义前沿问题研究》《铸牢中华民族共同体意识实践研究》《人才生态系统优化研究》《社会主义核心价值观教育研究》等著作。论丛坚持以习近平新时代中国特色社会主义思想为指导，运用马克思主义立场、观点和方法，重点围绕新时代党的创新理论这一主题，整合多学科交叉视野深入探究了新时代中国特色社会主义的重大理论和实践命题，尤为聚焦中国式现代化、"第二个结合"、新时代党的建设与社会治理、铸牢中华民族共同体意识、人才生态系统优化、培育和践行社会主义核心价值观等具象化时代命题。旨在

---

① 《习近平著作选读》第1卷，人民出版社，2023，第523页。
② 《习近平谈治国理政》第4卷，外文出版社，2022，第29页。
③ 《习近平对新时代马克思主义理论研究和建设工程作出重要指示强调 扎根中国大地赓续中华文脉厚植学术根基 为推进马克思主义中国化时代化作出更大贡献》，《人民日报》2024年11月30日，第1版。

通过对新时代党的创新理论的系统研究和深入阐释，为广大读者全面了解和深刻理解党的理论创新与中国特色社会主义伟大事业之间的辩证关系提供系统化参考与针对性借鉴。据此进一步推动新时代党的创新理论更加深入人心，以理论自信增强思想自觉、夯实行动自觉，进而为推进全面建成社会主义现代化强国、奋进实现中华民族伟大复兴筑牢坚实的社会基础、提供动力保障。

骆郁廷

2025 年 1 月

前　言

马克思主义高度重视以扬弃形而上学并形成辩证思维的思想变革来实现人的思维革命和思想解放，进而实现人的自由而全面的发展的全人类的解放。马克思指出："批判的武器当然不能代替武器的批判，物质力量只能用物质力量来摧毁；但是理论一经掌握群众，也会变成物质力量。"① 恩格斯强调："一个民族要想站在科学的最高峰，就一刻也不能没有理论思维。"② 习近平总书记在纪念马克思诞辰 200 周年大会上的讲话中引用了恩格斯的这一论述，并进而强调中华民族要实现伟大复兴，也同样一刻不能没有理论思维。科学先进的世界观和方法论是我们正确认识这个具有不确定性的复杂世界并从复杂性现象中寻找简单性规律和真理的制胜法宝，一旦确立并被广大人民群众掌握和运用于社会变革，就会形成一种左右未来发展趋势的巨大支配力量，引领世界的发展潮流。在当今世界百年未有之大变局的加速演进期和中华民族伟大复兴进入关键期的新时代，以习近平同志为核心的党中央把系统观念作为治国理政基础性的思想和工作方法，确立为前瞻性思考、全局性谋划、整体性推进党和国家各项事业的科学思想方法，并通过系统观念和系统思维方法统筹谋划和全面推进党和国家各项事业、解决民族复兴伟业中的复杂性矛盾问题，运用 21 世纪的"武器的批判"来凝聚推动民族复兴、改变世界格局的磅礴伟力。

进入新时代，以习近平同志为核心的党中央高度重视人才工作，在《国民经济和社会发展第十四个五年规划和 2035 年远景目标纲要》中明确提出了我国到 2035 年建成人才强国的远景目标，在 2021 年 9 月的中央人

---

① 《马克思恩格斯文集》第 1 卷，人民出版社，2009，第 11 页。
② 《马克思恩格斯文集》第 9 卷，人民出版社，2009，第 437 页。

才工作会议上提出了深入实施新时代人才强国战略的具体举措，在党的二十大报告中进一步明确了人才作为全面建设社会主义现代化国家的基础性、战略性支撑地位，并强调"要坚持教育优先发展、科技自立自强、人才引领驱动，加快建设教育强国、科技强国、人才强国"①，指引我国踏上了新时代人才强国建设的新征程，也为我们研究人才建设和开展人才工作提供了根本遵循。在以中国式现代化全面推进强国建设、民族复兴伟业的伟大征程中，我们有必要运用系统观念和系统思维方法深入研究人才问题，立足研究系统内部要素之间及系统与环境之间的相互联系和作用来整体把握其结构与功能，通过系统思维分析事物的内在机理和运行规律，运用系统方法解析事物的动力来源及演进趋势。

本书的研究思路就是运用系统观念和系统思维方法，聚焦人才生态系统优化这一主题进行深入探讨，按照"分析态势—优化结构—提升功能"的自组织过程，研究分析和调整优化系统内人才与内外部环境之间的相互关系和作用，进而优化自组织结构、提升自组织功能，着力将现有系统进一步优化成具有耗散结构和自主优化功能的更高级复杂系统。首先，从研究所需要的基本理论和概念入手，结合已有成熟的科学理论和研究成果，对人才与生态环境之间的关系表象进行研究，界定人才生态系统优化的相关概念内涵，提炼抽象出研究的理论工具和主要指向，从而了解和掌握系统优化的一些规律性认识，奠定研究的基本认知和理论基础。其次，在此基础上结合当前系统发展的需求分析，规划确立系统优化的一个"总目标"和三个"分目标"，并明确目标规划实施的指导思想和基本原则，构建一般性的人才生态系统优化影响生态因子指标体系，探索开发出根据测量系统熵流值变化来预测发展趋势的系统优化概念模型与计量模型，再通过透析系统优化机制洞察优化的运行规律，为制定具体优化策略提供理论参考和量化工具。再次，制定实施人才生态系统优化的具体策略，分别从融合发展理念、系统优化思维、生态价值导向三个方面培塑系统生态文化，从人才生态位调配、生态链管理、生态网平台搭建、生态环境创设四

---

① 习近平：《高举中国特色社会主义伟大旗帜 为全面建设社会主义现代化国家而团结奋斗——在中国共产党第二十次全国代表大会上的报告》，人民出版社，2022，第33页。

个层面优化人才网络结构，从增强自组织功能、发挥自组织作用、强化体系合力三个方面提升体系功能，探寻创新优化策略实施的基本范式，优化生成具有良好自适应、自稳定、自创新功能的自组织生态系统。最后，通过发挥人才生态系统的自平衡机制，建立动态监测评估体系和安全预警管理机制，维护系统自组织优化的稳定有序，促使生态系统服务产生更好的功效，最终构成网络化、体系化、智能化的系统优化闭环循环体系。通过深入研究，努力实现"三个转变"：在研究对象上，实现以人才个体（或群体）为中心到以人才生态系统为中心的转变；在研究理念上，实现从人才生态理念到人才生态系统理念的转变；在研究方法上，实现从运用局部表现整体的机械还原论方法到整体透视局部的生态系统论方法的转变。

目录 Contents

导论 系统观念视域下研究人才问题的新视角

习近平总书记在党的二十大报告中指出："必须坚持科技是第一生产力、人才是第一资源、创新是第一动力，深入实施科教兴国战略、人才强国战略、创新驱动发展战略，开辟发展新领域新赛道，不断塑造发展新动能新优势。"① 这一重要论述充分表明，人才是实现中华民族伟大复兴这一宏伟事业的第一要素和变革的第一动力，是中国式现代化建设中最宝贵、最重要的第一资源，也是生成新质生产力最积极、最活跃的因素。在以中国式现代化全面推进强国建设、民族复兴伟业的伟大征程中，我们迫切需要各级组织和各类人才从看齐追随的政治高度科学把握习近平新时代中国特色社会主义思想的深邃要义，跟上全面深化改革的时代步伐，着重在人才强国建设中开展大刀阔斧、脱胎换骨的"自我革命"，在革故鼎新、守正创新中实现人才队伍素质建设、人才生态环境建设和高质量系统合力的自我发展及质的跨越，为实现中华民族伟大复兴提供充足的人才保障和智力支撑。

一 运用系统观念深入研究人才生态系统的系统合力

列宁说过："如果从事实的整体上、从它们的联系中去掌握事实，那么，事实不仅是'顽强的东西'，而且是绝对确凿的证据。"② 在自然环境

---

① 习近平：《高举中国特色社会主义伟大旗帜 为全面建设社会主义现代化国家而团结奋斗——在中国共产党第二十次全国代表大会上的报告》，人民出版社，2022，第 33 页。
② 《列宁全集》第 28 卷，人民出版社，2017，第 364 页。

中，池塘里偶有几条鱼死了，极有可能是死鱼自身的问题；而一旦大量的鱼连续成片死亡，则是与鱼的生存密切相关的池塘生态环境出现了大问题，就要从生态源头上加以治理解决。这一结论同样适用于社会生态特别是人才生态。人才作为一个生命体，其生命力的延续和潜力的发挥与社会所提供的工作条件和生态环境密不可分，人才是时代的产物，为环境所塑造，个体成长为人才与其所处的外部环境有着密切的关系。[1] 在国家和社会各领域分工日益细化、功能日益智能的信息化智能化时代，人与劳动工具呈现一体化智能化的趋势，结合得越来越紧密，人才的专业化水平越高、层次化要求越多，其生存和成长对生态环境的依赖也越强。任何一个人才的成长进步和作用发挥，都离不开正确的思想引领、离不开厚实的物质基础、离不开合理的制度保障、离不开良好的氛围熏陶、离不开健康的文化滋养……归根到底，都需要一个积极、健康、正面的成长和发展环境——良好的生态环境。随着世界人类生存环境的持续恶化和对环境质量问题的普遍重视，"生态""生态环境""生态危机""生态文明"等生态学专业术语成了全球互联网搜索的高频词，生态理念和生态文明建设已经普及渗透到我们的工作和生活之中。党的十八大以来，以习近平同志为核心的党中央高瞻远瞩，从"生态兴则文明兴，生态衰则文明衰"[2]"像对待生命一样对待生态环境"[3] 的高度重视生态环境问题，在国务院机构改革中设置了生态环境部，举全国之力大抓生态文明建设，加强"既要金山银山，也要青山绿水"的生态环境保护，致力于为我们及子孙后代留下健康可持续发展的"一块绿地""一片蓝天""一派生机"的"美丽中国"，让习近平生态文明思想走进千家万户，深入人心头脑，进一步凸显了生态环境问题的极端重要性。同时，以习近平同志为核心的党中央高度重视生态环境对人才的影响和塑造，致力于为各类人才打造良好的政治生态，让我们更加深刻地体会到党中央对改变人才生态环境的指示精神和殷切期望，进一步增强了我们从生态环境的角度思考和研究解决人才生态系统问题的

① 李建昌主编《军事人才学概要》，国防大学出版社，2010，第95页。
② 《习近平谈治国理政》第3卷，外文出版社，2020，第374页。
③ 习近平：《决胜全面建成小康社会 夺取新时代中国特色社会主义伟大胜利——在中国共产党第十九次全国代表大会上的报告》，人民出版社，2017，第24页。

动力。

时代在发展，科技在进步，人才的环境和需求也始终处于动态变化之中。农耕时代"文武兼备"的体能型人才拥有比较优势，工业化时代"人机结合"的技能型人才主导发展态势，而进入信息化智能化时代，随着人机一体、系统集成的人工智能产品大量涌现，人才素质需求发生了从"角技"到"角智（角心）"的重心移位，与之相适应的是人机融合的知识型、智能型人才占据制胜高点，优势互补、有机融合、系统整合的人才群体成为建设主体并走上时代前台。但是，当前学界对人才问题的研究多局限于由工业化向信息化智能化转型的理论体系和思维模式，更多地关注人才个体或团体的培养、选拔、任用、考核、开发等局部领域，往往以人才为中心主体来看待外部环境问题，而缺乏从系统整体和动态发展的视角研究人才与生态环境的相互关系与作用问题，从思维科学的领域深入研究人与环境之间的关系问题略显不足，运用系统观念和系统思维进一步研究人才生态系统更显单薄。许多研究成果片面强调人才的单向能动性而忽视了人才对生态环境的反向适应性，片面强调人与工具的物质组合而忽视了人与思想文化的精神融合，片面强调强制性外力干预的他组织作用而过度抑制自组织作用发挥，片面强调眼前利益和局部领域的建设发展而忽视了系统有机联系和动态优化的可持续发展。这在相当程度上人为割裂了人才与外部环境所形成的系统性，忽视了运用运动的、发展的观点来看待人才系统的演进过程，正如马克思恩格斯在批判机械唯物论时所说，"它不能把世界理解为一种过程，理解为一种处在不断的历史发展中的物质"[1]，"把各种自然物和自然过程孤立起来，撇开宏大的总的联系去进行考察，因此，就不是从运动的状态，而是从静止的状态去考察；不是把它们看做本质上变化的东西，而是看做固定不变的东西；不是从活的状态，而是从死的状态去考察"[2]。这种单纯从人才角度研究生态环境问题的方法有一定的片面性和局限性，在一定程度上忽视了人才与生态环境之间的相互关系和作用问题，更忽视了各类人才群体与生态环境共同形成的系统合力问题。

---

[1] 《马克思恩格斯选集》第 4 卷，人民出版社，2012，第 235 页。
[2] 《马克思恩格斯文集》第 9 卷，人民出版社，2009，第 24 页。

马克思主义蕴含着丰富的系统观念和系统思维方法，"马克思主义辩证法的唯物论立场，确实把商品、资本等客观事物看作现实事物的整体，主张不要把现实事物的各个方面割裂开来，同时主张其过程以其内部矛盾为动力的自己运动"①。一般系统论鼻祖贝塔朗菲（L. von Bertalanffy，又译作"贝塔兰菲"，下同）引用司各脱的话说：对于有计划组成结构的正式组织的理论研究，"它接受的前提是研究组织的唯一有用的办法是把它作为系统来研究"，采用把"组织作为相互依存的变量所组成的系统来研究"的系统分析方法。② 因此，我们有必要运用马克思主义系统观念及思维方法与已有生态学和现代系统学的科学理论及方法，深入研究人才群体与生态环境之间的相互关系和相互作用，进而探索研究人才生态系统的理论构建和实践应用。本书将从把握"两个大局"和实现人才强国战略目标的高度，从研究人才与生态环境的相互关系和作用入手，以系统生态学、复杂适应性系统理论、系统管理理论及相关学科为科学理论支撑，力求构建一套适应变化、科学合理、具体可行的人才生态系统研究理论体系，并且通过重塑人才队伍的良好生态环境，调整优化生态系统的结构与功能，使生态系统结构达到最佳状态、系统功能达到最大效能，努力培养造就一大批能够担当民族复兴大任、实现人才强国战略的新型高素质人才。

二 运用系统科学解决人才生态系统
存在的突出问题

党的十八大以来，以习近平同志为核心的党中央从"八项规定"入手，以壮士断腕、雷霆万钧之势和惩前毖后、治病救人之心，坚持"老虎苍蝇一起打"，对各种腐败现象进行彻底肃清、正本清源、匡正祛邪，"青山绿水"的人才生态环境逐渐显现，坚持依法治国，通过制定一系列法规制度和政治规矩，努力实现从以依靠行政命令为主的"人治"模式向以依

---

① 〔日〕见田石介：《资本论的方法研究》，张小金等译，中国书籍出版社，2013，第6~7页。
② 〔奥〕贝塔兰菲：《一般系统论》，秋同、袁嘉新译，社会科学文献出版社，1987，第6页。

靠法规制度为主的"法治"模式的转变，逐步形成了不敢腐、不能腐、不想腐的良好政治生态。各单位部门也越来越重视人才生态环境的营造，采取多项措施营造有利于人才发展的"肥沃土壤"和人才聚合的"新鲜空气"，使人才赖以成才成长的生态环境不断得到改善，为人才的生存发展和作用发挥提供了良好的"土壤"。人才生态系统的生态思想初步形成，表现出从突出强调人的中心意识和主动作用向更加关注生态环境对人的反作用的显著变化，从关注个体或团队的成长进步向越来越多关注人才生态整体发展的显著变化，从"相马"抢救式用人向"赛马"竞技式用人的显著变化，物质资源和信息资源的流通渠道更加顺畅，人才统一调配下的流动性显著增强，不同层次人才之间交互关联、相互融合的关系更加紧密，团体合作共赢能力也得到了明显提升。

但是，当前一些单位的人才生态意识比较淡薄，注重人才的眼前使用而不重视其长远发展，重视现有人才资源的能力使用而忽略为人才成长提供发展平台，缺乏对人才资源的再培训再调配，经常出现"只让马儿赛跑，不给马儿喂草"的现象，还有一些单位把人才当成为自己捞得政绩、创造价值的"可用资源"或"可用资本"，或者当成汇报材料的"政绩"以及谋取政绩的"工具"，不注重人才的内在价值和社会效益，更不在意人才培养过程中耗费的资本和资源。不少单位和部门，人才结构和分布不够合理，所属人才的知识结构比较单一、同质化比较严重，人才流动和调配方式比较单一，人才进出和岗位流通渠道不够通畅，人才层次和分布结构性失衡、浪费与紧缺并存等问题依然无解，显性流失与隐性流失并存问题依然凸显，"劣币驱逐良币"的人才生态失衡现象依然存在。不少单位不注重人才生态链和生态网络的构建，人才的生态位缺少重叠，导致人才生态链极易断裂，人才梯次结构断层问题比较严重。还有相当一部分单位和部门未能将人才与生态环境看作一个完整的生态系统，未能合理搭配、系统集成不同专业的人才群体，缺乏从单位整体上对人才的通盘考虑和规划，忽视人才群体的层次配置、梯次结构、功能整合等系统功能的有机集成，缺乏比较完善的项目攻关和团队协作机制，人才群体之间的知识能力难互补、分工协作难通畅、人际关系难互融，人才团队合作精神和分工协作意识匮乏，不同专业的人才群体也难以实现资源共享、优势互补，引发大量的系统内耗而影响整体效能，很多生态系统建设还远没有形成最优化的系统合力，往往出现"一流的人才，组成二流的群体，发挥三流的功能"的系统性问题。我国长期存在从基层单位向机关部门和科研院所以及从西部艰苦地区向中东部发达地区流动的单向流动现象，导致经济较为发达、生活环境较好区域的机关部门和科研院所人才扎堆和无序竞争，而边远艰苦地区的基层单位人才长期短缺，人才整体上处于区域分布失衡状态。

而且不少单位领导忽视了人才与环境的相互联系和作用，不能主动营造人才成长的适宜"小生境"，对创造良好的生态环境重视程度不够，更未能实现根据环境变化进行灵活多样的自适应、自重组、自优化，人才所处生态环境的弊端还未得到"标本兼治"。很多单位普遍重视看得见的硬件设施建设投入，重视物质待遇、晋升机遇、辞退补偿等方面的显性激励方式，而为人才发展进步提供适宜条件的软环境建设投入严重不足，对信息流通、人际关系、情感交流、学习环境等隐性激励缺乏足够的重视，难以塑造鼓励人才积极作为、人尽其才的良好生态环境，自然也就无法形成人才争相涌现的生动局面。因此，从生态系统的视角研究和解决人才生态系统存在的突出问题，是当前人才强国建设中必须加以高度重视的基础性课题。

三 运用系统思维研究人才生态系统优化的重要意义

从生态系统的崭新视角研究人才生态系统优化问题，是实现人才强国战略目标和推动人才队伍建设高质量发展的现实需要，是人才学领域理论创新的一次大胆尝试，对人才生态系统的理论重构、方法改进和实践优化都具有重要的价值和意义。

一是推动构建人才生态系统问题的理论体系。研究人才生态系统优化体现了人才领域理论研究创新的新趋势，有助于深化和拓展人才学前沿理论体系，构建人才生态系统新的理论体系，从而提高对人才生态系统优化的正确认知。第一，运用马克思主义生态哲学理论和系统观念方法探索创新人才生态系统理论。本书将运用马克思主义生态哲学理论和系统观念方法，秉承马克思主义的辩证唯物论和系统思想的科学理论，大胆尝试将系统生态学和复杂适应性系统及系统管理理论等多学科的系统科学理论和系统思维方法引入人才学的学科体系，并运用唯物辩证法进行批判性吸收借鉴，探索创新人才生态系统理论体系，实现马克思主义唯物辩证思想从矛盾形态发展到系统形态的认知升华。探索建立人才生态系统思维模式，实现辩证唯物主义从线性矛盾关系到非线性系统关联的思维升华，以及历史唯物主义从运动进化到跃进演化的思维升华，进而在引导人才高度重视理论、增强理论自信和战略定力的同时，紧跟时代快速变化和实践发展要求，不断丰富和发展人才生态系统理论，实现理论创新和实践创新的良性互动。第二，尝试对人才生态系统优化进行原生态理论架构。本书将主要从生态系统这一层面，把人才与生态环境看作现实事物的整体来考察，强调从生态系统整体的联系和发展过程去把握研究对象。主要从人才生态系统的理论基础入手，研究抽象出人才生态系统的组成要素和影响因素，从理论上分析生态系统一般存在的"状态—结构—功能"影响链条，深入研究解析以生态系统内部矛盾为动力的优化机理运行机制，并把生态系统的理论观点升华为人才生态系统优化的一般性理论和方法，尝试在人才生态系统优化研究的理论架构方面取得突破性进展，并运用新的理论指导优化实践。第三，构建具有中国特色的马克思主义人才生态观。恩格斯指出："物质存在方式虽然是始因，但是这并不排斥思想领域也反过来对物质存在方式起作用。"① 这句话充分体现出马克思主义关于"理论来源于实践又为实践服务"② 的辩证唯物主义哲学思想。本书将运用马克思主义有关人的生态哲学思想和习近平总书记强调的系统观念，克服当今社会存在的"人类中心主义"和"生态中心主义"认知偏差，着力构建以马克思主义为指导的具有中国特色的人才生态观，引导化解生产力与持续力、效率与公平之间的思想矛盾，正确认识和理解人才履行职责与维护安全的辩证关系，形成契合时代精神的规律性认识和启示，进而指导人才生态系统优化的具体实践。

---

① 《马克思恩格斯选集》第4卷，人民出版社，2012，第598页。
② 曾广堂、陈尤龙主编《马克思主义基本原理》（下），辽宁教育出版社，1987，第118页。

二是积极探寻人才生态系统研究的科学方法。认识事物的本质规律，不仅要运用抽象思维形成规律性的思想认识，还要形成科学的研究方法，只有这样才能真正完整、准确、客观地把握本质规律。本书将运用人才生态学、系统生态学和复杂系统理论、系统管理理论等已有理论方法，尝试打通人才与生态系统之间的"连续链条"①，对研究人才生态系统优化具有重要的方法论意义。第一，为研究解决人才生态问题提供新思维和新路径。生态学既是一种观点和态度，也是一种特殊的思维方法。生态思维是一种既关注三维空间又关注时间变化、既研究部分又研究整体的研究方法，是一种以"像一座山那样思考"的整体生态学思维代替传统的机械论分析思维的思维方法，是人类社会生存和可持续发展的方法论基础。人才生态系统也是一个各组分相互联系、不可分割的有机生命体，只有用生态系统思维和系统生态学的方法进行研究解析，才能更好地把握其特点和规律。本书主要是运用系统思维和生态思维来研究人才生态问题，尝试从生态系统的视角来研究人才与人才及人才与生态环境的交互作用规律，最终建立一种崭新的生态系统思维模式，并试图从人才生态哲学思维层面进行反思和突破。第二，为探索人才生态系统问题研究途径提供了新模式。萨克塞指出："生态学的考察方式是一种很大进步，它克服常从个体出发的孤立的思考方法，认识到一切有生命的物体是某一个整体的一部分。"② 生态学始终倡导"整体论思想"的系统论方法，强调"整体大于部分之和"的观点，这是研究生态系统的主要方法。人才生态系统具有一般系统的基本特征，也是系统论研究的对象。其运用现代复杂系统科学方法特别是自组织理论方法研究人才生态系统诸要素之间交互作用的机理和规律，对于系统解决人才生态的突出问题具有重要的方法论意义。因此，本书注重运用系统观念和系统方法尤其是自组织理论的方法，着力改变以往研究人才惯用的"培养—使用—再培养"的人为分割、局部优化的单一方法模式，建立生态系统各组分之间交互作用、动态优化的系统方法模式，形成人才生态系统优化研究新的科学方法。第三，为预测人才生态系统优化成效提

---

① 夏禹龙等编著《科学学基础》，科学出版社，1983，第5页。
② 〔德〕汉斯·萨克塞：《生态哲学》，东方出版社，1991，第1~2页。

供了新方法。生态系统的生态有机性、层次多样性和整体性方法论原则，是一种以小见大、见微知著的方法，通过研究生态系统的各组分结构及其功能，观测少量的关键影响因子就可以得到较理想的预测结果，实现通过看到部分树木就可以映像整片森林的全息效果，最终达到对生态系统的发展与演化进行概率性、倾向性的大致预测和判断。通过构建人才生态系统优化模型来模拟生态系统在外界环境变化时的动态反应，大致估算出生态因子对生态系统产生的作用大小，可以对生态系统因受外部环境变化的影响而作出的响应进行定量预测，并进一步为生态系统的人为调控和动态优化提供科学的用力方向和策略方案。这种构建模型模拟实际的方法，是加强人才队伍精准建设和精细化管理的有力工具，更是打破人才工作"自我设计、自我评价、自我循环"的怪圈的有效方法。

三是着力完善人才生态系统优化的目标路径。在建设人才强国的关键时期和攻坚阶段，综合运用现代系统科学理论来研究人才生态系统优化，对科学确立优化目标路径并指导优化实践具有重要的实践价值。第一，有助于促进人才生态系统凝心聚力形成强大的系统合力。深入研究人才生态系统优化，使人才生态系统的结构和功能得到进一步动态优化提升，找寻和选择一条可以获得最大效益的发展路径，有助于人才系统集成和效能跃升，引导人才成为实施强国战略的明白人，提高投身强国实践的自觉能动性，有助于通过提高人才数量、质量和掌握的信息量，以及增强组织的开放性和组分网络的复杂性，更好地推动人才资源的有机聚合、更好地发挥生态系统的整体合力作用。明确优化目标并付诸实践，可以促进人才群体整体合力的形成和作用发挥，最大限度地发挥出人才生态系统的全方位功能。第二，有助于营造全面可持续发展的人才生态环境。随着人才创造的工具和产品越来越智能化、拟人化，以及越来越与自然环境融为一体，人才的成长发展对外界环境的依赖度越来越高。人才虽然是最根本的决定因素，但良好的生态环境对人才群体的全面可持续发展起着举足轻重的作用。因此，研究人才生态系统优化，就必须注重打造有利于人才群体成长发展和形成系统合力的良好生态环境，营造"用一贤则群贤毕至"的良好聚才氛围，不断促进和激发人才群体的作用发挥和创新潜能，提高人才群体与生态环境的深度融合和整体效能，促进人才生态系统保持动态平衡、和谐发展，从而形成良性健康的人才生态循环系统。第三，有助于形成关于人才生态系统优化的科学的政策制度。人才学是一门应用于人才的决策科学，需要具有决策框架、方法模式、量化分析、动态优化设计等组成成分。当前，我国人才工作的法律法规和工作流程还具有笼统和行政化倾向，人才决策规范随意性较大，各级领导干部的主观因素影响过大，而人才决策的科学性严重不足。因此，研究人才生态系统优化，有助于从制定和完善实施人才强国战略的政策和法规制度入手，建立起以人才优先发展战略和人才专业化制度为核心的全面系统的战略规划和法规制度体系，为依法治国、依法办事、依法决策提供必要的法律法规依据，进而建立一个可量化的、切实可行的人才信息管理和决策系统，提高人才生态系统优化的规范性、科学性和高效性。

第一章　人才生态系统优化的
理论基础

习近平总书记指出："理论创新对实践创新具有重大先导作用。"[①] 研究人才生态系统优化，需要先理解把握人才生态系统及其相关概念的内涵与外延，了解掌握人才生态系统优化研究的基础理论工具，再具体明晰人才生态系统优化的主要研究指向，从而循序渐进地增强对人才生态系统优化的基本认知，为下一步生态系统思维的理论构建和应用研究奠定坚实的理论基础。

一　人才生态系统优化的主要学术概念

毛泽东说过："概念这种东西已经不是事物的现象，不是事物的各个片面，不是它们的外部联系，而是抓着了事物的本质，事物的全体，事物的内部联系了。"[②] 概念是人们正确认识客观事物及规律的基础和判断，也是最终推理出合理结论的逻辑起点。深刻理解和掌握人才生态系统优化，必须先从其相关概念的基本认知开始。

（一）人才生态系统

深刻理解和把握人才生态系统的内涵与外延，需要从最基本的、主要的且反映个别的人才开始。

1. 人才

我国历史上第一个使用"人才"这个概念的是东汉思想家王充，其所

---

① 《习近平著作选读》第 1 卷，人民出版社，2023，第 163 页。
② 《毛泽东选集》第 1 卷，人民出版社，1991，第 285 页。

著《论衡》中有大量关于人才的论述。国外与之相近的概念是"天才"
(talent) 和"杰出人才"(elitist)。目前,国内学者对"人才"的研究较
多,本书的"人才"概念依据较权威的《国家中长期人才发展规划纲要
(2010—2020 年)》中的定义:人才是指具有一定的专业知识或专门技能,
进行创造性劳动并对社会作出贡献的人,是人力资源中能力和素质较高的
劳动者。① 这一定义阐明了人才与"人力资源"的区别,即人力资源中能
力和素质较高的劳动者才是人才,也揭示了人才具有"时代性""创造性"
"杰出性""社会性"的本质内涵。人才的界定标准是现在进行时且处于动
态发展之中,一般指当下的创造性成果处于标准参照系以上的状态且得到
了一定范围的普遍认可,也是一个随着环境变化而动态发展的追求真理的
过程。新中国成立后,我国选用人才的标准出现了从"德才兼备"到"德
才兼备、以德为先"的转变,并成为选用人才的一般性标准。党的十八大
以来,习近平总书记提出了"信念坚定、为民服务、勤政务实、敢于担
当、清正廉洁"②的党的好干部标准,可以作为全国干部人才的核心标准。
从上述概念定义和界定标准可以看出,人才的本质内涵应当包括三个方
面:一是政治性,人才是正义进步的社会实践活动领域的突出者;二是专
业创新性,人才应具备更专业的知识和技能并有开展创造性劳动的能力素
质;三是实践性,人才已经或正在通过自身创造性劳动为国家、社会和人
民作出较大的贡献。可见,人才是有血有肉、有思想有活力的有机体,具
有人才之"才"和人才之"心"的生命力,而且其作用发挥依赖于适宜的
工作条件和外部环境。

2. 人才生态

现代意义上的"生态"一般是指生命的生存(存在)状态及其与环境
之间的相互关系。其中,"生"是一种生命力、持续发展力和生命周期,
有生存、生机、活力、潜力、安全、进化、演化之义;"态"是生命所处
的生存状态和发展趋势,是"态"(指生命过去生存发展的状态及与生态
环境相互作用的历史积累结果,具有现实性)与"势"(指生命发展潜力

① 《国家中长期人才发展规划纲要(2010—2020 年)》,人民出版社,2010,第 1 页。
② 《习近平著作选读》第 1 卷,人民出版社,2023,第 131 页。

和未来走向及对生态环境的现实影响力，具有未来性）的辩证统一，可以划分成维持在独立于时间状态中的"静态"和随时间变化而发生状态变化的"动态"。人才生态从微观层面上可定义为"人才生命的存在状态"，是人才之"人"、人才之"才"、人才之"心"的高度有机整体，[①] 可称为人才"内生态"（"微观生态"），主要包括人体生态、才能生态和精神生态等。人才生态从宏观层面上是指人才主体与外部环境之间有着相互依存、相互制约、和谐共生的有机联系，在内外生态因素影响和交互作用下生存发展并创造出美好的结果，可称为人才"外生态"（"宏观生态"），主要包括自然生态和社会生态两大领域。

本书界定的"人才生态"是指人才在职业生涯中安身立命、成长进步、发展动力、创造活力、潜能发挥等方面的存在状态与发展趋势，是人才适应环境耐力、安心本职定力、激发创造活力、发挥发展潜力、持续服务动力等方面的综合体现，是一个有生命活力并随环境变化而发生状态变化的"动态"过程。这一概念主要有四层本质内涵：第一层是理论内涵，指人才的生存（存在）状态以及人才与人才之间和人才与环境之间的本质关系和内在联系，是反映人才个体生命的生存状态与发展趋势的"微观生态"和反映人才之间及人才与外部环境之间相互关系的"宏观生态"的有机统一。第二层是价值观内涵，一般被人们用作中性词，往往加上"良好"等修饰词，赋予了人才追求和谐共生、安全健康、可持续发展的科学发展观的价值理念，是人才适应性、稳定性和发展性的辩证统一。第三层是方法论内涵，其是一种具有整体性认知结构、前瞻性思维战略、开放性思维视野、和谐性价值取向的"生态思维"模式和研究方法，可看作在一定时空范围内能够观测和量度的人才状态变量，强调用定性与定量相结合的方法研究人才与生态环境的关系。第四层是时空观内涵，具有特定的界限性和层次性，可以根据研究的现实需要划分出一定的层级，也有一定的生命周期，如若人才结束职业生涯或退出从事专业领域工作，或者人才"江郎才尽"，那么人才生态的生命周期也就宣告完结。

---

① 沈邦仪：《人才生态论》，蓝天出版社，2005，第20页。

3. 人才生态环境

关于"环境"的内涵，马克思恩格斯曾有过精辟阐述：环境是包括物质关系、政治关系和思想关系在内的一切社会关系的总和。《辞海》对"环境"的解释是：环绕所辖的区域、周围；环绕着人类的外部世界，是人类赖以生存和发展的社会和物质条件的综合体。[1] 林育真、付荣恕在《生态学》中将"环境"定义为"某一特定生物体或生物群体以外的空间，以及直接或间接影响生物生存与活动的外部条件的总和"。[2] 环境不等于生境，生境"是指生物实际所处的环境空间范围，一般指生物居住的地方，或是生物生活的生态地理环境"。[3] 一般来说，在同一时空范围内，我们所说的环境比生境的概念更大更宽广。

"生态环境"是生态系统的一个基本概念，是衡量特定对象所处时空的环境和条件质量高低的一个具体范畴。范国睿将"生态环境"定义为：各种生态因子综合起来，影响某种生物（包括人类）的个体、种群或某个群落的有机体生存空间内各种条件的总和。[4] 而"生态因子"则是指环境中对生物的生长、发育、生殖、行为和分布有直接或间接影响的环境因素。[5] 生态环境是由研究对象所在时空的所有不同生态因子构成的。生态环境不等同于泛化环境，只有在有一定生态关系的生态系统中的环境才可以被称作生态环境，而且，如果没有其他特定的修饰或界定，生态环境一般用来指对人类有益的、健康的、美好的、和谐的环境。

本书将"人才生态环境"界定为：在特定的时空范围内，除人才主体之外，对人才的生存发展和才能发挥起直接或间接作用的一切事物的总和，是人才赖以生存发展、发挥才能的物质条件、自然社会环境等所有外部要素的综合体。人才生态因子则是指人才生态环境中对人才有机体生命活动有直接或间接影响的环境条件和组成因素，包括人才的自然生态因子、社会生态因子、素质生态因子等。[6] 可见，人才生态环境是一个动态

① 《辞海》，上海辞书出版社，2001，第1519页。
② 林育真、付荣恕主编《生态学》（第2版），科学出版社，2011，第11、12页。
③ 林育真、付荣恕主编《生态学》（第2版），科学出版社，2011，第11、12页。
④ 范国睿：《教育生态学》，人民教育出版社，2000，第123页。
⑤ 林育真、付荣恕主编《生态学》（第2版），科学出版社，2011，第12页。
⑥ 叶忠海、郑其绪主编《新编人才学大辞典》，中央文献出版社，2015，第477页。

的、立体的系统环境，是满足人才生存发展需要和实现其价值需要的各种环境的综合，并且具有相对性，可以根据所研究的人才主体来确定具体范围。就人才个体而言，生态环境既包括其他人才也包括非人才，既包括外部环境也包括内部环境，既包括相对固定的、能够看得见摸得着的、有形的物质实体层面的硬环境，也包括具有可塑性的、能够感知的、无形的意识精神层面的软环境。而人才生态因子则是指在人才生态环境中对人才有机体的生命活动、成长进步和作用发挥有直接或间接影响的各种环境条件和组成因素，既包括人才因子也包括非人才因子，既包括人才外生态因子也包括人才内生态因子。

4. 人才生态系统

贝塔朗菲将"系统"定义为"相互关联的元素的集"[1]，钱学森等则"把极其复杂的研究对象称为系统，即由相互作用和相互依赖的若干组成部分组合成具有特定功能的有机整体，而且这个系统本身又是它们从属的更大系统的组成部分"[2]。而"体系"，是"系统的系统"，"是能够得到进一步涌现性质的关联或联结的独立系统的集合"。[3] 1935 年，英国生态学家斯坦利（Arthur G. Tansley）最早提出"生态系统"的概念，他指出："生态系统是一个不仅包括生物，还包括环境的复合体。生物和环境无法分开，形成了一个共生的基本单位，就是生态系统。"[4] 1992 年世界环境发展大会公约把"生态系统"定义为：植物、动物和微生物群落及它们所处的无生命的环境作为独立的生态单位，交互作用形成的一个动态复合体。[5] 1997 年，麦克利斯（G. E. Machlis）等学者将生物生态学和社会理论结合起来，提出了"人类生态系统"的概念，成为生态系统理论在人类社会应用的基础。2009 年，巴雷特（Odum Gary W. Barrett）研究指出，生态

---

① 〔奥〕贝塔兰菲：《一般系统论》，秋同、袁嘉新译，社会科学文献出版社，1987，第46 页。
② 钱学森等：《组织管理的技术——系统工程》，《文汇报》1978 年 9 月 27 日。
③ 胡晓峰：《战争工程论——走向信息时代的战争方法学》，国防大学出版社，2012，第186 页。
④ S. A. Tansley, "The Use and Abuse of Vegetational Concept and Terms," *Ecology*, 1935 (16)：284-307.
⑤ 沈邦仪：《人才生态论》，蓝天出版社，2005，第 71 页。

系统是在一定区域中共同栖居着的所有生物（即生物群落）与其环境之间由于不断进行物质循环和能量流动而形成的统一整体[1]，应包含三个基本成分，即群落、能量流动和物质循环的相互作用[2]，并提出一个完整的生态系统应该包括输入环境（IE）、输出环境（OE）以及作为界限的系统（S），即生态系统=IE+S+OE[3]。奥德姆（E. P. Odum）将"生态系统"定义为：生物群落与生存环境之间，以及生物群落内的生物之间密切联系、相互作用，通过物质交换、能量转化和信息传递，成为占据一定空间、具有一定结构、执行一定功能的动态平衡整体。[4] 可见，生态系统既可以指生命体与生态环境的相互关系和相互作用，也可以指一个特定时空范围内的生态单位。生态系统的范围和大小没有严格的限定，一般根据所研究问题的领域特征来界定，正如美国生态学家罗伯特·里克雷夫斯（Robert E. Ricklefs）所说："生态系统可以是一个单一的生物有机体，也可以是整个生物圈。"[5]

人才生态系统是生态系统的属概念。关于"人才生态系统"的界定，比较有代表性的如表1-1所示。

表1-1　人才生态系统的代表性定义

作者（年份）	定义
沈邦义（2005）	人才生命系统和环境生态系统交互作用而形成的综合系统[1]
宋素娟（2005）	在特定的区域与时间内，组织内所有各类人才与各类组织及人才市场之间所形成的系统关系[2]
李龙强（2012）	由人才主体系统与人才支持系统两个系统耦合而形成的以动态优化人才的生存状态为根本任务的人为建构的系统[3]
黄梅（2014）	在特定的区域与时间内，所有各类人才与其生存环境（也可称为人才生态环境）所形成的有机复合体[4]

① 〔美〕奥德姆、巴雷特：《生态学基础》（第5版），陆健健等译校，高等教育出版社，2009，第15页。
② 〔美〕奥德姆、巴雷特：《生态学基础》（第5版），陆健健等译校，高等教育出版社，2009，第17页。
③ 〔美〕奥德姆、巴雷特：《生态学基础》（第5版），陆健健等译校，高等教育出版社，2009，第18页。
④ 转引自邹冬生主编《生态学概论》，湖南科学技术出版社，2007，第20页。
⑤ Robert E. Ricklefs, *The Economy of Nature Fifth Edition*, W. H. Freeman, 2007：1.

续表

作者（年份）	定义
叶忠海等（2015）	人才生命系统与环境生态系统交互作用而构成的有机复合系统，是受自然、社会与自身思维影响和控制的生态系统[5]

1　沈邦仪：《人才生态论》，蓝天出版社，2005，第 25 页。
2　宋素娟：《人才生态系统的建构》，《现代企业》2005 年第 6 期。
3　李龙强：《动态优化人才生态——人才资源管理的根本》，《山西煤炭管理干部学院学报》2012 年第 3 期。
4　黄梅：《人才生态的理论探讨与管理创新》，经济科学出版社，2014，第 44 页。
5　叶忠海、郑其绪主编《新编人才学大辞典》，中央文献出版社，2015，第 475 页。

　　本书借鉴上述定义，将"人才生态系统"界定为：在特定的时空范围内，为适应外部环境变化和完成指定职责使命，不同层次和类型的人才主体及充分发挥其才能作用的其他要素，通过互相联系、交互作用组成了一定结构和功能的人才生命系统，并与所处的生态环境之间相互适应、相互依存、有机融合，共同构成了具有生机活力和系统合力的复杂生态系统。其具体构成主要包括人才要素和与之密切关联的生态环境要素，是人才与人才之间、人才与系统内部环境（包含非人才及使用工具）之间、人才与系统外部环境之间的有机融合，一般可用公式表示：人才生态系统＝人才要素×生态环境要素。

　　人才生态系统是一个具有多个层次和不同范围的开放系统，一般根据研究对象的具体特征和研究目的，由研究者划定和调整其区域大小与时间尺度。它既可以是职能使命明确的国家机关、企事业单位、其他社会组织等实体单位部门及其所处生态环境的有机复合体，也可以是为履行特定使命任务而组建的特设机构、联合团体、攻关团队等临时组织团队及其所处生态环境的有机复合体，还可以是微观上的人才个体及其所处生态环境的有机复合体。也就是说，它所划定的范围不仅是一个地理意义上的结构单元，也是一个具有输入和输出作用的功能单位，可以囊括系统、亚系统（其下的层次）和超系统（其上的层次）三个层次。① 本书所指向的人才生态系统主要是以不同层次类型的、可遂行特定使命任务的人才群体及其

————————

① 〔美〕奥德姆、巴雷特：《生态学基础》（第 5 版），陆健健等译校，高等教育出版社，2009，第 7 页。

所处生态环境为主体所处的宏观生态系统，兼顾人才个体及其所处生态环境的微观生态系统；研究的重心是宏观生态系统这一关键层级，兼顾研究亚系统和超系统的结构、功能及特征规律。

（二）人才生态系统的结构与功能

1. 人才生态系统的结构

系统论认为，系统结构是系统内部各组成要素在特定时空上排列与组合的具体形式，是系统内各要素相互关联、相互作用的方式的总和。生态系统结构是指生态系统内各个要素在特定时空上相互联系和作用所形成的相对稳定的有序状态，也就是构成生态系统的各要素之间在时空上的分布秩序和量比关系及物质、能量、信息的流通途径和传递关系的有机集合体，主要包括以联结的形式、联结的强度、联结点的分布、联结点的层次、联结链的数量等为核心衡量指标的组分结构、形态结构和营养结构。基于此，本书将"人才生态系统的结构"界定为：在处于特定时空的人才生态系统内，由人才群体的年龄结构、专业结构、履历结构、时空分布、数质量状况等基本要素的分布秩序和量比关系及物质、能量、信息的流通途径和传递关系所构成的，以联结的形式、联结的强度、联结点的分布、联结点的层次、联结链的数量为核心衡量指标的组分结构、形态结构、素质结构和营养结构。

人才生态系统的形态结构可以根据"点—线（面）—立体"划分为人才生态位、人才生态链、人才生态网三个层次。其中，人才生态位是"人才作为一种生物有机体在人才群落中有各自的功能与地位，都有各自的生态位空间与生态位宽度以及对周围生态因子的适应能力"[①]。它是人才在生态系统中占据的多维资源空间，是在人才生态系统内人才与生态环境之间交互作用所形成的相对地位和作用，即与其他人才及生态环境互动匹配后的现有状态和发展趋势，包含人才所具有的"态"和"势"的双重属性。人才成长与发展的过程实质上就是人才生态位积累、利用和占有的过程，而且每个人才都有适宜自己生存和发展的特定人才生态位，其所特有的理

[①] 叶忠海、郑其绪主编《新编人才学大辞典》，中央文献出版社，2015，第480页。

想信念、专业素养、综合素质、创新贡献等因素构成了人才生态位的重要基础。由此，本书将"人才生态位"界定为：服务于特定时空或使命任务的人才通过自身所特有的理想追求、专业素养、综合素质和创新贡献等基础因素，不断利用和占有外部特定条件和生态环境，发挥出动态稳定的功能和作用，最终占据人才生态系统的一定生态位置，形成一定的地位影响。可见，人才生态位是人才个体或群体与生态环境相互依存、交互作用逐渐形成的组分结构，既反映了系统对人才个体或群体结构功能、内部生态环境的塑造及对自然和社会生态环境的需求，也反映了人才个体或群体在生态系统内的生存能力、资源掌控程度和所处位置、功能发挥的限度以及离开系统的机会成本。各个不同的人才生态系统也有各自特定的生态位，主要通过系统内部各组分的协调运行状态和系统与环境的物质、能量、信息的交互流通状态来确定。

人才生态链是在人才生态系统中以人才价值（知识、技能、劳动成果、经验、教训等）为纽带形成的具有工作衔接关系的人才梯队，[①] 其实质上是人才的价值按照知识链的传播规律进行传递，形成了一定的人才链条关系，而配套的政策、环境、市场等人才生态环境则形成支持服务链提供支持服务。由此，本书将"人才生态链"界定为：不同类型和层次的人才群体以人才的内在价值（知识、技能、劳动成果、经验、教训等）为纽带占据人才生态系统的特定生态位，通过分工与协作的相互关系和作用生成一条具有一定形态结构和营养结构的人才梯队链条。它是生态系统通过物质流、能量流、信息流传递发挥系统功能作用的主渠道。

人才生态网是由人才群体构成的众多复杂关联的人才生态链与所处的生态环境之间相互联系和作用形成的相对稳定的生态网络结构。它是一个结构相对稳定、组分丰富多样、生态功能相对完整并支撑起了生态系统结构的关系网络体系。由此，本书认为"人才生态网"是指由人才生态系统中众多复杂关联的人才生态链与生态环境相互联系和作用共同构成的组分多样、有机融合、互动协同、相对稳定的生态系统结构形态。

---

① 黄梅：《人才生态的理论探讨与管理创新》，经济科学出版社，2014，第50页。

2. 人才生态系统的功能

系统论认为，任何系统结构都会产生一定的生态功能，都处于某种特定的功能状态（简称"功能态"），都要与外部环境进行生存和发展所需的物质、能量、信息的输入与输出。系统功能是指具有一定系统结构的生态系统，通过系统内的物质、能量、信息的循环与流动以及同生态环境的物质、能量、信息的交换与传递发挥出的特定功能作用，主要包括物质循环、能量流动、信息传递三个基本功能。基于此，本书将"人才生态系统的功能"界定为：具有一定系统结构的人才生态系统，通过人才群体之间的物质、能量、信息的循环与流动及其同外部生态环境的物质、能量、信息的交换与传递所产生的，以稳定性程度、整体合力、社会贡献度等为核心衡量指标的特定功能作用。

（三）人才生态系统的生态平衡与生态失衡

1. 人才生态系统的生态平衡

平衡态是指系统各要素在内部分布结构上的均衡、无序状态，处于一种近乎无流动和无活力的"死寂"状态；而包括近平衡态和远离平衡态两种情况的非平衡态，则是指系统内部诸要素分布不均匀、有明显差异、呈现显著有序变动的状态，是一种较有活力、动态非平衡的状态。人才生态系统的生态平衡"是指人才生态系统（包括内部与外部）在一定的时间与空间内，结构和功能都相对稳定，其物质、能量、信息的输入输出接近相等的状态，当受到内外生态网的干扰时，能通过人才的自我调控或他人调控恢复到原初的稳定状态"[1]。基于此，本书将"人才生态系统的生态平衡"界定为：处于动荡变化外部环境的人才生态系统，其内部结构与功能都处于动态调整且相对稳定以及物质、能量、信息的输入与输出相对平衡的状态，并且生态系统能在受到内外生态因子的强烈干扰时通过人才自我调控或他人调控恢复至原初的动态稳定状态或跃变为更高级的新的有序状态。

---

① 叶忠海、郑其绪主编《新编人才学大辞典》，中央文献出版社，2015，第478页。

2. 人才生态系统的生态失衡

与之相对立的"人才生态系统的生态失衡"则是指这种外来干扰超越生态系统的自我承载能力，使生态系统不能恢复到原初的稳定状态。其实质是人才与人才之间、人才与环境之间的关系失衡引起的系统性动荡或秩序坍塌，其产生的根源是人们的生态系统思想出现偏差、生态系统结构出现失调和生态系统功能发生紊乱致使生态系统行为出现内耗互害冲突。可见，这种动态平衡反映出生态系统内部诸要素及外部环境之间形成的和谐、协调、适应的相互关系，是一种动态协调的相对平衡，最终表现为系统整体处于一种有序结构的相对稳定状态；当某一个或某些生态因子改变超过一定阈值而破坏了原来的相对稳定状态时，就会使生态系统转化为不平衡状态，最终表现为系统性结构崩溃和复杂网络动力学重构。

（四）人才生态系统思维与优化

1. 人才生态系统思维

人才生态系统思维是在遵循马克思主义生态观和系统观的基础上，运用当代系统生态理论和复杂适应性系统理论以及系统管理理论的科学理论与方法，融合生态思维和系统思维构建的一种新的综合思维模式。本书将"人才生态系统思维"界定为：在遵循马克思主义基本原理和坚持系统思维与生态思维相结合的基础上，运用马克思主义的系统观、生态观和现代生态系统的科学理论，把人才、其他诸要素及所处生态环境看成一个具有既不可或缺又等量齐观的生存价值和生命意义的人才生态系统整体，通过不断适应和调整两者之间的结构关系与相互作用，注重密切关系与调控过程并列、人本关怀与环境保护并重、维护动态平衡与推动创新发展并举，使各组分集聚，构成一个有机统一的生态结构网络，在不断的适应性作用和自组织演化中达到系统功能涌现，进而实现生态系统的物质交换、能量转化和信息传递效能最大化，推动生态系统向适应复杂、动态平衡、持续发展的方向演化，并以生态系统的和谐平衡和协同进化为价值取向的一种崭新的现代思维模式。其本质内涵是系统观念和系统思维在人才生态领域的拓展和延伸，既是一种在社会历史演进中被科学证明了的、人类赖以生存和可持续发展的科学世界观和方法论，也是一种基于生态化原理形成的、和谐共生和可持续发展的价值观念，是将人才生态领域的一种客观存在的规律性的存在方式和运行机理上升为一种适应人才生态系统发展的主观思维理念和价值判断方式，反映了人们对人才生态领域客观规律的高度认知和尊重。从思维哲学角度来看，人才生态系统思维是一种以"有机联系—系统涌现"的现代有机系统论超越"人为分解—组合还原"的传统机械还原论的思维方法，是一种通过看到部分树木就可以映照整片森林的全维全息的科学理论方法，也是一种联通微观世界和宏观世界、拓宽四维时空观念的思维模式。

2. 人才生态系统优化

优化，是指在一定的时空条件下，生态系统在适应外部环境变化而不断演进的过程中，由相对简单稳定的结构向更趋复杂有序的结构演化，进而引起系统功能由较低层级向更高层级转变。基于此，本书将"人才生态系统优化"界定为：在一定时空条件下的人才生态系统，为适应外部环境变化和完成指定使命任务，通过对生态系统内以人才群体为核心的组分结构、形态结构和营养结构进行适应性调整和优化，使生态系统的结构向建构自组织结构形态为主、他组织结构形态为辅的方向转型，使生态系统的功能向最大化发挥自组织作用、迸发更大生机活力的方向转变，最终实现生态系统由相对简单稳定的功能态向更高级复杂的功能态跃变的有序演进。形象地说，人才生态系统优化就是生态系统内诸要素自主为"优良的种子"（人才群体）提供"优质的肥料"（资金资源）、"肥沃的土壤"（岗位配置）以及充足的阳光、水分和空气（生态环境）的过程，并尽量降低过度人为干预的消极作用影响，推动新建的生态系统自我优化和健康发展。

本书所阐述的人才生态系统优化，是在人才生态系统已有配置的基础上，依据生态系统的优化规律和运行机制，对该生态系统进行动态优化。其要点是：具有不同组分结构、形态结构、素质结构和营养结构的人才群体及其生态环境，在相互关联和作用中集聚构成有机统一的生态系统结构网络，形成生态系统"状态—结构—功能"的循环演化过程，最终创造出最大化发挥生命体能动作用和发展动力的适宜生态环境，确保这一生态系统的整体功能达到最佳状态。这一循环演化过程是以完成战略目标为根本指向，生态系统结构状态与生态系统功能需求相互影响、相互作用的结果；人才生态系统优化的主体是构成生态系统的各个人才群体和组织形态；人才生态系统优化的客体（对象）是生态系统内人才群体的个体生态位、群体合力及影响其作用发挥的各种环境条件；人才生态系统优化的路径是对生态系统内组分结构、形态结构和营养结构进行适应性调整；人才生态系统优化的目标是通过建构自组织结构形态、最大化发挥自组织作用推动生态系统整体向更高级的有序结构演化，促使人才个体和群体的健康成长进步，并发挥最佳效能，从而使生态系统始终保持动态平衡并形成强大的整体合力。人才生态系统优化是一种既研究局部又研究整体，既重视研究现存的"态"又重视研究发展的"势"，既关注三维立体空间又关注时间维度变化，既重视生命体与生态环境的动态平衡关系又重视相互关系所形成的结构的动态优化过程。这种思维模式既是一种科学的思维和方法，也是一种和谐共生和可持续发展的价值观念，是在社会历史演进中被科学证明了的、人类赖以生存和可持续发展的科学世界观和方法论，是从复杂系统整体的组分、层次、结构、功能、内外联系等四维统一时空作全面深入地综合考察，运用有机系统论的方法研究生态系统的立体网络结构和功能作用发挥，研究系统自组织作用实现系统的自我优化和创新发展，为深入研究揭示其内在规律和制胜机理提供科学先进的思维模式和方法。

从时间维度来看，人才生态系统优化的过程主要表现在：在生态系统更新阶段，人才数量的增长占据主导地位，要通过培养和引进优秀人才不断充实人才队伍，同时通过资金支持、优惠政策吸引等形式不断增加生态系统所需能量的输入，并根据人才数量决定生态系统能流的调整，维持人才数量增量与效力增量的正比关系，促进生态系统的能量平衡。在生态系统扩张阶段，当人才数量达到生态系统的最大限值时，生态网络的增强逐渐占据主导地位，需要通过动态优化生态网络结构进一步促进生态系统更有效地利用输入的人才和能流，使生态系统远离平衡态，形成更高的体系功能，具备较高的创造潜能和价值。在生态系统维持阶段，系统信息的增强逐渐占据主导地位，通过持续增加生态系统的信息量，使其获得更多的可用信息流并进一步远离平衡态，使信息含量丰富的人才逐步代替信息含量较少的人才，从而使生态系统具备更高的创造力。最后进入生态系统创造性破坏阶段，三种优化方式同时发挥作用，形成交叉干涉效应，使系统可以更加有效地选择和利用三种优化方式（如图 1-1 所示）。就优化效果而言，人才个体的生命状态和活跃程度、人才的优先地位和主导作用都是衡量优化效果的关键指标；就生态系统整体而言，提高生态系统融合度的核心是建立稳定有序的人与人之间的人际关系网络和人与技术装备之间的网络信息体系，形成方向一致、力量集中的立体网络。

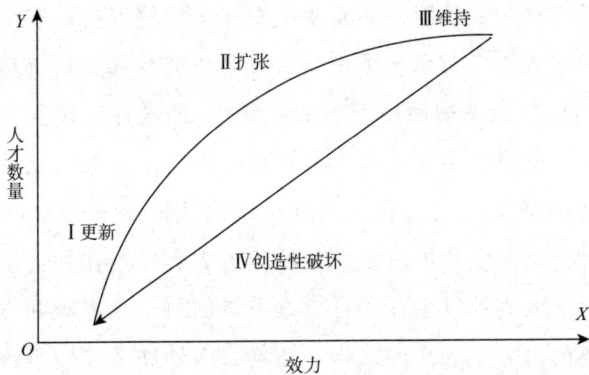

图 1-1　比有效能（效力／人才数量）

（五）人才生态系统的熵与熵流

现代系统观念和系统思维较辩证法等哲学思维存在的优势主要体现在其可量化。习近平总书记 2013 年 12 月在中央经济工作会议上指出："'稳'也好，'改'也好，是辩证统一、互为条件的。一静一动，静要有定力，动要有秩序，关键是把握好这两者之间的度。"① 这个度就可以使用系统科学的熵（entropy）作为量度工具。熵值作为对复杂系统内在的无序程度大小的量度，主要用于衡量"熵增定律"② 中量度系统的无序程度。负熵是与熵相对的概念，是指对系统有序程度（或者组织化、复杂化）的一种量度。生态学意义上的熵流是指生态系统与外界环境交换的物质流和

---

① 《习近平关于社会主义经济建设论述摘编》，中央文献出版社，2017，第 319 页。
② 指所有系统都会走向无序或增加熵值，即一个封闭孤立系统在自然发展过程中的"熵"不会减少，系统能量只能不可逆地沿着衰减的方向转化。

能量流。基于此，本书将人才生态系统的"熵"界定为：生态系统内在的混乱程度（即"正熵"）或有序程度（即"负熵"）。而"熵流"则是指生态系统与外部环境交换的物质流、能量流和信息流。从这个意义上说，可以把我们习以为常的"度"理解为保持生态系统质的规定性或稳定性并与他质相区别的临界点或阈值，也就是系统熵变的临界点。"熵流值"是指在一定的时空范围内，某个非线性的开放系统在其内部熵增值与外界输入熵值相互作用下所产生的系统熵变化值的总和。人才的引进和引智是人才生态系统产生负熵的关键，而且引进的质量和适用度越高，其增加的负熵值就越大。因此，在人才生态系统优化过程中，可以通过建立一套科学合理的计量模型来度量以人才的引进和引智等为关键的生态系统熵流值变化，并为进一步预测和调节生态系统的发展态势提供有力工具。

二　人才生态系统优化的基础理论工具

恩格斯指出："物质存在方式虽然是始因，但是这并不排斥思想领域也反过来对物质存在方式起作用。"[①] 这句话充分体现出马克思主义关于"理论来源于实践又为实践服务"[②] 的辩证唯物主义哲学思想。本书在借鉴中国传统文化中关于人才的生态思想的基础上，主要依据马克思主义哲学的人才生态思想，并引入复杂适应性系统理论、系统管理理论等科学理论工具对人才生态系统优化进行综合研究，进一步增强本研究的科学性和基础性。

（一）中国传统文化关于人才生态思想对人才生态系统优化的历史启示

恩格斯说过："我们根本没有想到要怀疑或轻视'历史的启示'；历史就是我们的一切，我们比其他任何一个先前的哲学学派，甚至比黑格尔，都更重视历史。"[③] 习近平总书记强调："不忘历史才能开辟未来，善于继

---

① 《马克思恩格斯选集》第4卷，人民出版社，2012，第598页。
② 曾广堂、陈尤龙主编《马克思主义基本原理》（下），辽宁教育出版社，1987，第118页。
③ 《马克思恩格斯全集》第3卷，人民出版社，2002，第520页。

承才能善于创新。"① 中国传统文化中虽然只有关于人与生态环境和谐共生的朴素唯物主义和整体主义观念的论述，但若深入发掘和解读一下，便能找出其中蕴含的关于人的生态哲学思想的"富矿"。中国传统文化中关于人才的生态思想主要是一种以人为本体，其他万物为人的"四肢百体"的人本和谐生态主义，以把天、地、人三者看成有机整体的"三才论"人才生态思想为核心，认为既要尊重人、以人为本，又要把人与自然看成一个整体，追求"天人合一"的最高思想境界和最终目标，坚持"和合"的生态实践，从而创造了独具中华文明特色的中国传统文化的人的生态观。

1. "天人合一"的人才生态思想是我国传统生态文化的本质

受思想认知的时代性和历史局限性的影响，我国传统生态文化的聚焦点是如何看待人与自然的关系，而"天人合一"的人才生态思想是看待人与自然关系的主流思想，其本质是强调人与自然同属于一个统一体。目前，可考证的最早提出"天人合一"一词的是北宋哲学家张载（1020—1078），他在《正蒙·乾对篇》中说："儒者则因明至诚，因诚致明，故天人合一。"② 但这一思想最早可以追溯到六经之首的《周易》，它强调了自然界是世间万物的本源的生态思想和"天人合德"思想，比如《周易·序卦》中有"有天地然后万物生焉""有天地然后有万物，有万物然后有男女"等论述。儒家、道家、佛家等传统文化学派都对"天人合一"或"天地人合一"的生态思想进行了明确阐述。儒家主张"天人合一"的以人为本的和谐生态思想，认为"天地万物一体之仁"。儒家鼻祖孔子说过，"泛爱众，而亲仁"③，"天何言哉？四时行焉，百物生焉，天何言哉"④。孟子在《孟子·尽心上》中指出："君子之于物也，爱之而弗仁；于民也，仁之而弗亲。亲亲而仁民，仁民而爱物。"⑤ 汉代大儒董仲舒提出"天人之际，合而为一"⑥ 的主张，"天地人，万物之本也"，"三者相为手足，何

① 《习近平谈治国理政》第 2 卷，外文出版社，2017，第 313 页。
② （宋）张载著，章锡琛点校《张载集》，中华书局，1978，第 53 页。
③ 臧知非注说《论语》，河南大学出版社，2008，第 108 页。
④ 臧知非注说《论语》，河南大学出版社，2008，第 239 页。
⑤ （战国）孟轲著，杨伯峻、杨逢彬注译《孟子·尽心上》，岳麓书社，2000，第 244 页。
⑥ （汉）董仲舒著，阎丽译注《董子春秋繁露译注》，黑龙江人民出版社，2003，第 172 页。

以成体，不可一无也"①。宋代大儒程颢说："若夫至仁，则天地为一身，而天地之间，品物万形为四肢百体。夫人岂有视四肢百体而不爱者哉?"②儒家的这些思想都是追求人类与自然的和谐相处和发展共荣。道家鼻祖老子在《道德经》中阐述过同样的观点，"道生一一生二，二生三，三生万物"，"故道大，天大，地大，人亦大。域中有四大，而人居其一焉"③，"万物负阴而抱阳，冲气以为和"④。庄子也说，"天地与我并生，而万物与我为一"⑤，"以道观之，物无贵贱"⑥，主张"泛爱万物，天地一体也"⑦。《列子·说符》说："天地万物，与我并生类也;类无贵贱。"⑧ 道家的这些思想体现出"人与天一"的齐物和谐自然生态观，强调包括人类在内的万物与大自然的和谐统一，佛教强调"众生平等""尊重生命""生命轮回"的业报说，认为人类和万物与大自然都是有生命的、平等的，要求人类尊重生命、仁爱万物。"传统文化推崇'天人合一'的思想，不仅主张人与自然界是平等的，而且强调人与自然界之间浑然一体，共生共来、共荣共损。"⑨ 因此，国学大师季羡林称赞"天人合一"思想为中国传统文化中"最能体现人与自然相和谐的生态思想"⑩。

2. "三才论"的人才生态思想是我国传统生态文化的核心

古人在中华民族的农耕劳动实践中创造了独具民族特色的"三才论"人才生态思想，即强调顺天时、量地利、重人力，在遵循天气、自然规律的基础上，积极发挥人在农业生产、改造自然界方面的主观能动性，追求天、地、人三者的和谐共生与有机统一。"'三才论'理论把天地人作为宇

① （汉）董仲舒著，阎丽译注《董子春秋繁露译注》，黑龙江人民出版社，2003，第95页。
② （宋）程颢、程颐：《二程遗书》，上海古籍出版社，2000，第126页。
③ （春秋）老子著，陈鼓应注译《老子今注今译》，商务印书馆，2003，第169页。
④ 《道德经》第四十二章。
⑤ 杨柳桥：《庄子译注》，上海古籍出版社，2006，第31页。
⑥ 杨柳桥：《庄子译注》，上海古籍出版社，2006，第249页。
⑦ 马恒君：《庄子正宗》，华夏出版社，2007，第128页。
⑧ 王强模译注《列子全译》，贵州人民出版社，1993，第266页。
⑨ 蔡冬梅：《我国传统文化中的生态思想及其当代价值》，《科学社会主义》2009年第5期。
⑩ 季羡林：《谈国学》，华艺出版社，2008，第138页。

宙间并列的三大要素，又把它们连接为一个整体。"① 春秋时期管仲在《管子·禁藏》一书中指出："顺天之时，约地之宜，忠人之和，故风雨时，五谷实，草木美多，六畜蕃息，国富兵强，民财而令行。"② 最早较完整地阐述"三才论"人才生态思想的是《吕氏春秋·申时》："夫稼，为之者人也，生之者地也，养之者天也。"③ 老子在《道德经》中言及，"万物并作，吾以观复，夫物芸芸，各复归其根"④，阐述了维护和谐共生的生存环境对于保持人类与自然界生态平衡的重要性。西汉刘安在《淮南子·主术训》中指出："上因天时，下尽地财，中用人力，是以群生遂长，五谷蕃殖。"⑤ 北魏贾思勰指出："顺天时、量地利，则用力少而成功多。"⑥ 元代《王祯农书》中进一步指出，"天气有阴阳寒燠之异，地势有高下燥湿之别，顺天之时，因地之宜，存乎其人"⑦，"四时各有其务，十二月各有其宜"⑧，"山川阻隔，风气不同，凡物之种，各有所宜"⑨。明末科学家宋应星在《天工开物·乃粒第一》一书中言及："生人不能久生，而五谷生之。五谷不能自生，而生人生之。"⑩《太平经》中提出，"天地人三相得乃成道德，故适百国有德也。故天主生，地主养，人主成，一事失正，俱三邪"⑪，把天、地、人三者看成相辅相成、不可或缺的统一体。佛教也有诸如"诸法因缘生""一切都无生，亦无因缘灭""因缘和合""依正不二"等整体论生态思想，通过宣扬"佛法无边"让人类认识并做到个人与自然的完全融合，达到"天地同根，万物一体，法界同融"的境界。这些思想

---

① 李根蟠：《"天人合一"与"三才"理论——为什么要讨论中国经济史上的"天人关系"》，《中国经济史研究》2000年第3期。

② 刘柯、李克和译注《管子译注》，黑龙江人民出版社，2003，第349页。

③ 张双棣、张万斌等译注《吕氏春秋译注》，北京大学出版社，2000，第911~912页。

④ 《道德经》第十六章。

⑤ 阮清注释《淮南子：注释本》，华夏出版社，2000，第178~179页。

⑥ 缪启愉、缪桂龙：《齐民要术译注》，上海古籍出版社，2006，第58页。

⑦ （元）王祯撰，缪启愉、缪桂龙译注《东鲁王氏农书译注》，上海古籍出版社，2008，第36页。

⑧ （元）王祯撰，缪启愉、缪桂龙译注《东鲁王氏农书译注》，上海古籍出版社，2008，第9页。

⑨ （元）王祯撰，缪启愉、缪桂龙译注《东鲁王氏农书译注》，上海古籍出版社，2008，第15页。

⑩ （明）宋应星著，钟广言注释《天工开物》，广东人民出版社，1976，第9页。

⑪ 俞理明：《〈太平经〉正读》，巴蜀书社，2001，第319页。

和论述都蕴含着天、地、人辩证统一的生态系统思想，即人与自然和谐发展的生态思想。

3. "和合"的人才生态思想是我国传统生态实践智慧的精髓

"和合是指自然、社会、人际、心灵、文明中诸多形相和无形相的相互冲突、融合，与在冲突、融合的动态变易中诸多形相和无形相和合为新结构方式、新事物、新生命的总和。"[1] 中华传统生态文化中蕴含着和合的人才生态思想的实践智慧结晶，《周易》和儒家的天人合德、天人合一思想[2]，道家的平等尊重、顺应自然思想[3]，佛教的因缘和合[4]等文化思想中都体现了和合人才生态思想，包含深邃的人本观、天人和谐观、生态道德观等观念，体现了人的主观能动性与遵守自然规律的辩证统一。《周易·乾卦》中提及："夫大人者，与天地合其德，与日月合其明，与四时合其序，与鬼神合其凶。先天而天弗违，后天而奉天时。"[5] 儒家、道家、佛家都有众生平等、尊重规律、人与自然和谐共处等人本和谐生态思想。儒家的孔子在《论语·阳货》篇中指出"四时行焉，物生焉"，认为万物和自然运行皆有规律，劝诫人们要顺天、"畏天命"[6]，更要"唯天为大"[7]，也就是说，要敬畏自然规律，顺应规律办事。荀子认为，"天行有常，不为尧存，不为桀亡。应之以治则吉，应之以乱则凶。强本而节用，则天不能贫；养备而动时，则天不能病；循道而不贰，则天不能祸"[8]，主张"不与天争职"与"制天命而用之"的统一。儒家通过构建阴阳五行说来处理和协调人与自然之间的关系，要求人与自然的相处必须以"和"为美，"循天之道"，做到"顺天之道，节者天之制也，阳者天之宽也，阴者天之急也，中者天之用也，和者天之功也。举天地之道，而美于和，是故勿生，

---

① 张立文：《和合学》（上），中国人民大学出版社，2006，第58页。
② 佘正荣：《生态智慧论》，中国社会科学出版社，1996，第7页。
③ 佘正荣：《生态智慧论》，中国社会科学出版社，1996，第20页。
④ 佘正荣：《生态智慧论》，中国社会科学出版社，1996，第21页。
⑤ 《周易·乾卦》。
⑥ 臧知非注说《论语》，河南大学出版社，2008，第231页。
⑦ 臧知非注说《论语》，河南大学出版社，2008，第163页。
⑧ 《荀子·天论》。

皆贵气而迎养之"①。道家的老子认为,"人法天,地法天,天法道,道法自然"②,指出人是天地万物的一部分,人要顺其自然、按照自然规律办事,并主张"清静无为"的尊重自然的生态观,强调"虚无为本""因循为用""名正法备"的"无为而治"的生态思想。庄子说:"因其所有而有之,则万物莫不有;因其所无而无之,则万物莫不无。"③《淮南子·修务训》指出,"若夫水之用舟,沙之用鸠,泥之用辅,山之用蔂,夏渎冬坡,因高为田,因下为池,此非吾所谓为之",进一步阐述了在遵循自然规律的前提下发挥人的主观能动性的道家"无为"思想。道家这种顺应自然规律、"道常无为,而无不为"④ 的生态思想,对于我们现今处理人与自然之间的生态平衡关系有一定的启发和借鉴。佛教主张"慈悲为怀""爱护众生"的实践生态观,提倡"诸罪之中,杀罪最重;诸功德中,不杀尤要"⑤,以一心向道、广泛施舍、普度众生等理论和"食素""戒杀生""清心寡欲""苦行"等行为来规范和约束人类的行为,对保护自然资源和维护生物多样性起了一定的作用。《齐民要术·种谷第三》中指出,"任情返道,劳而无获。入泉伐木,登山求鱼,手必虚;迎风散水,逆坂走丸,其势难"⑥,也提出人的主观能动性要遵循自然规律的道理。总之,"和合"的人才生态思想是中国传统生态实践智慧的精髓,"和合是各生命要素的创生、发展、整合而融入成整体的过程,是对和合经验的反思、梳理和描述"⑦,"对自然的适应、遵循自然的实践就是中国传统社会中的'天人合一'的生态实践,中国传统文化中的生态实践观就反映了这种实践方式,充分地表现出人们的实践智慧"⑧。

当然,中国传统文化中关于人的生态哲学思想是在农耕文明的时代背景和实践条件下逐步形成的,具有奴隶社会和封建社会所固有的时代局限

---

① 《春秋繁露·循天之道》。
② (春秋) 老子著,陈鼓应注译《老子今注今译》,商务印书馆,2003,第172页。
③ 《庄子·齐物论》。
④ 《道德经》第三十七章。
⑤ 李培超:《自然的伦理尊严》,江西人民出版社,2001,第234页。
⑥ 缪启愉、缪桂龙:《齐民要术译注》,上海古籍出版社,2006,第58页。
⑦ 张立文:《和合学》(上),中国人民大学出版社,2006,第59页。
⑧ 陶火生:《生态实践论》,人民出版社,2012,第115页。

性和发展阶段性，特别是封建社会中把大自然的神圣权力赋予了天子，进而产生出自上而下等级森严的天地、万物和人伦的等级制度，强调听天由命、三纲五常、三从四德等封建主义糟粕思想和伦理道德，最终使中国传统生态思想"异化"为统治阶级奴化群众的工具和禁锢群众思想的镣铐。具体到古代人才生态实践观，我国长达几千年的封建社会在看待和使用人才问题上也是紧紧围绕统治阶级的权力和利益进行的，表现出两个历史传统：一是企图颠覆旧政权、建立新功业的人才使用者一般都采用"举贤使能，唯才是举"的扩张型用人政策，出现"延揽天下之才为我所用""韩信点兵，多多益善"的求贤若渴的用人局面；二是试图维护原秩序、已经功成名就的人才使用者往往都实行"任人唯贤，万马齐喑"的保守型用人政策，出现"天下之患，不患材之不众，患上之不欲其众；不患士之不欲为，患上之人不使其为也"①的浪费人才现象。这些封建用人思想的遗毒直到现在仍未得到根除，与我们所主张的马克思主义人才生态观所追求的人的自由而全面的发展的理想相背离。因此，我们在人才生态哲学思想体系构建中需要进一步梳理和归纳中国传统文化中关于人的生态思想，坚持取其精华、去其糟粕，不断传承和发扬优秀历史文化传统，为我国社会主义生态文明建设增砖添瓦。

（二）马克思主义关于人才的生态思想对人才生态系统优化的思想指南

习近平总书记指出："马克思主义哲学尽管诞生在一个半世纪之前，但由于它深刻揭示了客观世界特别是人类社会发展一般规律，被历史和实践证明是科学的理论，在当今时代依然有着强大生命力，依然是指导我们共产党人前进的强大思想武器。"②马克思主义关于人才的生态思想是一个系统的、统一的思想理论体系，其在社会实践中不断得到丰富和发展，也是构建人才生态思想体系必须深刻理解把握并运用于具体实践的根本指导思想。研究人才生态系统优化，理应以马克思主义关于人才的生态思想和

① 王安石：《材论》。
② 《习近平关于社会主义文化建设论述摘编》，中央文献出版社，2017，第62页。

方法论，特别是习近平新时代中国特色社会主义思想为根本指导，充分认清继承历史与创新发展的辩证关系，厘清历时性结构和共时性结构两大结构，并对西方的一些科学理论观点进行批判性吸收和借鉴，在吸收前人已有的生态哲学思想精髓和历史经验的基础上寻求突破创新，力求形成能够指导我国人才生态系统优化的方法论。

1. 人才与生态环境辩证统一的生态系统认识论

马克思主义关于人才的生态思想主要蕴含在阐明人与环境的关系的生态思想中，其把自然、人、社会看成一个互相作用、互相制约、密切相关的有机整体，强调"自然—人—社会"三大发展维度的有机统一，不只重视人与自然的统一，更重视人与社会的统一，是辩证唯物主义思想和历史唯物主义思想的统一。马克思恩格斯提出了人的作用发挥"完全取决于人们将不得不在其中活动的那个既定的历史环境"[1]，"当他通过这种运动作用于他身外的自然并改变自然时，也就同时改变他自身的自然。他使自身的自然中蕴藏着的潜力发挥出来，并且使这种力的活动受他自己控制"[2]，"而人本身是自然界的产物，是在自己所处的环境中并且和这个环境一起发展起来的"[3]，"生命是蛋白体的存在方式，这个存在方式的本质要素就在于和它周围的外部自然界的不断的新陈代谢，这种新陈代谢一停止，生命就随之停止"[4]，"既然人的性格是由环境造成的，那就必须使环境成为合乎人性的环境"[5]，"正因为思维（以思维为例）是这一确定的个人的思维，所以这个思维就是他的由他的个性和他在其中生活的那些关系所决定的思维"[6]，强调人是自然环境长期演化的产物且必须依据自然环境的存在而存在，体现出"自然存在物"与"自己的自然界"实质上就是生命体与环境的生态关系，[7] 阐明了人与环境之间是双向的物质交换的辩证统一关系。

---

① 《马克思恩格斯选集》第4卷，人民出版社，2012，第541页。
② 《马克思恩格斯选集》第2卷，人民出版社，2012，第169页。
③ 《马克思恩格斯文集》第9卷，人民出版社，2009，第38~39页。
④ 《马克思恩格斯全集》第26卷，人民出版社，2014，第747页。
⑤ 《马克思恩格斯全集》第2卷，人民出版社，1957，第167页。
⑥ 《马克思恩格斯全集》第3卷，人民出版社，1960，第296页。
⑦ 陶火生：《马克思生态思想研究》，学习出版社，2013，第12页。

　　马克思主义尊重人的生存和发展依赖于生态系统环境的物质先在性。马克思恩格斯把人与环境组成的系统看作人类劳动和社会发展的自然基础和内在要素，提出"自然界的优先地位"的生态思想，认为自然环境对人类的生存和发展具有本原地位，人的自由而全面的发展是以自然繁盛和社会进步为基础的。毛泽东十分重视环境对人的影响和改造，他提出："同样一个兵，昨天在敌军不勇敢，今天在红军很勇敢，就是民主主义的影响。红军像一个火炉，俘虏兵过来马上就熔化了。"① 邓小平指出，"一定要在党内造成一种空气：尊重知识，尊重人才"②，"要创造一种环境，使拔尖人才能够脱颖而出。改革就是要创造这种环境"③。习近平总书记提出了"加大生态系统保护力度"的生态文明建设要求，强调"自然生态要山清水秀，政治生态也要山清水秀"④。从这一系列论述可以看出，无论人才具有多大的生产力和创造力，其生存发展和作用发挥都要尊重和依赖生态系统环境的物质先在性，认清人才与自然的关系和人才与人才的关系是人才创新发展的双重维度。人才生态系统优化目标的实施，就是要以人才及劳动工具等物质性资源的获取和有效利用为重点，注重满足人才成长需要的物质条件和生态环境，真正让人才在良好的生态环境中成长进步和发挥效能。

　　马克思主义强调人的自由而全面的发展处于生态系统发展的目的主导性地位。人的自由而全面的发展思想是马克思主义有关人的核心价值理念，是强调以人为本的生态关怀的马克思主义人本哲学思想，主要包括五个方面的基本内容：人的实践活动和创造活动的全面发展、人的需要的全面发展、人的社会关系的全面发展、人的能力的全面发展、人的各种潜能将得到充分发挥。⑤ 马克思主义认为人的全面发展是一切发展的核心，人是发展的目的而非手段，突出以人为本的价值理念和发展目标，强调人的

①　《毛泽东选集》第 1 卷，人民出版社，1991，第 65 页。
②　《邓小平文选》第 2 卷，人民出版社，1994，第 41 页。
③　《邓小平文选》第 3 卷，人民出版社，1993，第 109 页。
④　中共中央宣传部编《习近平总书记系列重要讲话读本》（2016 年版），学习出版社、人民出版社，2016，第 122 页。
⑤　牛德林：《论人的本质、人的全面发展与人的可持续发展》，《哈尔滨市委党校学报》2008年第 6 期。

主体性和能动性，人的全面发展占据主导地位、发挥主导作用，坚持把人的因素和生态环境作为社会全面协调发展的根本动力，坚持从人的生态主体责任入手研究如何摆脱资源稀缺和环境破坏的制约。毛泽东提出了"世间一切事物中，人是第一个可宝贵的"[①]"战争胜负主要决定于人而不决定于物"[②]"政治路线确定之后，干部就是决定的因素"[③] 等著名论断，并进一步指出"一个军队没有大量的专门家（军事家、工程师、技师、医生等）参加，是不可能成为一个有力量的组织的"[④]。邓小平强调"没有大批的人才，我们的事业就不能成功"[⑤]，"靠空讲不能实现现代化，必须有知识，有人才"[⑥]。因此，人才生态系统优化的目标就是在尊重生态环境的物质先在性的基础上，摆正人才自身位置和地位，坚持以人为本的科学发展观，注重人与人之间的关系和作用，实现从追求物质资源占有到关注人才全面发展的思想转型，实现人才的能力、需要、创新和关系的全面发展。需要尊重和利用好自然和社会规律，促进自然主义与人道主义的结合，把生态环境需求的满足作为衡量系统优化效果的重要指标，建立全面协调与可持续发展辩证统一的生态环境支撑体系，使人才在良好的生态环境中成长为"自由人"，实现以人为本的价值定位与尊重生态环境地位的相互协调，最终把人才的最大潜能充分发挥出来，为人与自然环境关系的改善、人类社会的进步与长久发展贡献力量。

马克思主义追求人与生态环境的和解以及人与人之间的双向和解。孙正聿指出："人类作为物质世界链条上的特定环节，是'自在的'或'自然的'存在，即同世界上其他存在物一样的自然而然的存在；人类作为认识世界和改造世界的主体，则是'自为的'或'自觉的'存在，即区别世界上其他所有存在物的'超越自然'的存在。"[⑦] 马克思主义认为，自然解

① 《毛泽东选集》第4卷，人民出版社，1991，第1512页。
② 《毛泽东军事文集》第2卷，军事科学出版社、中央文献出版社，1993，第375页。
③ 《毛泽东选集》第2卷，人民出版社，1991，第526页。
④ 《建党以来重要文献选编（一九二一——一九四九）》第18册，中央文献出版社，2011，第223页。
⑤ 《邓小平文选》第2卷，人民出版社，1994，第221页。
⑥ 《邓小平文选》第2卷，人民出版社，1994，第40页。
⑦ 孙正聿：《哲学通论》（修订版），复旦大学出版社，2005，第114页。

放、社会解放和人的解放是辩证统一的关系，主张利用科学技术来创造新的生产工具和方法，通过"在物种方面把人从其余的动物中提升出来"和"在社会方面把人从其余的动物中提升出来"①的方法，最终实现"人类与自然的和解以及人类本身的和解"②的理想目标。这一思想在强调人与自然环境必须和谐相处的基础上，更加注重人与社会环境即人与人之间的和谐共生关系，最终实现人与自然和社会环境的可持续发展。我们需要树立人才与生态环境和谐发展的生态系统观，坚持人才成长规律与自然和社会发展规律的辩证统一，自觉树立"民胞物与"的生态意识，把人才与生态环境协同共生、协调发展的关系当成人才的内在精神需求和新的存在方式，推动人才的工作、生活和生态相结合的三个根本性转变：一是正确认识人才与生态环境和谐共生的辩证统一关系，实现由人才主宰生态环境的人才决定论向人才与自然社会的共生发展论转变；二是正确认识"自然化"与"反人化"的辩证关系，实现由"人化自然"向"人工自然"转变；三是正确认识人类中心主义与可持续发展观的关系，实现由人与自然的对立向人与自然的统一转变。

2. 优化结构与优化功能辩证统一的生态系统统一论

马克思恩格斯提出的人与自然和社会之间遵循进化演进、协同共进的"间性规律"等生态哲学思想，是从维持人类生存的生态事实和人化自然的劳动实践出发的，需要从"自然—人—社会"三位一体协同进化的生态历史观去整体把握，以人的现实生存和自由而全面的发展、自然和社会环境的和谐共生为价值指向，追求的终极目标是实现"自然主义—人道主义—共产主义"整体发展、有机统一的和谐世界。马克思主义认为，人与人、人与社会之间的关系是对立统一的，也就是说生态系统的内部结构功能必须与外部环境相统一才能发挥人的最大社会效益。

马克思恩格斯在研究人与人之间的社会关系时就十分关注社会结构的问题，他们认为劳动生产和再生产过程中存在物质循环运动，物质变换和物质循环是一个统一的整体，物质变换突出系统之间的关系结构，而物质

---

① 《马克思恩格斯文集》第9卷，人民出版社，2009，第422页。
② 《马克思恩格斯文集》第1卷，人民出版社，2009，第63页。

循环突出二者之间变换实现的条件与过程。① 他们指出："商业对各种已有的、以不同形式主要生产使用价值的生产组织，到处都或多或少地起着解体的作用。但是它对旧生产方式究竟在多大程度上起着解体作用，这首先取决于这些生产方式的坚固性和内部结构。"② 马克思在研究社会生产力时也关注了集体生产力的生态系统功能思想，指出："这里的问题不仅是通过协作提高了个人生产力，而且是创造了一种生产力，这种生产力本身必然是集体力。"③ 这些思想观点实际上都涉及系统的结构与功能的相互关系和交互作用。我国历代党和国家领导人对这一问题也有相关论述。邓小平提出，"人员不流动，思想就会僵化。……我们也要逐步实行科研人员流动、更新的制度"④，他还提出要以开放的姿态抓好人才的开放，重视建立完善吸引和规范留学与国外人才的政策制度，明确"希望所有出国学习的人回来。不管他们过去的政治态度怎么样，都可以回来，回来后妥善安排。这个政策不能变"⑤。江泽民指出："要完善开放、灵活的人才市场配置机制，打破人才部门、单位壁垒，鼓励人才合理流动，培育形成与其他要素市场相贯通的人才市场，建立人才结构调整与经济结构调整相协调的动态机制。"⑥ 习近平总书记提出的"要学会弹钢琴，把握好各项改革任务的关联性和耦合性，避免畸轻畸重、顾此失彼，避免各行其是、相互掣肘"⑦，以及"优化结构""开放合作""强大合力""塑造态势"等思想观点，都在一定程度上体现了通过系统结构与功能之间的关联耦合和相互作用形成系统合力。

系统科学指出：战略决定结构，有什么样的战略目标就需要有什么样的系统结构支撑；结构决定功能，有什么样的系统结构就会发挥什么样的系统功能。系统动力学认为，系统的内部结构决定系统外部的动力行为。一般系统结构理论认为，系统行为在给定的系统环境中仅由基层的系统结

---

① 徐民华、刘希刚：《马克思主义生态思想研究》，中国社会科学出版社，2012，第103页。
② 《马克思恩格斯文集》第7卷，人民出版社，2009，第370页。
③ 《马克思恩格斯选集》第2卷，人民出版社，2012，第207页。
④ 《邓小平文选》第2卷，人民出版社，1994，第70页。
⑤ 《邓小平文选》第3卷，人民出版社，1993，第378页。
⑥ 《江泽民论有中国特色社会主义（专题摘编）》，中央文献出版社，2002，第259页。
⑦ 《习近平关于全面深化改革论述摘编》，中央文献出版社，2014，第120页。

构决定和支配。犹如机器零件需要精准装配和定位才能正常运转一样，人才生态系统也需要适当研究和剖析其内部结构才能准确把握其机能。也就是说，人才生态系统结构决定着人才生态系统功能的作用发挥，而人才生态系统功能在适应外部环境变化的同时又反作用于人才生态系统结构，两者存在辩证统一的关系。一方面，结构决定功能。人才生态系统的结构决定了其具有特定的系统功能，有什么样的生态系统结构状态就会有什么样的生态系统功能状态，优化结构之所以能够提高工作效率和管理效能，就是因为通过组织结构的调整，各要素可以合理分工，减少内耗，形成协作的合力，从而产生系统的总功能大于其局部之和的效果。① 另一方面，对新功能的需要会促使结构发生改变。生态系统的结构具有先天的"惰性"或"惯性"，而生态系统的功能则具有较大易变性，会随着系统发展和环境变化而变化。当系统结构满足不了系统发展的功能需要时，这种系统新功能的变化就会促使系统结构发生改变以满足需要。马克思主义认为，"环境的改变和人的活动或自我改变的一致，只能被看做是并合理地理解为革命的实践"②，"在革命活动中，在改造环境的同时也改变着自己"③。可见，人才生态系统的内部结构和功能与外部环境的相互作用最终统一于优化实践中。

3. 动态平衡与动态优化辩证统一的生态系统优化论

马克思主义认为，人类社会是一个不断发展的活的有机体，是一个不断新陈代谢、自我更新的生态系统，人与自然界之间存在物质变换（新陈代谢），指明了物质的有机发展与无机发展的内在联系及自然演化与社会发展的辩证统一。马克思恩格斯主张人与自然必须和谐共处、协调发展，提倡人在改造自然时应当合乎生态逻辑、尊重自然的生存权利，应当保护自然、尊重自然规律并按照规律办事，维护人与自然和社会的生态平衡，就是马克思所说的人工系统的平衡。《我们共同的未来》指出，人对自然

---

① 宋方敏主编《军事管理经济分析》，军事科学出版社，1993，第55~56页。
② 《马克思恩格斯文集》第1卷，人民出版社，2009，第500页。
③ 《马克思恩格斯全集》第3卷，人民出版社，1960，第234页。

有一个"从敌人到榜样，从榜样到对象，从对象到伙伴"的历史演进过程，① 这个过程就是人与自然的动态平衡过程。同时，他们强调不能以"人类中心主义"的态度对实践对象过分地榨取，不能毫无节制地破坏生态平衡，否则只会带来人为灾难和大自然的无情报复与惩罚，最终引发生态危机。马克思认为："如果说人靠科学和创造性天才征服了自然力，那么自然力也对人进行报复，按人利用自然力的程度使人服从一种真正的专制，而不管社会组织怎样。"② 恩格斯则警告说："不要过分陶醉于我们人类对自然界的胜利。对于每一次这样的胜利，自然界都对我们进行报复。每一次胜利，起初确实取得了我们预期的结果，但是往后和再往后却发生完全不同的、出乎预料的影响，常常把最初的结果又消除了。"③ 他们强烈反对肆意破坏生态环境的平衡，主张通过合理利用和改造生态环境来获得人类生存与发展所必需的物质和精神财富，以达到人的自由而全面的发展的理想目标。人才生态系统是一个内部不断新陈代谢、自我更新的有机体，各种要素与生态环境按照特定的协调方式组织起来，形成一种相对稳定的相互作用关系和秩序平衡，从而使生态系统成为一个内在统一、协调发展、有生机活力的"生命体"。如若人才主体与系统内其他要素产生矛盾内耗，或者人才与生态环境发生冲突对立，就容易引起生态系统的生态失衡，进而引发生态危机。

马克思恩格斯提出了"联合起来的生产者，将合理地调节他们和自然之间的物质变换，把它置于他们的共同控制之下，而不让它作为一种盲目的力量来统治自己；靠消耗最小的力量，在最无愧于和最适合于他们的人类本性的条件下来进行这种物质变换"④ 的解决之道，认为"要实行这种调节，仅仅有认识还是不够的。为此需要对我们的直到目前为止的生产方式，以及同这种生产方式一起对我们的现今的整个社会制度实行完全的变

---

① 世界环境与发展委员会：《我们共同的未来》，王之佳等译，吉林人民出版社，1997，第80页。
② 《马克思恩格斯文集》第3卷，人民出版社，2009，第336页。
③ 《马克思恩格斯文集》第9卷，人民出版社，2009，第559~560页。
④ 《马克思恩格斯文集》第7卷，人民出版社，2009，第928~929页。

革"①，并进一步指出必须通过"红色革命"与"绿色革命"相结合的社会革命"自己解放自己"，并认为共产主义"作为完成了的自然主义，等于人道主义，而作为完成了的人道主义，等于自然主义，它是人和自然界之间、人和人之间的矛盾的真正解决"②。马克思恩格斯还设想建立一种"自由人的联合体"的生态系统，强调"每个人的自由发展是一切人的自由发展的条件"③，"只有在共同体中，个人才能获得全面发展其才能的手段"④，指出通过建立社会主义制度和共产主义实现"生存方式的合理性、真正性与人性是内在一致的，在整体性的生态实践中，真正的社会共同体通过生活实践合理地敞现出来"⑤。这些思想同样蕴含了需要通过系统性的调节优化和变革创新来从根本上解决生态危机。

从马克思主义的有关论述可以看出，人才生态系统优化的本质是实现人才与人才、人才与生态环境之间的动态平衡与动态优化的和谐统一。人才生态系统应把生态系统向度贯穿于人才生态系统优化战略全局，解决人才与人才之间的竞争和人才与生态环境之间的对抗，坚持任何人才利益的追求不能损害其他人才或非人才利益和人才生态环境的发展原则，培养自觉的生态意识和自为的生态行为，协调好个人利益与社会利益的矛盾、局部利益与整体利益的矛盾、眼前利益与长远利益的矛盾，实现生态系统各要素的和衷共济和可持续发展。要坚持马克思主义关于人的全面发展理论与马克思主义生态伦理思想的有机结合，实现人才的生态化发展，即人才的自由而全面的发展朝着人与人、人与自然和社会和谐共赢的方向转变，既要注重人的个性的全面发展、人的素质的全面提高、人的精神的丰富充实，又要关注自然和社会生态环境的动态优化，最终达到人的全面发展、自然生态的动态平衡、社会生态的有序和谐的真正"天人合一"的最高境界和终极目标。

4. 自组织行为与他组织行为辩证统一的生态系统实践论

实践是人的一切历史的起点，是人与生态环境之间关系的中介和纽

---

① 《马克思恩格斯文集》第 9 卷，人民出版社，2009，第 561 页。
② 《马克思恩格斯文集》第 1 卷，人民出版社，2009，第 185 页。
③ 《马克思恩格斯文集》第 2 卷，人民出版社，2009，第 53 页。
④ 《马克思恩格斯文集》第 1 卷，人民出版社，2009，第 571 页。
⑤ 陶火生：《马克思生态思想研究》，学习出版社，2013，第 13 页。

带，也是人与生态环境有机统一的表现。马克思恩格斯指出，"为了进行生产，人们相互之间便发生一定的联系和关系"①，"劳动首先是人和自然之间的过程，是人以自身的活动来中介、调整和控制人和自然之间的物质变换的过程"②。他们认为，人是人化自然和自然的人化的统一，是生存能动性和自然受动性的统一，只有通过劳动实践这个联结纽带才能了解和把握自然界，进而通过劳动实践对自然界进行改造，并通过劳动和他人互动形成人与社会的关系，从而实现人与自然、社会的统一。这些论述都突出了马克思主义生态系统实践论的思想，蕴含了人的生态系统的自组织性与他组织性相统一的辩证关系，即人类在与自然进行物质交换的过程中显现出的目的性、能动性和中介性体现了人类社会的他组织性，但人类需要与具有自组织功能的生态系统的运行规律相一致才能实现可持续发展。这种生态实践是"以生态环境的正态性规律为内在制约、以人的协调发展为价值旨归和以良好的生态环境的需要为根本动力的物质性活动"③。人才生态系统的优化实践是以承认人才的价值、尊重生态环境和确认生态系统的整体性为主导的人的思维理念和行为方式，是自然、社会和人本三维立体向度的辩证统一，是人与生态环境的物质循环实践和人的生态伦理实践的实践性统一，也是生态系统自组织行为与他组织行为的辩证统一，共同推进了生态系统的动态优化过程。这种优化实践需要遵循科学发展观，在尊重和坚持自然规律的前提下发挥人的主观能动性，既注重发挥人的能动创造性，又注重发挥生态系统的自组织功能和作用，实现人与环境之间的和谐共生和人与人之间的公平协作的统一，确保特定时空内的生态系统的稳定有序，维护生态系统安全和发展潜力，实现人才生态系统的可持续发展。

唯物辩证法认为，任何事物或系统的发展都是内因与外因共同作用的结果，两者是辩证统一、相互转化的，正如毛泽东所说："外因是变化的条件，内因是变化的根据，外因通过内因而起作用。"④ 系统论认为，影响系统发展变化的动因分为系统内各要素之间、要素与环境之间相互作用的

① 《马克思恩格斯文集》第 1 卷，人民出版社，2009，第 724 页。
② 《马克思恩格斯文集》第 5 卷，人民出版社，2009，第 207~208 页。
③ 陶火生：《马克思生态思想研究》，学习出版社，2013，第 224 页。
④ 《毛泽东选集》第 1 卷，人民出版社，1991，第 302 页。

内部因素和系统与外部环境之间相互作用的外部因素两种，内部因素推动外部因素决定系统发展的方向和过程。系统的自组织相当于内因，系统的他组织相当于外因，自组织对系统演化起着决定性作用，而他组织通过自组织对系统演化发挥作用，两者在生态系统优化中同时存在并可以在一定条件下相互转化。人才生态系统优化必定是由系统内部的生态因子发挥关键作用自发形成的，而外部的生态因子为之创造必要的先决条件。因此，人才生态系统优化在重视他组织行为的同时，需要更加注重发挥自组织作用并促使他组织向自组织转化，创造特定条件使他组织模式与自组织模式有机结合。也就是说，在优化过程中必须统筹兼顾生态系统自主性和强制性的辩证关系，既要以使命任务和战略目标为根本指向，依靠制度发挥他组织的强制作用，又要把他组织行为引导到自组织的自觉行动上来，在高层次生态系统的强制性约束和控制下充分发挥本层次生态系统的自组织的主导作用，激发各类人才的自觉能动性和自主创造性，并创造条件使他组织作用转化为自组织作用，维护生态系统的健康可持续性发展。

（三）现代系统科学理论对人才生态系统优化的科学指引

现代科学的理论和方法是拨开复杂性系统迷雾的"望远镜""放大镜""显微镜"。人才学是将人才现象作为自己的研究对象的一门学科，是一门研究人才运动及其发展规律，促进人才工作科学发展，促进人才全面发展的学科，[①] 以研究人才概念与特征、人才成长与开发、人才使用与配置、人才评价与激励、人才价值与战略等为主要内容。随着研究的深入，人才学逐渐形成了由人才基础、人才成长规律、成才主体的自我开发和社会的人才开发四个部分组成的研究框架，产生了人才心理学、人才经济学、人才教育学、人才生态学等诸多交叉学科和领导人才学、科技人才学、潜人才学等专门的人才学科群。人才所具有的自然属性与社会属性以及对成长和发展环境的特殊要求，推动了人才学和生态学的紧密结合并衍生出一门新兴学科——人才生态学。我国从 1986 年开始出现人才生态的相关研究，

---

① 叶忠海：《人才学与人才资源开发研究》，党建读物出版社，2015，第 10 页。

相对于国外人力资源管理学研究来说起步较晚。《新编人才学大辞典》把"人才生态学"阐释为："是研究人才生态系统以及人才开发与环境系统之间相互作用规律及其机理的一门新兴边缘学科。……它主要从人才生态系统结构、功能状态特征等角度，去研究人才生态现象、人才生态智慧、人才生态行为与环境系统交互作用的规律及其机理，包括人才生态开发工程技术与人才生态管理原理、技术与方法等。"[1] 随着研究不断深入，出现了越来越多与人才生态相关的研究热点，形成了如生态环境、生态系统、人才资源、人才群体、人才成长等庞大的研究网络。近年来，人才生态的跨学科研究也迅猛发展，已深入应用经济学、教育学、生物学、社会学、科学技术史等多个学科，并衍生出多个交叉学科的研究主题，主要集中在人才生态学的概念特征、人才与生态环境建设、人才生态位生态链等研究领域。可以说，人才生态学作为一门独立学科，是从人类生态学和社会生态学研究领域独立出来的分支学科，是生态学的方法理念在人才学领域的应用和延伸，是从生态学的视角研究人才生命和人才运动规律以及与生态环境系统相互关联和交互作用的一门交叉学科。而系统论作为一门学科最早是由美籍奥地利人、理论生物学家贝塔朗菲创立的。他在 1932 年发表了"抗体系统论"的思想，并在 1937 年提出了一般系统论原理，从而奠定了这门学科的理论基础。20 世纪 60 年代，系统论、信息论、控制论的概念和方法引入生态学，人们开始运用自组织理论和系统分析方法揭示各类生态系统的物质、能量和信息之间的相互关系和运作规律，逐步形成了系统生态学这一分支学科，极大地促进了生态学理论的丰富和发展。系统管理理论认为，组织一般是指系统内的稳定有序结构或其形成过程。德国理论物理学家哈肯（H. Haken）指出，组织的形成和演化方式可以分为两大类：一类是自组织，即系统没有受到外界的特定干预或者按照默契的系统内规则自发组织和发挥功能；另一类是他组织，即系统靠外界的特定干预或者外部指令而形成组织并发挥组织功能。人才生态系统是一个有生命的、他组织与自组织相统一的组织系统，并且以自组织为基础性发展机制。用系统科学的理论观点和思维方法来研究和诠释人才

---

① 叶忠海、郑其绪主编《新编人才学大辞典》，中央文献出版社，2015，第 474 页。

生态问题，以生态系统的视角关注人才之间、人才发展环境、影响因素和运行机制等问题，可以为新时代人才强国建设提供崭新的理论依据和方法工具。

1. 他组织理论对人才领域倒逼改革的理论借鉴

他组织理论发源于人类社会领域的实践活动，在人力资源管理领域得到广泛应用并已趋于成熟。"他组织"这一概念的内涵，一般理解为：更高层级的生态系统或组织，运用行政命令和管理控制等手段，从外部对其加以规划、管理和控制，按照给定的外力作用于系统，促使其发生结构、功能和作用的转变，从而实现从低级无序到高级有序的转变过程。他组织行为多适用于控制论的反馈调节系统，主要表现为以实现预设目标的外部组织力为基础，一般采用"刺激—反应—反馈"的运行模式，具有传统的、"机械"的、单向因果关系的性质与特征，其显著特征主要有：一是组织受到外界的特定干预，多追求在较短时间内实现最高效率或最大效益等人为设定的目标和结果；二是组织具有很强的操控性、目的性和现实性，表现出非自觉自为的行为状态，便于进行目标设置、指令指导和管理控制；三是组织的结构和功能相对简单，自我选择和动态演化的功能较弱，主动发展创新和适应变化的能力较弱。因为便于维持政权和实现掌控，他组织在传统的政治领域便成了首选，特别是战略目标的设计和战略任务的实施一般都是他组织的。

人才生态系统的他组织行为主要表现为在外界的强力干预下，系统发挥他组织作用实现变革，并对外部生态环境的变化进行被动适应，作出被动式反应。这种他组织作用主要体现在：政治因素决定行动，在战略制定和实施中他组织机制是最基本的机制，制度和纪律在他组织行为中起关键作用。在传统的强调纪律约束和一致行动的领域，战略目标的制定准备与行动策略的贯彻实施一般是他组织模式，政府机构通过设定目标、下达指令、管理约束来组织人才和非人才遂行特定任务，通过战略规划实施进行组织部署，通过固定组织机构进行贯彻落实，以强制性手段形成最大的系统合力和调控力，达到目标一致、齐心协力共同完成目标任务的目的。然而，他组织行为是一把"双刃剑"，既具有有计划、时间短、可操控等先天优势，也具有不可重复性、不可持续性等后发劣势。许多以自上而下的规划设计和强制实施为主的采取他组织方式的运行系统，由于无法有效满足要素需要和激发改变动力，不能合理分配资源和掌握要素动态变化以适应外部变化的环境，也就不能及时把握系统出现的特点和规律，很容易因调控过度而引发生态危机。一般来说，他组织的结构和功能越简单越有优势，而自组织的结构和功能越复杂越有优势。所以，他组织理论更适合作为人才生态系统优化的辅助部分并发挥其指导作用。因此，人才生态系统优化需要从更高层级的生态系统乃至国家层面发挥各类组织机构的他组织作用，以行政命令和强制性手段对人才生态系统优化提出要求，并通过积极灵活的政策引导、制度规范和管理约束，实时调控生态系统优化目标的发展方向和落实进程，保持整个生态系统的动态平衡，并推动人才生态系统优化始终沿着正确的方向前进。

2. 自组织理论对人才领域自我革命的理论启示

自组织理论是由耗散结构理论、协同学、突变论、混沌论、协同动力论、演化路径论和超循环理论等诸多理论组成的理论体系，主要研究复杂系统（自然生命系统、社会系统等）的自组织现象，并探索其生成和演化的基本规律与机制等问题，即在一定外部环境和条件下，系统如何自发地从无序走向有序，再从低级有序演化为高级有序，是研究系统自主的结构化、有序化的演化过程的理论体系。关于"自组织"的内涵，哈肯阐释为："如果一个体系在获得空间的、时间的或功能的结构过程中，没有外界的特定干涉，我们便说该体系是自组织的。这里'特定'一词是指，那种结构或功能并非外界强加给体系的，而且外界是以非特定方式作用于体系的。"[1] 自组织行为是一个系统内部自发形成、自发演化、动态平衡的自我组织化过程，是一种非机械论的、非单向因果关系的发展模式，因而更适用于复杂生态系统的"自我组织的"模式。人才生态系统的主体是人才，拥有强烈的自由意志、自主决策能力和自我创新能力，具有较强的自主性和能动性，会根据使命任务的改变和外界环境的变化，适时作出应激性反应，表现出鲜明的自组织特征，其显著特征主要有：其一，以人才为核心的各类组织不受外界干扰和人为把控，在开放环境下与外部环境实时

---

① 转引自黄梅《人才生态的理论探讨与管理创新》，经济科学出版社，2014，第70页。

作用互动，使人才生态系统在自我演化中得到动态优化；其二，以人才为核心的各类组织的结构和功能相对复杂，具有较强的保持稳态和创造出新功能的自组织能力，会沿着螺旋上升的方向演化，使人才生态系统形成原生态系统所没有的更为复杂的结构和功能。

　　人才生态系统的自组织行为主要表现在不需要外界的干预，系统能够自由发挥自组织作用实现自主优化，对外部生态环境的变化进行自主适应。自组织行为作为一双"看不见的手"，具有自我适应、自我平衡、自我成长、自我创新等可持续发展优势，能够更好地适应复杂多变的外部环境并自觉实现自我演化，是经过漫长时期的择优进化形成与发展起来的演进方式，是一种被科学和实践证明了的、比他组织方式更为优秀的组织模式，正如强调发挥市场配置在社会经济发展中的基础性、决定性作用一样，自组织模式也被证明和确认在构建现代组织的结构和功能上发挥着基础性、决定性的作用。当然，自组织行为也存在反馈周期长、调控速度相对缓慢、结果不易操控等局限性，但若与他组织行为互相协调、互相配合使用，将会获得长期的、更好的作用效果。自组织理论符合马克思主义的人才生态思想，也更加适合当前人才创新发展的时代要求和实践需要，可以为我们认识和遵循人才生态系统自组织规律，并创造条件使他组织转化为自组织提供必要的理论和方法基础。可以说，自组织理论既是党和国家"自我革命"的科学理论基础，也是建设人才强国战略的科学指导。因此，人才生态系统应当建立一套以自组织理论为主导、他组织理论为辅助的优化理论和方法论，其优化模型建构的理论依据也应以自组织理论中的耗散结构理论为主，对于以他组织方式建立起来的人才生态系统，可以在其建设的初期阶段，运用自组织理论对该生态系统进行一定的动态调节和优化，促使其转化为自组织系统。

　　3. 耗散结构理论对人才生态系统优化的理论价值

　　耗散结构理论被称为非平衡系统的自组织理论，是自组织理论和方法论体系中的一种基础性关键理论，是一种为自组织理论体系创造先决条件的方法。耗散结构理论是一门专门研究耗散结构的性质、稳态和演化及远离平衡态的不可逆过程的理论，主要研究系统如何开放及开放的程度，内部诸要素之间如何自行产生组织性和相干性的相互作用，如何创造自组织活动的条件，促使系统从混沌无序的初态向稳定有序的终态转变的自组织演化的过程和规律。耗散结构理论把系统划分为与外界环境没有能量和物质交换的孤立系统、与外界环境只有能量但无物质交换的封闭系统、与外界环境既有能量又有物质交换的开放系统三种样式，表现出三种不同的发展状态：孤立系统的熵总是自发地趋向增加，永远不能自发地产生有序状态，而只能是"平衡无序态"，最终使系统走向高度无序的"死亡"状态；封闭系统也不能自发地趋于有序状态，只有在温度足够低等苛刻条件下，才可以形成"稳定有序的平衡结构"；开放系统在远离平衡态和系统有负熵流的条件下，可以通过一定的非线性作用，形成动态演化的耗散结构，从而使系统从杂乱无章的无序状态变为动态平衡的有序状态，实现自组织活动的正反馈循环。耗散结构理论的主要观点是：生态系统一般都是开放系统，① 系统在非线性作用下由近平衡态逐渐发展变化，经过多个可能分支点的选择而达到远离平衡的无序状态，同时系统在涨落作用下发生质的突变，新生成一个更复杂的、稳定有序的耗散结构。

耗散结构是在非线性的、远离平衡态的开放系统中形成的一种较稳定的自组织结构。把人才生态系统优化成耗散结构，需要具备以下几个必要条件。一是人才生态系统是一个开放系统。开放系统是自组织结构形成新的有序状态的前提和基础。人才生态系统只有与外界进行一定的物质和能量交换，从外部环境引入负熵流来抵消生态系统自发产生的熵增加值（即"正熵"），并使整个系统的总熵值保持不变或者逐渐减少，才能促使生态系统从无序走向有序的结构状态。二是人才生态系统是远离平衡态的。普利高津提出了最小熵产生原理和"非平衡是有序之源"的著名论断，认为系统处于远离平衡态是其形成有序结构的必要条件。处于远离平衡态的人才生态系统，系统内人才与外部环境之间存在物质循环、能量流动和信息传递等运动，并且离平衡态越远、运动越激烈，越有可能使生态系统产生稳定有序的耗散结构。三是人才生态系统诸要素之间存在非线性相互作用。线性关系是遵循线性叠加原理的非稳态的序列与集合，将使人才生态

---

① 贝塔朗菲将"开放系统"定义为："是指同环境交换物质的系统，它的物质成分有输入与输出，有组分与分解。"（参见〔奥〕贝塔兰菲《一般系统论》，秋同、袁嘉新译，社会科学文献出版社，1987，第118页。）

系统处于一种无休止的、毫无稳定与安宁的发展变化之中，犹如一匹脱了缰绳的野马狂奔向悬崖一样，将系统在无休止的内耗和疯狂剧变中推向毁灭。人才生态系统各要素之间只有存在非线性的相互作用，才能产生复杂的协同效应和相干效应，使推动作用与阻碍作用形成暂时的均衡，生态系统才能出现暂时的稳定态而走向有序。非线性系统还存有多种演化结果的可能性，使系统显现出一定的复杂性和多样性，有利于人才生态系统实现螺旋式上升、波浪式前进和跨越式发展。四是人才生态系统的涨落作用导致有序。涨落作用是驱动系统内稳定分支突变为耗散结构分支的初始推动力，是驱动系统由不稳定状态走向新的更高级稳态的推动力杠杆。人才生态系统的涨落是系统内部的某个变量或行为对其平均值的偏离或波动，所形成耗散结构的有序性实质上是经过涨落的、动态发展的有序性。在人才生态系统整体处于近平衡态时，生态系统内的涨落通过破坏原系统的稳定有序而引起新的无序的干扰，使系统逐渐走向远离平衡态；但在人才生态系统整体处于远离平衡态时，随机的小涨落就可能会在相干效应和连锁效应下迅速扩大，形成具有较强破坏力量的系统"巨涨落"，推动生态系统发生质的突变并形成新的稳定有序的状态，从而"自组织"成为一个新的更高级、更复杂的耗散结构，使人才生态系统实现质的飞跃。

耗散结构理论很好地解决了人才与人才及非人才之间、人才与生态环境之间相互交流和作用的机制和路径问题，为人才生态复杂性研究领域尤其是人才生态系统的研究提供了其他研究方法不可替代的科学理论和方法论基础。具体来说，一方面，耗散结构理论把热力学定律与生命机体现象和规律统一了起来。这一理论的提出，把自然科学与社会科学有机联系在了一起，促使人类开始探索与攀登各种复杂性系统规律原理的高峰。科学研究表明，耗散结构理论贯穿于生命活动的全过程，诠释了生命过程的热力学现象与生物进化的热力学理论基础相一致，证明了人和社会都是一种高度发达的耗散结构并具有精密协调的有序化结构和功能。人才生态系统作为生命系统的重要组成部分，是远离平衡态的开放系统，必然适应耗散结构理论的发展规律和演化过程，遵循通过与外界不断交换物质、能量和信息，经非线性作用和涨落作用而"自组织"形成新的耗散结构的物理定律。另一方面，耗散结构理论是科学分析人才生态系统优化机制的有效方法。耗散结构理论从系统演化的角度，指明人才生态系统从无序走向稳定有序的主要影响因素，分析人才生态系统优化的运行机理。所以，本书探索运用耗散结构理论分析人才生态系统优化机制，在研究该生态系统从低级向高级演化的规律的基础上，设计出人才生态系统优化模型，并给出系统的、动态的、可量化的优化策略建议。

第二章 人才生态系统优化的
目标与规划

恩格斯指出："社会历史领域内进行活动的，是具有意识的、经过思虑或凭激情行动的、追求某种目的的人；任何事情的发生都不是没有自觉的意图，没有预期的目的的。"① 战略目标决定系统结构。着眼于人才强国的战略目标，人才生态系统应当树立超前制变、主动管控意识，以人才担负的使命任务为牵引，以解决人才面临的实际问题为导向，深入分析人才生态系统优化的目标需求，系统规划优化的总体"路线图"，明确目标规划实施的方法论指导原则。

一 人才生态系统优化的目标指向

人才生态系统是一个具有动态适应性的复杂系统，其优化的根本目标是形成强大的系统合力和战略主动优势。人才生态系统优化研究，需要运用系统观念和系统思维，从生态系统层面把握其内在构成的基本要素、互动演化的根本特征和优化演进的着力方向，为确立人才生态系统优化的目标指向提供科学理论依据。

（一）准确把握人才生态系统内在构成的基本要素

人才和生态环境是构成人才生态系统的基本要素。研究人才生态系统优化，先要准确把握其内在构成要素的相互关系和在生态系统构成中的作用和地位，为抓住人才生态系统优化的主要矛盾和主要方面提供研究基础。

---

① 《马克思恩格斯文集》第 4 卷，人民出版社，2009，第 302 页。

1. 人才是人才生态系统得以存续并充满生机活力的关键主体

黑格尔指出："每个人都是一个整体，本身就是一个世界，每个人都是一个完满的，有生气的人，而不是某种孤立的性格特征的寓言式的抽象品。"① 从生态系统的理论观点来看，人是一个有生命力的系统，人体的各个器官相互连接和作用、共同构成了一个不可分割的有机整体，各个不同结构和功能的器官在大脑神经网络的调控支配下发挥着更加复杂的作用。人才是有血有肉、有生命活力和生命周期的生态有机体，具有人才之"体""才""心"的生命力，而不仅是一个组织系统的某个"组件"，更不是某个单位或某个领导的一个"工具"，正如贝塔朗菲所说："生物不是机器；但他们在某种程度上可能变成机器，凝结为机器。不过永远不会彻底；因为完全机器化的生物就不能对外界不断变化的条件作出反应。"② 正是这种生命活力和能动作用，驱使人才生态系统始终保持着生机与活力。矛盾论认为，事物发展的内因是根本、外因是条件，内因规定着外因且受到外因的反作用，两者在一定界限和条件变化中可以相互转化。从人才与生态环境的关系来看，人才素质及其努力程度是内因，其素质高低和作用发挥决定着人才生态系统健康发展的大局；而其所处的生态环境是外因，对人才素质高低和作用的影响巨大。在不同层次时空范围和条件巨变下，起决定作用的因素可以相互转化。所以说，人才既是人才生态系统得以存续并充满生机活力的主体部分和关键要素，也是影响生态系统优化效果的决定性因素。

2. 生态环境是人才赖以生存发展并发挥作用的"肥沃土壤"

人人都是环境的产物。马克思把人的本质定义为"一切社会关系的总和"③，指出人与环境之间是"人创造环境，同样，环境也创造人"④ 的辩证统一关系，并把环境阐述为包括物质关系、政治关系和思想关系在内的一切社会关系的总和。人才的生存发展也离不开生态环境，必须在特定的

---

① 〔德〕黑格尔：《美学》第 1 卷，朱光潜译，商务印书馆，1979，第 20 页。
② 〔奥〕贝塔兰菲：《一般系统论》，秋同、袁嘉新译，社会科学文献出版社，1987，第 180 页。
③ 《马克思恩格斯文集》第 1 卷，人民出版社，2009，第 505 页。
④ 《马克思恩格斯文集》第 1 卷，人民出版社，2009，第 545 页。

时空环境和创新条件中才能发挥其巨大作用。人才的成长进步和作用发挥依赖于适宜的工作条件和外部环境，经过长期累积生成势能潜力，才可以在一定环境条件下形成强大的作用显力。不同层次和类型的人才群体通过与生态环境相互联系和交互作用构建了错综复杂的人才生态网络，共同推进了人才生态系统的优化和发展。

总之，人才与生态环境之间的关系犹如鱼与水、鸟与木、凤凰与梧桐，是一种相互依存、相互促进的互利共生的辩证统一关系，主要蕴含着两层含义：其一，人才是人才生态系统优化的主体，通过对生态环境的创造性劳动和能动作用，不断推动着某一领域的发展和进步，从而不断优化着生态环境，即表现出人才对生态环境的创造和改造作用；其二，良好的生态环境有利于吸引和培养优秀人才，使其发挥出最大潜能，并促使人才为适应环境变化作出相应改变或调整，从而为本领域发展作出更大贡献，即表现出生态环境对人才的塑造和改变作用。

（二）深刻理解人才生态系统互动演化的根本特征

人才与生态环境之间通过相互关系和交互作用共同构成了具有特定生态结构和生态功能的人才生态系统。研究人才生态系统优化，必须深刻理解生态系统内部关联的系统整体性和生态系统整体优化的动态过程性。

1. 人才生态系统诸要素互动关联、有机融合的系统整体性

美国著名心理学家库尔特·勒温（Kurt Lewin）提出了场动力理论（简称"场论"），认为一个人的行为取决于个人与所处环境的相互作用，可用公式表示为：$B=f(P×E)$（P 指个人的素质水平或内部动力，E 指环境的刺激，B 指个人行为的绩效）。该函数表明：一个人创造的价值，既与他自身的素质能力有关，也与其所处的环境密切相关。如果一个人处在不利的环境中，那么很难充分发挥他的才能，从而取得应有的成就[①]；而良好环境的激励有利于实现个人的自我价值，同时吸引更多的优秀人才，产生集聚效应，从而实现人才与环境影响互动的良性循环。根据"埃尔里

---

① 徐茜、张体勤：《基于城市环境的人才集聚研究》，《中国人口资源与环境》2010 年第9 期。

克等式"，人才对环境的影响公式可表示为：$I = P \times A \times T$（I指人才对环境的影响，P指人才数量，A指人均消费水平，T指生产技术水平）。人才对环境的影响I取决于P、A、T三个方面因素的协同作用。一般来说，I与T呈正相关，与P、A呈负相关。同样，人才与生态环境相互促进、协调优化，共同构成了共生共赢、休戚与共的有机体。

人才生态系统是人才要素与其所处的生态环境共同组成的多维复合且有生命力的有机系统，是一个由物质与精神、自然与社会、人文与生态环境等诸要素有机组合的、具有一定生命周期的人工生态系统，是包括人才群体和生态环境在内的系统整体的"态"与"势"的统一。研究人才生态系统优化，就必须正确认识生态系统内部诸要素之间相互关联、有机融合的系统整体性，通过深入研究以人才群体发挥系统合力为核心、人才之间及人才与生态环境之间相互关联作用的问题，量度系统内诸要素及系统整体的态势大小和效能发挥，得出不同层次范围的共性特点规律，力求实现共性（一般性）与个性（特殊性）的辩证统一。人才生态系统优化的重心就是通过加强生态系统各组分之间的有机关联和交互作用，尽力实现人岗匹配、人尽其才、才尽其用，建立人才与非人才、人才与职位、人才与环境互动耦合和反馈循环的复杂生态网络，共同构筑能够在特定时空结构下发挥最佳功能的生态关系网络体系，进而加快生态系统的物质、能量、信息的流动速率，增加生态网络的等级及信息量，减少系统信息传递的不确定性，减少冗余偏废和迂回损耗，提高动态优化的效益，实现人才生态系统整体的"减器"和"倍增"作用。

2. 人才生态系统自主向更高级、更复杂的系统演化的动态过程性

马克思主义认为，运动是绝对的，用运动发展的眼光看待事物，就很容易找出矛盾实质、解决实际问题，正如恩格斯指出的："一当我们从事物的运动、变化、生命和彼此相互作用方面去考察事物时，情形就完全不同了。在这里我们立刻陷入了矛盾。"[1] 人才生态系统也不可能具有绝对的稳态平衡，而是在与变化的外部环境的适应过程中，始终处在不断自我调整的动态演化之中，表现出内在结构方式的根本变化和外在表现形态上的行为

---

[1] 《马克思恩格斯文集》第9卷，人民出版社，2009，第126页。

方式的根本转化，主要分为三种演化模式：一是生态系统形态从孕育、产生、成长到成熟的成型演化模式，二是越过某一模式形态顶点后变得固化、保守、衰落的"保型"演化模式，三是从原有形态开始孕育、开启新的更复杂形态的"转型"演化模式。所以本书的人才生态系统优化是一种基于维护人才生态系统的动态平衡和推动其向更高级、更复杂的系统演化的动态优化，主要通过发挥生态系统自身的自组织作用实现"转型演化3"形态的演化过程（如图2-1所示），同时发挥他组织作用推动实现"转型演化2"形态的演化过程，着重构建生态系统转型演化进程模型对生态系统现存状态进行定量分析和趋势预测，并进一步提出可量化的动态优化策略。

在一定的时空条件下，人才这个主体要素主要通过优化人才生态系统的结构与功能引发生态系统整体的两种转变：一种是人才适应环境的变化并努力改造环境，两者共同作用推动人才生态系统的量变；另一种是人才超越现有条件和环境的限度，成为生态系统优化变革的主导因素，引起人才生态系统的质变。因此，这种动态优化主要是一种自组织过程，是从一种动态平衡的有序结构转变成另一种更高级、更复杂的有序结构，是生态系统的一种自主创新、自我革命的质变过程。当然，人才生态系统的优化不可能一蹴而就，需要在遗传"优势基因"的基础上，根据生态环境的变化而不断适应、调整和跃迁，展现出一种继往开来、不断革新、循序渐进、螺旋上升的优化过程。

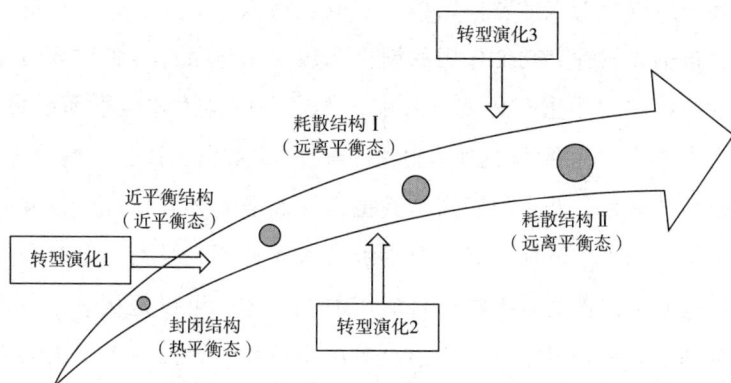

图2-1　生态系统转型演化进程模型

（三）切实认清人才生态系统优化演进的着力方向

人才生态系统虽是一个有生命的有机整体，具有不可拆分的系统性特征，不能像研究机械钟表一样通过拆解组装分析其内部结构和工作原理，对其进行观察也可能产生"观察者效应"①，但在研究过程中仍需要适当解剖和分析其内部结构，只有这样才能更加准确地把握其运作机理和功能输出情况，并依据"黑箱理论"逐层观测人才生态系统优化生态因子的影响程度。因此，对于人才生态系统的优化，主要沿着结构优化和功能强化两个方向展开。

1. 着力推动人才生态系统的结构优化

人才生态系统的结构优化，就是为了通过适当剖析和优化其内部结构，从而有针对性地分析和增强其内部要素之间及其与生态环境之间的相互关系和作用机理。因此，人才生态系统的结构优化是根据外部环境变化和任务需要，对构成生态系统的人才主体及充分发挥其才能作用的其他要素，在组分结构、形态结构和营养结构等基本结构上的分布配置、能流途径等生态因子进行适应性调整的过程，提高系统内诸要素之间及其与生态环境之间的相互关系和互促作用。

第一，组分结构的优化。组分结构是指在以人才为主体的人才生态系统中，不同层级和类型的人才群体按照不同的量比关系与发挥其功能作用的生态环境所构成的人才整体结构。它既包括人才个体、人才种群和人才群落，也包括以发挥其功能作用的岗位职级、工作条件等各种环境生态因子为要素构成的人才生态环境。其中，人才个体是人才生态系统最基础、最小的生态单元，主要与其他人才、非人才及家庭、社会、制度、文化、环境有密切的联系，并在组织内与其他人才和非人才互相配合，共同组成具有一定层次的人才群体；高一个层级的人才种群，是指一定时空内的同类人才通过各种内部关系有机组合而成的统一体，可以是从事相同性质工作的一个部门、一个科室、一个小组等次小单元；再高一个层级的人才群

---

① 指被观察的系统或现象会因为观察者的介入观察而受到影响，在量子力学系统中系统在某一个特定存在状态被观察得越频繁，该系统越可能保持原来状态。

落，是指在一定时空范围内的各类人才种群之间相互关联融合而成的复合体，一般由多个不同工作性质的专业或岗位人才组成且按共性规律共同生存和有序发展，可以是一个大的单位或机关部门，也可以是一个项目攻关团队；最后是与各层次人才个体和人才群体相互联系、相互促进的生态系统内外部环境，其是人才生态系统的另一个重要组成部分，这些要素共同构成了结构齐全、功能完整的人才生态系统。优化人才生态系统的种类结构，就是要通过逐层调整，完善不同层级人才的职能岗位配置、组成关系和配合机制，实现各级结构和功能的最优化。

第二，形态结构的优化。形态结构也叫时空结构。人才生态系统的形态结构是指由种类数量、空间分布、时间演化等不同要素特征形成的不同层次、不同生态特征的形态结构，主要包括人才空间配置、人才数量密度、人才特质搭配和人才素质编配等基本时空结构。一是优化人才空间动态分布。密切关注人才群体的变化状况，如人才的引进与流失，人才群体的增长、减少与平衡等方面，加强人才在机关与基层、城镇与乡村等时空范围上的分布配置，防止人才生态系统出现分布不合理导致的结构性失衡。二是调整人才数量密度动态配置。人才需要具有一定数量规模，具有合适的岗位编配，形成一定的区域人才密度，才能产生一个功能整体。这就需要关注人才群体的数量规模和群体内人才密度的问题，增强人才内部的适度合作与竞争，并尽量使人才群体有一定的冗余度，以增强人才生态系统的内部稳定性。三是重视人才特质动态搭配。关注不同特质类型人才的动态搭配，认清不同人才的知识结构和精神特质，按照共利共生、情感共融、优势互补的搭配规律，形成搭配合理、动态变化、更具活力的人才梯队，实现人才年龄上的老中青搭配、工作经历上的老中新搭配、性别上的男女搭配等，使人才生态系统产生凝心聚力效果和"1+1>2"的相干效应。四是实现人才的素质互补。人才个体或群体所具有的不同知识技能、创新思维、人格品质、价值观念等素质，通过物质流、能量流、信息流的交换和传递构成的系统层次结构，不同层次水平的人才素质结构构成了生态系统的能级结构。应当关注人才个体素质的培养和使用，通过分层使用和动态调整，实现人才群体素质上的高中低搭配、专业上的不同岗位衔接，力求形成结构完备、功能最佳的人才生态网络。

第三，营养结构的优化。"营养级"是处于某一条人才生态链节点上不同层次的所有人才的总和。从宏观来看，根据人才生态链的不同作用与功能，人才生态系统的营养级一般可划分为学校和培训机构的生产者、政府和企事业单位的消费者与人力资源部门的分解者三个层面。而营养结构是指人才生态系统中处于不同生态位的人才之间，通过物质、能量、信息的流动和功能作用形成不同的营养级，再与生态环境共同构成的人才生态链或人才生态网结构。人才生态系统的结构优化，就是要通过动态调控各营养级的人才数量、质量和类别，形成具有单向流动、逐级递减的显著特征的正向人才生态金字塔形营养结构，系统内的人才数量、质量和类别基本上遵循着从低到高逐层递减的规律，形成"生态锥体金字塔"。也就是说，人才生态系统应通过优化措施，生成由处于不同工作流程和关键环节的人才群体相互链接构成的一系列人才营养级，形成带有人才成长属性的正向人才生态金字塔结构，从而构成物质、能量、信息的营养流动畅通，各营养级比例合理，金字塔形的人才生态系统营养结构。

2. 着力推进人才生态系统的功能强化

人才生态系统的功能优化主要体现在通过不断提高人才群体之间、人才群体与生态环境之间的物质循环、能流转化、信息传递的效率和效益，强化生态系统多样化功能和减少生态系统冗余功耗。

第一，物质循环功能的优化。生态系统中的物质通过在不同营养级之间传递并联结形成了物质流，同时各种营养要素还存在一定程度上的耦合作用，使物质循环变得更加复杂。人才生态系统的物质循环可划分为人才之间的内循环和人才与生态环境之间的外循环，主要包括系统内外的物质、能量、信息的输入与输出循环。在人才生态系统优化过程中，应通过畅通物质流、能量流、信息流的输入与输出渠道，推动能流在不同营养级之间流动传递、联结耦合，提高物质流动与循环的效率，进而提高人才生态系统整体的输入输出效能。

第二，能流转化功能的优化。生态系统的生命与环境在相互作用的过程中始终伴随着能量的流动和转化。知识是人类在改造自然和社会的实践中获得的认知和经验的总和，是一种可以长久保存和传递的、用于指导实践的信息，具有一定的能量。信息的获取和传递是一种能流转化，而情绪流也同样存在能流转化。人才之间也存在信息流、知识流、情绪流等能量流动，正是这些能量流动导致了人才之间的相互作用。[①]　人才生态系统应在人才与生态环境相互联系和作用的过程中，不断增强人才之间和人才与生态环境之间的信息流、知识流、情绪流等能量的流动和转化，形成一定的能量流动和转化功能，最终使这些能量转化成强大的凝聚力和系统合力。

第三，信息传递功能的优化。生态系统是高度信息化的系统，有系统就必有信息。信息的功能是反映事物内部属性状态、结构功能、相互联系以及与外部环境的互动关系。人才生态系统的信息是生态系统中物质、能量、信息及其属性的标示，也是生态系统组织程度或有序程度的标志，可以被视为一种生态过程——目标是最大化地实现有意义信息的传递、储存和运用。人才生态系统也具有信息传递功能，主要表现为系统内部及与外部环境之间存在的信息传递，其以知识技能、情报和实践经验等多元信息资源的相互交流、交互传递、适应反馈的方式进行。因此，人才生态系统需要优化信息传递的流程和效率，密切关注信源的确定性和信道传递的畅通性，确保知识技能、实践经验等多元信息的准确性和及时性。

二　人才生态系统优化总体目标的需求分析

恩格斯说过："一切划时代的体系的真正的内容都是由于产生这些体系的那个时期的需要而形成起来的。"[②]　需求分析是优化目标规划的起点，也贯穿于目标规划实施的全过程。人才生态系统优化总体目标的需求受战略目标的牵引与支配，应协调好未来人才需要与现实发展问题的矛盾，并把优化目标融入强国建设之中。

（一）适应世界百年未有之大变局的环境亟须建立系统科学的人才生态系统思维

马克思主义认为，科学技术是第一生产力，同时，其也具有社会功

---

① 许芳、王宏：《人才生态环境建设探讨》，《企业活力》2007 年第 7 期。
② 《马克思恩格斯全集》第 3 卷，人民出版社，1960，第 544 页。

能，对人类社会发展起着重要作用，但其作用发挥的机制存在于社会基本矛盾的运动中，其作用大小、效应正负，既受其内在规律支配，更受诸多环境因素的影响，特别是受到社会制度和国际政治经济秩序的制约。习近平总书记高瞻远瞩地提出要胸怀"中华民族伟大复兴战略全局和世界百年未有之大变局"①。世界百年未有之大变局中新的阶段性特征正在不断呈现，全球治理体系和国际秩序变革加速推进，国际力量对比更趋平衡，和平发展大势不可逆转，不合理的世界格局和旧的政治经济秩序难以为继，新的世界秩序正在酝酿和重构之中。不变的是时代本质没有发生根本改变，正如习近平总书记在主持中共十八届中央政治局第四十三次集体学习时所指出的："尽管我们所处的时代同马克思所处的时代相比发生了巨大而深刻的变化，但从世界社会主义 500 年的大视野来看，我们依然处在马克思主义所指明的历史时代。"② 也就是说，世界力量对比出现新变化，世界秩序面临再调整，但世界体系的资本主义属性没有改变，资本主义力量在当今世界格局中仍然处于主导地位，给我们带来了走向光明前景的重大机遇和推动变革进步的巨大挑战，而新的科技革命浪潮造成了世界各国和社会层面的激烈动荡，表现出了更加明显的民族性、政治性和地域性趋势，特别是在不同阶级、立场、利益的社会群体之间因竞争对抗关系紧张、矛盾激化的时候，往往会导致人类精神意志控制下的科学技术生产的物质力量的对立，引发一系列对抗、冲突甚至战争。从系统科学观点来看，当今世界是由具有一定适应能力的众多利益集团融合而成的巨系统，往往会出现"突发事件的偶然性""地区秩序的波动性""多方竞争对抗的自适应""演化结果的不可重复性"等复杂现象，具有不确定性、多发性、适应性、涌现性等系统性特征。

新时代，人才资源与生态环境的联系越来越紧密、依赖性越来越大，人才的发展与创造和社会的进步与持续，都离不开良好的生态环境。但在现实中，我国大多数人才存在一定的思维定式，对党和国家的各项事业的理解还处于一个相互独立、较为封闭的简单系统认知阶段，习惯于把所属

---

① 习近平：《高举中国特色社会主义伟大旗帜 为全面建设社会主义现代化国家而团结奋斗——在中国共产党第二十次全国代表大会上的报告》，人民出版社，2022，第 2 页。
② 《习近平谈治国理政》第 2 卷，外文出版社，2017，第 66 页。

人才与生态环境看成可任意分解还原和拼装组合的"组件"，缺乏对"国家机器"大系统中诸要素及其与生态环境之间的相互关联、有机融合的更高层次的认知，摆脱不了过于集中管控所产生的更多的不确定性和摩擦内耗的弊病，容易产生思维层次代差现象。这种相对封闭的思维模式主导下的各级组织部门和人才群体，更多的是依照上级部门或领导的指示要求及以往的"传统做法"进行决策和行动，工作中往往采取等待上级或领导指示要求的不作为、慢作为的"稳妥"策略，确保不出现大的不可控风险，不愿承担太多的创新失败的风险，导致整体上系统开放性不足、自主适应性不强，在应对世界百年未有之大变局中出现的不确定性因素和突发变化时，适应缓慢、不知所措、消极等待，表现出无所依据、无所适从、不敢创新等问题，在面对新形势、新情况、新问题时缺乏必要的责任担当。很显然，这种被动反应式思维模式，只是实现了不同层次人才力量的简单叠加和功能合成，未实现不断适应环境变化和任务需要进行灵活多样的自适应、自重组、自优化，在国内外环境变化较慢的条件下可能还能适应，但在国内外秩序态势剧变和不确定性因素剧增的复杂局势中就难以及时适应并迅速作出反应，已经远远不能适应未来时代的需求。

进入信息化智能化时代，我们迫切需要一种能够正视信息化智能化"迷雾"、重新界定系统边界的新的认识论和方法论，需要一种以人才为主体、能够整体把握战略目标任务、思想和工作方法具有系统性、自主灵活适应剧变环境的系统思维方式。这就需要我们把人才生态系统看作一个关联紧密、整体开放、自主反应的复杂自适应性系统，通过把握系统整体性、增强系统自适应性和涌现性、减少外部环境影响的不确定性等实际举措，提高我国人才队伍适应剧变环境、把控"两个大局"的整体能力。因此，我们有必要运用马克思主义人才生态思想和系统观念、系统生态理论和复杂适应性系统理论以及系统管理理论的科学理论与方法，交叉构建一种新的混合思维模式——生态系统思维，研究人才与生态环境之间的网络结构优化和功能作用强化，提高生态系统应对外部环境变化的敏锐度，构成可以根据环境变化动态调节生态系统要素的"活的"生态系统。

（二）实施人才强国战略的全方位变革亟须构建自主优化的人才生态系统结构

历史反复证明，只有建立在充分发挥人的自主能动性基础上的自组织方式才是不可战胜的。要实现人才强国战略目标，人才生态系统就需要形成与之相适应的体系结构。但是，当前各级各部门组织主要采用逐级配属、层级管理、层层加强的上下级组织方式，主要依据制订的目标计划和上级指令来实现分工协同，管理模式主要依靠垂直集中控制和串行行动方式，存在管理模式单一、资源分配混乱、管理职责不清、使用效益不高等突出问题，特别是受调动权限门槛高、体制编制制约和部门利益阻碍等因素影响，不同单位和部门之间人才的流通"壁垒"严重，人才与单位之间的相互流通机制不够顺畅，区域性流动方向不尽科学合理。这种相对固定的模式一般都是典型的逐级管理、有边界组织框架的科层制，从构成结构来看是一个比较固定的矩阵，各层级之间形成了一种链条或树状的人才生态链，组织架构和人员相对稳定和层次分明，各部门的职能责权比较清晰明确，方便组织管理和计量绩效，但在不确定性强、环境变化快的今天就暴露出了其体量大、惯性大、转型慢等弱点，在一定程度上阻碍了人才之间、人才与生态环境之间的相互链接和相互作用，成为阻碍生态系统体制结构"自我革命"的最大制约因素，导致人才生态系统发挥的自组织作用难以迅速适应和满足国内外安全局势的剧变和国家长远发展的需求，必须采取国家机关和单位高层进行顶层设计和推进结构改革的他组织系统。

人才生态系统应当在实施人才强国战略的全方位变革中积极创造有利条件，通过自主优化生态系统的组织结构，着力推进系统内人才和物质资源结构的有效调整匹配，努力实现从多等级体制的整体组合形式向网络化体制的系统融合，使他组织系统转化为具有一定自我发展创新、自我调节适应能力的自组织系统；顺应各级各部门体制编制改革调整的大势，打破各单位部门的利益樊篱和内部平衡，允许系统内诸要素暂时处于一种动荡不安、适应新变的非平衡态，推动各类人才快速适应改革、积极支持改革、自觉投身改革，有层次性地耦合连接与融通融合不同类型的人才要素、攻关单元，形成系统化的纠错机制和自主调节机制，保持结构融合的灵活性，建成一种具备自我适应、自主优化能力的自组织网络结构，进而在多层次、多功能、多效益上形成最佳的生态系统结构力。

（三）统筹中华民族伟大复兴战略全局亟须强化集成涌现的人才生态系统功能

统筹中华民族伟大复兴战略全局，实现中华民族重登世界民族之林的顶峰，离不开中国共产党的领导，也离不开各地区、各部门、各行业人才队伍整体力量的系统集成。综合国力的较量，是一种"体系与体系"的对抗，其核心是"人才与人才"之间的较量。这就需要我们把人才及其他诸要素与生态环境高度融合，形成一个互相联系、高度集成、有机融合的人才生态系统，通过党对物质流、能量流、信息流的全面领导的聚力集成作用，产生"1+1＞2"的系统涌现效应。正如恩格斯所说："许多人协作，许多力量融合为一个总的力量，用马克思的话来说，就产生'新力量'，这种力量和它的单个力量的总和有本质的差别。"[①] 当前，我国人才队伍在物质流、能量流、信息流等方面表现不够，存在重管理约束而轻服务引导的工作作风，管理服务的专业化、精细化、科学化水平不高，不少组织机构部门对畅通信息传递渠道重视程度明显不足，尚未建成系统高效的网络信息体系，没有发掘出信息化设备的信息传递、信息互动、信息整合的功能作用，导致物质流、信息流、能量流传导不畅，使得生态系统诸要素之间以及要素与生态环境之间关联性不紧，尚未形成有机融合、集成高效的规模效应，严重制约了人才生态系统功能作用的有效发挥。

未形成信息网络节点控制机制的人才生态系统，可以运用"短板理论"[②] 进行研究分析，即生态系统组分功能的任何一个"短板"和"死穴"，都有可能造成系统"崩溃"，必须取长补短、均衡发展，通过各组分之间环环相扣的联动作用，提高系统整体效能、发挥系统最大作用。而形

---

① 《马克思恩格斯文集》第 9 卷，人民出版社，2009，第 133~134 页。
② 彼得提出的"木桶理论"，指一只木桶的盛水量取决于构成它的最短木板，这块木板被称为"限制因素"。

成信息网络节点控制机制的人才生态系统则更适合运用"长板理论"① 来研究，即生态系统需要扬长避短、系统集成，通过加强系统内各组分之间及其与外部环境之间的竞争与协作，融入一个范围更大的大系统之中，从而形成更复杂的结构和更大的系统竞争力。因此，提升人才生态系统集成涌现的系统优势，应当坚持短板理论与长板理论的辩证统一，既关注生态系统的"限制因素"，提高系统内各个要素自身的实力，通过整体互动的放大效应而影响系统的整体稳定，防止人才生态链节点断裂造成的体系"崩溃"；又注重提高生态系统的"竞争优势"，通过充分发挥其自组织功能作用实现生态系统的自我优化和创新发展，加强与其他系统的竞争与协作，使其产生从量变到质变的系统性功能涌现，从而生成新的更高级的集成涌现能力，形成更大的核心竞争力，进而实现整体效能的最大化。

三　人才生态系统优化总体目标的战略规划

人才生态系统优化的目的就是通过加强以人才为主体的生态系统内诸要素之间及生态系统与外部环境之间的相互关系和作用，整体性调节其自组织结构和功能，构建出"主动反应型"的复杂适应性系统，确保人才生态系统形成最大合力、发挥最佳效用。本书将人才生态系统优化的总体目标确立为一个总目标和两个分目标。

（一）建成适应环境且自主优化的复杂适应性系统

美国学者霍兰指出，适应性造就了复杂性。人才生态系统要保持其内部的有序稳定和动态平衡，就必须在适应环境变化中优化生态系统的结构与功能，使其向有序平衡、动态发展的更复杂的生态系统结构方向转化，向整体效能最佳和形成系统合力的生态系统功能方向转型，实现生态系统的自我创新和功能涌现，激发出一种深层次的、内生性的自我革命动力，激活系统的内部生命活力，输出系统的系统生态力，从而形成改造客观世

① 称为"新木桶理论"，指把木桶倾斜一定角度后，盛水量则取决于构成它的最长木板，这块木板就是"竞争优势"。

界的巨大力量并营造于我有利的战略态势。人才生态系统优化，应当适应具有不确定性的环境变化，认清只有正确认识不确定性才有创新可能，并且这种创新只发生在从不确定性到确定性的边缘，需要运用已有科学理论和工具手段从不确定性因素中探寻确定性规律。

人才生态系统优化的总体目标，是以提升人才资源生机活力和生态系统整体合力为主要内容，以理顺人才与生态环境的互利共生关系为主要抓手，抓住优化复杂有序的生态网络结构和畅通物质流、能量流、信息流传递转换渠道这个关键，形成人才与生态环境共生共促的结构态和以生成系统合力为主的功能态，形成自主优化、功能互补、交互流动的人才群体结构，引导和推动人才生态系统向更有序、更高层次的耗散结构转变，建成适应变化、关系和谐、结构有序、动态优化的新的复杂适应性系统，形成有利于人才生态系统势能转化的结构优势、功能优势、创新优势等战略优势。人才生态系统优化的目标实施，应以增长和提升人才数量和质量、增强复杂的生态关系网络、开放能流和增加信息量为主要形式：人才数量和质量方面应大力开发和培养人才资源，使其数量规模和能力素质满足岗位和任务需要，达到人岗匹配、人事相宜，并自主适应外界环境的快速变化和科学技术的快速发展；生态网络方面应建立合纵连横的生态网络体系，并不断发展，使生态系统的物质、能量和信息得到充分循环利用，提高使用效率，发挥社会效益；能流和信息量方面应开放物质、能量、信息流通渠道，建立产业融合式的物流供应链、能量转换链和信息传导链，加强生态系统信息化、智能化建设，建立大数据平台和信息网络系统，着力加强一体化信息平台和人机融合的数据链建设，增强有用信息的采集、传递和分析，增加生态系统中具有确定性的信息量，减少冗余信息和"噪声"干扰，提高决策的质量和效率。

（二）建构具有复杂耗散结构的人才生态网络结构

人才之间及其与生态环境之间的相互关联和交互作用是形成人才生态系统的关键。这种相互关联和交互作用可以使人才生态系统内诸要素之间及其与生态环境之间结成"一对多""多对多"的网状关系，逐渐形成整体的复杂网络结构，进而使不同的网络结构产生不同的系统功能。如同石墨与金刚石，虽然两者构成元素一样，但因元素之间排列形成的网络结构不同，两者表现出的性质迥异。在当今信息化、智能化的时代背景下，新质生产力需要构建能够迅速适应环境变化且执行多样化任务的固定配置或临时组建的攻关团体，更需要分布式、自主管理、无边界组织框架的跨部门团队制或网络中心制架构，把系统架构下的组织当成一个动态矩阵或生态网络结构，通过关键网络节点使不同类型的人才群体上下串联、左右并联，变成一个网状多维的力量群体，而后既可以通过建立一些不易断裂的人才核心节点，也可以让每个人才成为中心节点并发挥作用潜能，形成层级淡化和边界模糊的网格化的组织团队，从而最大限度地共享资源、积聚力量并凝结成"拳头"。

研究表明，社会生态网络一般存在偏好依附和优先增长因素制约，具有拓扑结构的无尺度网络等特征，少数几个较高级的中心节点连接着大量的网络节点。因此，人才生态系统优化应运用系统科学解析人才与人才、人才与生态环境的相互关系和互动作用，尤其是思考和分析人才群体与工作条件和环境的高度一体化、系统化问题，注重从点、链、网的层级关系逐步推动生态系统拓扑结构的优化，以适宜生态位的核心人才为中心节点，区分好中心节点与其他节点的层次，处理好各能级各类型人才与人才之间的相互依存关系并形成人才生态链条，处理好人才与非人才、人才与职级岗位之间的相互依存关系，形成各种职能链条，以及生态系统诸要素与生态环境的交互作用共同构成的生态关系网络；同时密切关注时间维度上的生态系统优化过程，形成科学合理的系统组分之间的协作运行方式，逐步构筑具有自组织功能的复杂耗散结构关系网络，最终建成优势互补、资源共享、利益共荣、风险共担、协同发展的耗散结构系统。

（三）建强自组织起决定作用的人才生态系统功能

在信息化、智能化时代，随着认知感知、互动沟通、即时通信、自主决策相结合的人工智能产品和人机对接的 AI 系统大量涌现，呈现出人机协同、自主决策的智能化一体化的发展趋势，体现出人才与 AI 交互系统的信息主导、智能融合、体系释放的新功能。这一发展趋势使单一人才创新成为历史，而更多的是不同专业领域的人才团队利用 AI 工具进行群体性创新。这就需要人才生态系统的人才主体具备应对剧变环境的能力、具有团队精神并能联合遂行多样化任务，从整体大局出发来调整或改善系统内部各组分的功能与作用，推进生态系统的自我发展、自主创新，有效应对复杂多变的外部环境；进而增强生态系统对生态环境变化的动态适应性，充分发挥自适应、自组织的基础性决定作用，对系统进行反复循环的动态优化，加快系统从无序向有序的动态演化，形成系统的自组织优势，从而推动这一生态系统实现新的更高级的可持续发展，最终使生态系统功能达到最佳状态。

人才生态系统中的人才与人才之间存在竞争与协作、利他等生态行为，人才与生态环境之间也存在互利共生、偏利作用等正相关作用和恶性竞争、偏害作用等负相关作用，这些可以转化为动力和阻力、竞争力和合力、凝聚力和离散力、干扰力和抗干扰力等生态系统整体作用力。人才生态系统优化的目标，就是使人才群体与生态环境之间形成和谐有序、互利共生的关系作用，即人才群体经过长期的共同生活和协作，会逐渐形成一种动态平衡的人际关系网络，人才与生态环境之间通过物质交换、信息传递、互动交流等，保持着相互联系、相互制约、相互补偿的生态网络关系，通过双方的适应互动和交互选择来获得最佳的网络协同效应，最终在人才生态系统中实现互利共生和系统涌现。因此，想要建强自组织功能的人才生态系统，需要加强生态系统内以人才为主体的物质资源和情感能量的互动流动，增强生态系统信息传导速度和效率，减少系统信息迂回和损耗，通过网络信息系统实现人才与人才之间思想技能的聚力联合、人才与工具之间的有机融合以及人才与生态环境之间的相互促进，实现人的"软件"要素与物的"硬件"要素的最佳融合，形成最大化的系统合力，最终实现生态系统效能的质的跃升。

四 人才生态系统优化总体目标规划
实施的思维模式

习近平总书记强调，要"更加自觉地坚持和运用辩证唯物主义世界观和方法论，更好在实际工作中把握现象和本质、形式和内容、原因和结果、偶然和必然、可能和现实、内因和外因、共性和个性的关系，增强辩证思维、战略思维能力，把各项工作做得更好"[1]。人才生态系统优化是一个复杂的系统工程，需要探索建立一种适合人才生态系统优化总体目标规划实施的高级思维模式——生态系统思维，从复杂适应性系统的视角对人才生态系统的组分、层次、结构、功能、内外联系等方面作全面深入地考察和量化，为揭示其内在规律和制胜机理提供先进科学的思维理念和方法。

（一）互动流通与有序循环的系统开放思维

系统论指出："向较高秩序转变的这一过程以能量的供应为前提，而只有在系统是开放系统即能从环境获取能量时，能量才能不断向系统提供。"[2] 任何有生命力的生态系统在本质上都是开放系统，都需要不断地同外界交换物质、能量和信息形成熵减的演化过程，为其新的增长创造多种可能路径。开放性是任一生态系统生存和发展的必需条件，也是促进外部环境对系统内施加非平衡约束（持续作用）的必要条件，只有生长在条件适宜、全面开放的良好环境中，生态系统才能与外部环境进行物质、能量、信息的交换和循环，使系统整体稳定有序，从而维持系统的生存和发展。"问渠哪得清如许？为有源头活水来。"[3] 人才生态系统是始终处在开放流通环境条件下的"一池清水"，需要人才与生态环境之间时刻发生物质、能量、信息流动、交换和循环的"活水"，使人才与生态环境之间结成千丝万缕的关系，形成"一荣俱荣、一损俱损"的密切关联，进而造成了生态系统影响因素的增加和要素关系的复杂性，需要以更加开放的视野和姿态加强人才生态系统优化的统筹设计，推进系统整体不断发展与演变，实现生态系统自组织优化的最终目标。

本书所说的系统开放思维，是指生态系统在开放环境下，通过增强其内部开放程度凝聚各组分力量，创造多种新的增长的可能路径，通过不断

---

① 《习近平关于全面建成小康社会论述摘编》，中央文献出版社，2016，第194页。
② 〔奥〕贝塔兰菲：《一般系统论》，秋同、袁嘉新译，社会科学文献出版社，1987，第57页。
③ 《观书有感》。

进行物质信息、知识技术、思想情感等能流交换的对外开放，增强约束引起的长时间系统性反馈（即适应），推动生态系统整体在适应过程中不断突破创新的思维理念和方法。也就是说，人才生态系统的开放性既是其生存与发展的固有特征，又是增强其内外关联度并形成更复杂系统的基本条件，是一种内外双向的开放，需要保持物资、岗位、资金等物质资源的流通和知识、才能、思想、情感等隐性资源的交流，进而实现人的思想的互动性、流动的自由性和生态资源的融合性，最终形成生态系统内外交流互动、能流畅通的"一潭活水"，不断增强生态系统的生命活力和系统合力。同时，人才生态系统也是一个有特定拓扑结构的组织，是一个相对开放与严密组织相兼容的统一体，既不是完全封闭的自循环，也不是完全自由的任意放开，具有既要适应"职场"需要又要遵循"市场"规律的"二重性"特点，应遵循人才成长特点和发展规律，促进人才的合理流动、良性循环，确保始终沿着正确的政治方向和为全人类谋福利的原则用力。因此，人才生态系统优化总体的目标规划实施，必须坚持开放性与组织性相兼容的具体原则，以有组织的开放性为前提条件，打破"自我设计、自我循环、自我检验"的怪圈，破除自保自足的自循环思想和作茧自缚的封闭管理模式，强化开放视野、开放心态和开放自信，着力增强组织架构的开放性，重视内外生态环境因素的巨大影响，着力增强人才之间及其与外部环境的物质、能量、信息的渠道通畅、交换互动，努力实现不同地域各部门之间的人才共用、资源共享、深度融合和发展共赢。

（二）以人为本与人境互适的生态平衡思维

马克思主义辩证法认为，世界是一个普遍联系、矛盾对立、运动发展的统一体，物质与运动在永恒的、流动的循环中是不灭的，稳态是相对的，而动态是绝对的，正如恩格斯所说，"一个伟大的基本思想，即认为世界不是既成事物的集合体，而是过程的集合体"[①]。贝塔朗菲指出："任何有机体都是一个系统，是一个相互作用的各部分与各过程的动态秩

---

① 《马克思恩格斯文集》第 4 卷，人民出版社，2009，第 298 页。

序。"① 也就是说，任何生态系统都是一个动态发展的"活的"系统，都具有一定的动态稳定性，会通过不断地与生态环境进行能量流动、物质循环和信息传递，实现系统内部输入与输出的相互对立，保持生态系统总输入与总输出的动态平衡，最终使系统整体达到一种相互适应、协调统一的动态平衡态。"生命是多相系统中的动态平衡。"② 人才生态系统是一个开放的、动态的、自适应的复杂系统，具有自主维护动态平衡的特性，主要表现在生态系统中各种生命体通过相互作用关系保持大小和数量的相对稳定性，其结构与功能和物质、能量、信息的输入与输出都能够在动态平衡中保持一种相对稳定的状态。人才生态系统也具有一定的自我调节功能和自净功能，主要表现在人才生态系统在生态环境发生变化时能够维护结构和功能的相互协调，自动维持或修复系统运行有序、良性循环的生态平衡状态，使系统整体在动态适应生态环境的发展变化中具备一定的鲁棒性③和承载力。

本书所说的生态平衡思维是指既要正视人在生态系统中的主导地位和主观能动作用，也要重视为人提供稳定的物质、能量、信息资源的适宜生态环境，通过交互作用、相互改变的动态适应，维护人与环境共同构成的生态系统的相互协调和动态平衡，使生态系统自动修复、维持其运行有序、良性循环的状态，从而实现人与环境和谐共处、共生共赢的思维理念和方法。人才生态系统优化总体目标规划实施，必须坚持稳定性与动态性相统一的原则，遵循人才与生态环境互动互适达到生态平衡的系统规律，注重引入系统的自主适应机制和动态优化机制，既重视以人为本、人才为先的发展理念，加强对生态环境的改造，也重视外部环境对人的影响和塑造作用，通过物质交换、知识传递、能量流动，保持系统结构和功能的复杂性、多样性，通过提高层次多样性、能量流动性、循环途径复杂性来增

---

① 〔奥〕贝塔兰菲：《一般系统论》，秋同、袁嘉新译，社会科学文献出版社，1987，第176页。
② 〔奥〕贝塔兰菲：《一般系统论》，秋同、袁嘉新译，社会科学文献出版社，1987，第103页。
③ 指系统在一定参数制约下，维持系统对不确定性因素的控制性能，保持系统的健壮性。参见百度百科的"鲁棒"和"鲁棒控制"。

强系统自我调节能力和抗干扰能力，运用各种激励措施和优化机制维护生态系统的动态稳定性，使生态系统变成"一池活水"，能够在外部环境发生较大变化时自主适应和动态发展，最终营造有利于整个生态系统稳定发展的态势。应吸收借鉴世界和历史的经验成果，实现适应外部环境变化的积累和沉淀，同时也需要强化生态系统的自组织优化功能，通过生态系统优化模型计算出稳定性与动态性之间的量度，把握好不变与变的时间和节奏，加强有序创新，有效解决组织结构相对稳定与组织功能创新变化之间的突出矛盾，积极探索符合生态系统特色且与我国现代化进程相一致的创新发展路子，使我国在强国建设世纪大考中实现稳中求进与改革创新的统一。

（三）区分层次与合理配置的层次多样思维

习近平总书记在党的二十大报告中强调了提升生态系统的多样性、稳定性、持续性问题。美国数学家哥德尔研究提出了著名的"哥德尔不完备性定理"，认为"完备性"与"无矛盾"不能同时满足，即形式系统内某一层次的悖论问题必须进入更高层次的框架内才能解决。这就是形式系统的层次性观点，这一观点同样适用于任一生态系统。这种层级结构具有逐级减弱效应，即不同层级水平发生的干扰和变异随着层次上升而逐渐减弱，通过修改或取代较低等级的几个组分即可修复或调整某个层级上的功能，而要解决某个层级上的矛盾问题却需要从更高层级去思考统筹。生态系统的层级结构符合尽可能远离平衡态的要求，核心等级水平的特定行为受较低水平结构和较高水平结构的双重制约，较低水平结构决定影响范围并产生较高水平的行为，较高水平结构变异较慢决定制约机制并且受环境变化或干扰的影响相对减弱，本体的开放度也更容易被利用，使系统各层级能够更好地适应周期性的环境变化，有利于较高水平系统的生存和维持（稳定性），且有利于较低水平组分的快速更新（动态性），表现出一种系统整体的上行效应。美国学者巴巴拉·沃德和雷内·杜博斯曾经指出，"保证各种重要生态系统所需要的多种变化的功能，才能使世界丰富多彩"，并强调"人类的生存有赖于整个体系的平衡和健全"。① 在生态系统内多样性较高的群体里，整体性特征更为稳定和可靠，也就是说，生态系统内各层级具有较高的多样性，才能使其限制因子与最佳方案之间的动态权衡产生具有多样性的可选路径，确保生态系统能够通过突变、重组等随机性选择获得更多的层级性功能，使这种层次多样性较高的生态网络的整体性特征更为稳定和可靠，既有利于较高水平系统的稳定，又有利于较低水平组分的动态更替，表现出一种上行效应。人才生态系统是由不同的等级层次、异质多样的人才与各种环境有机融合而成的稳定生态综合体，具有层次性和多样性的特征：其层次性主要表现为生态系统内从上到下的层级素质、层级机构、层级管理等不同层级的分工协作，构成了不同层级的结构网络关系，往往是以不同层级之间转化的形式运动和发展形成特定的层次性功能，表现为生态系统层级存在的基本形式和生态系统层级变化的基本方式，表现出自身发展的前进性与曲折性辩证统一的层级转化规律，以及具有条件性、方向性、持续性和创新性的变化特征，人才主体会在职务和才能等方面出现层级跃进或退化的动态变化，形成不同层级的"态"与"势"；其多样性不仅表现在各组织层次存在多种多样的组分，还表现在各层次的不同种类的人才与生态环境相互联系作用而构成一个复杂多样、动态变化的生态网络，这一特性使生态系统能够以较小的适应性变化应对突发的较强烈的外部扰动，不断尝试和选择促进生存和发展的最佳方案，确保生态系统具有较好的适应性和较高的柔性，保证其在剧变中得以长期生存和持续发展。

本书所说的层次多样思维是指尊重生态系统的组成要素、结构功能及影响因素具有不同层次地位作用和发展方向的多样化需求，保持生态网络关联节点的延展性和可持续性，区分不同层级的矛盾问题解决，兼顾考虑较低层级的影响范围和较高层级的制约因素，遵循不同层级的特点规律发挥其最大功能，营造不同层级结构的层级涌现优势，并且尽可能地不断尝试和选择促进系统生存和发展的多元化最佳方案，使系统以较小的适应性变化应对较强烈的外部扰动，确保其具有较好的适应性和较高的柔性，保

---

① 〔美〕巴巴拉·沃德、雷内·杜博斯主编《只有一个地球》，国外公害资料编译组译，石油工业出版社，1981，第275页。

证系统在剧烈变化的环境和条件下得以持续发展。人才生态系统优化总体目标规划实施，需要坚持层次性与多样性相结合的原则，着力维护生态系统的层次性和多样性需求，尊重不同层级的人才具有不同能级、发挥不同作用的客观规律，注重发挥较低层级的人才和重要环节的基础性作用，把握较高层次的核心人才和关键节点的关联性和延展性功能，重视不同层次人的合理编配组合和物资能流的合理配置流通，努力构成"倒金字塔形"的人才生态网络结构，加强不同能级的各类资源的有序配置，形成具有层次性和多样性特征的复杂网络结构，促进生态系统向多元化方向发展。应以开阔的视野、宽广的胸襟、发展的眼光来看待总体目标规划实施，切忌为了眼前的、局部的利益而牺牲生态系统整体的层次多样性和可持续性，导致出现人才资源浪费、生态链断裂、整体功能弱化等生态系统失衡问题。

（四）自主优化与自我革命的动态优化思维

每个生命体都在生态系统中占有一定的生态位并发挥特定的作用，它们相互依赖、彼此制约、共同进化，随着系统内部结构及外部环境变化而发生动态演化。无论是自然界还是人类社会，自组织行为都普遍存在并发挥着关键作用，正如乌杰教授指出的："一种社会系统，或是一种生态系统，自组织化程度越高，这种社会或生态系统就越先进，越具有可持续发展的能力，进化也就越快。"[①] 党的建设、经济社会的发展、科技创新的动力和活力，一般都来源于人才群体发挥主观能动性和组织系统的自主优化。人才生态系统的优化过程，实际上是生态系统的人才主体自主发挥自组织作用的过程，主要通过人才与生态环境之间的作用与反作用、适应与反适应，使生态系统各要素在相互适应、补偿进化中实现由简单到复杂、由低级向高级演进的动态优化。这种动态优化思维是随着时间的推移和系统内外环境的变化而产生的自主优化，是一种主动作为、人为演化、自我演化的思维模式，带有很强的目的性和创新性。

本书所说的动态优化思维，是指生态系统各组分与生态环境之间存在

---

① 乌杰：《系统哲学之数学原理》，人民出版社，2013，第67页。

相互适应、彼此制约、补偿进化的相互作用，需要根据生态环境变化不断调整优化系统结构，使系统自动向结构复杂化、功能完善化的高层级方向演进，最终形成更复杂、更高级的生态系统的思维理念和方法。习近平总书记在党的二十大报告中指出，要全面推进党的"自我净化、自我完善、自我革新、自我提高"①，实现以党的自我革命引领社会革命，就是这种自主优化思维的综合体现，是为了发挥出更大、更复杂的系统功能作用。因此，人才生态系统优化总体目标规划实施需要按照生态系统的自组织优化规律，重视生态系统动态优化过程，顺着生态系统自身发展的"脉络"进行系统性结构调整，抓住生态系统优化的关键时间和关键节点实施精准行动，促使个体目标追求与生态系统优化方向协调一致，达到个体价值实现和生态系统创新发展的共生共赢，从而使生态系统自动向结构复杂化、功能完善化的高层级方向演化。

（五）有机联动与非线性放大的系统涌现思维

生态系统都是相互联系的有机整体，适用于"整体大于部分之和"的"涌现性原理"，生态系统内部诸要素在自我组织、自我演化过程中，较低层次的组分或者子系统通过加强互动联结和非线性放大到特定程度，可以凸显出在较低层次不存在的新质功能特性和更多行为模式，从而涌现出其组分或子系统组合起来所不具有的"剩余结构""剩余功能""剩余价值"等新的特征或生成更高级的复杂系统。也就是说，系统整体的特征不能还原为各个组分特性的综合，每个生态层级上的涌现性都会产生更多更复杂的功能和更大的作用。人才生态系统也是一个典型的复杂非线性动力学系统，适用于"整体大于部分之和"的"涌现性原理"，系统各要素之间受到多种因素和协作关系的综合影响而表现出非线性作用，在"牵一发而动全身"的连锁反应和非线性放大中产生"蝴蝶效应"，在动态优化中引发新的功能涌现。

本书所说的系统涌现思维是指遵循生态系统所具有的"非加和性"的

---

① 习近平：《高举中国特色社会主义伟大旗帜 为全面建设社会主义现代化国家而团结奋斗——在中国共产党第二十次全国代表大会上的报告》，人民出版社，2022，第64页。

综合涌现特性，通过加强各要素之间的相互关联和作用，形成连锁反应、联动放大的涌现效应，凸显出各要素组合叠加所不具备的新质特性，通过系统动态优化生成更高层级的新系统，使新系统产生较低层级系统所不具备的更复杂的具有整体功能的非线性思维理念和方法。因此，人才生态系统优化总体目标规划实施需要遵循生态系统所具有的"非加和性"的综合涌现特性，按照生态有机性和整体性方法论原则思考和分析生态系统诸要素的相互关系，通过加强人才主体与生态环境之间的相互关联和作用，促进生态系统内各组分之间的紧密关联、整体互动，形成有机联系、连锁反应、联动放大的非线性放大效应，在"否定之否定"矛盾运动中产生"1+1>2"的涌现效应，凸显出各要素组合叠加所不具备的新质特性和更复杂的新质功能，使生态系统向新的更高级的复杂系统发展。

第三章　人才生态系统优化模型构建与机制透析

"我们不能安排未来，但我们能展望趋势。"[①] 本章着重建构人才生态系统优化的影响生态因子指标体系，较准确地反映生态系统强制函数和状态变量（参数）的相互关系，积极探索构建一套自组织的、可量化的人才生态系统优化模型，模拟生态系统优化的现象和过程，从复杂的系统关联作用中发掘事物的本源，展现模拟系统的未知特征或未来趋势，努力引导生态系统向复杂适应性系统演化。

一　人才生态系统优化模型构建的基本前提

任一科学理论和模型建构都有一定的前提条件，需要大胆假设、小心求证。科学分析和把握人才生态系统优化的运行规律，"就要首先假定其前提并考察其主要的基础的方面，接着再考察其前提，或者说，首先孤立地考察个别的东西，然后，进展到考察其联结，这是唯一的必然的方法"[②]。人才生态系统优化模型除了遵循时间不可逆的基础前提之外，还需具备以下基本前提。

（一）人才是兼具理性与感性的"生态人"

人才是兼具理性与感性的复合体。我国现有的人才学理论在很大程度上是建立在西方经济学"经济人""社会人"理论和人力资源管理理论等

---

① 〔丹〕约恩森：《系统生态学导论》，陆健健译，高等教育出版社，2013，第101页。
② 〔日〕见田石介：《资本论的方法研究》，张小金等译，中国书籍出版社，2013，第194~195页。

理性假设的基础上的，具有一定的社会历史局限性。正如薛永武所说："我们今天站在人才开发的战略高度，用发展的观点看'人力资源管理'，就不难看出人力资源管理理论的局限性。"[1] 人才是有血有肉、有思想有感情的感性人，有天生的、遗传的人的本能和趋利避害的人性，在一些环境和条件尤其是极端情况下会按照本能或直觉思考和行事，表现出更多人性所固有的"生命力""人的因素"，而非完全理性的"经济人"和"社会人"，更不是等同于机械的"机器"和"工具"，若脱离人性想问题办事情，就如同建造"空中楼阁"，不能有效预测人的非理性思想行为。这种兼具理性与感性的人性特征就不能运用完全理性的前提假设来建构理论模型。

马克思说过："理论只要说服人，就能掌握群众；而理论只要彻底，就能说服人。所谓彻底，就是抓住事物的根本。而人的根本就是人本身。"[2] 运用马克思主义人才生态思想研究人才生态系统的主体——人才，应该把他们看成有血有肉的"生态人"。所谓"生态人"，是指具备生态意识，并在经济与社会活动中能够做到尊重自然生态规律，约束个人与集体行为，实现经济与社会持续发展、人与自然和谐相处的个人或群体。[3]其主要表现如下。首先，任何一个人才的"人""才""心"都有生态，都有一定的生命活力和生命周期，都需要适宜于生命孕育成长的各种"土壤""空气"等生态环境，需要不断地自我适应、动态优化以激发生态活力、延长生命周期，而且人才的生态是人才生态系统创造活力的根基。其次，人才作为生命个体都有追求生存与发展的权利，以及追求个人物质和精神财富的自由，理应重视人才的人性因素，将人才作为主体人格意义上的、时刻追求社会价值的"生态人"来看待，实现把人才当作"人本身"的自觉，切实尊重人才的主体地位和价值追求。再次，人才在充分发挥技能以获取最大利益的同时，更应追求个人效用与社会效用的最大化，实现个体利益追求与党、国家和社会的整体建设发展方向相一致，提供无可替代的政治效用、经济效用、社会价值并重的综合效用。最后，人才在牺牲奉献

---

① 薛永武主编《人才开发学》，中国社会科学出版社，2008，第231页。
② 《马克思恩格斯文集》第1卷，人民出版社，2009，第11页。
③ 王强：《高校生态型人才培养的制约因素及对策》，《中国成人教育》2008年第24期。

自身安全层次需要的情况下，更注重追求受尊重和自我实现的高层次需求，其创造动力大小是由其所获得或预期可得的个人效用与社会效用共同决定的，其生存状态和发展趋势也可以通过系统建模进行人为划分和度量。

把人才看成兼具理性与感性的"生态人"充分表明了任何人才都是一个复杂的小系统。这要求我们充分重视"生态人"这个根本基础，抓住"人之初，性本善"这个落脚点，既要考虑对人才人性的基本尊重和个人利益的基本满足，又要重视创造特定环境和条件推动其自我价值和社会价值的实现；这就要求我们必须高度重视运用系统观念和思维方法研究人才，坚持以思想工作和组织工作为核心的政治工作的生命线地位，把政治工作放在与业务工作同等重要的位置，加强政治工作对人才生命活力的激发作用，给予人才物质获得与精神享受的双重激励，引导其树立为实现生态系统持续发展和人才自身自由而全面的发展而不懈奋斗的目标；这就要求我们必须创造适宜生存与成长的"小生境"，根据外界环境变化和人才个性特点灵活改进、及时调整，凡事不能"一刀切""一锅煮"，凡人不能"一棒子打死"，扼杀人的自适应性和自主创造性。可见，同过于注重政治地位、经济利益和物质生产与消费的"经济人""社会人""政治人"相比，"生态人"是一种更加符合马克思主义关于人类本质学说和生态社会发展方向的观点，具有更加进步的重要意义。

（二）人才及其成长资源具有稀缺性

人才成长需求的无限性与资源环境供给的有限性之间的矛盾是人才生态系统最基本的矛盾之一，也是人才生态系统优化需要解决的关键问题。人才生态系统输入输出的物质流、能量流和信息流受国家战略、政治需求、经济状况和地域环境等各种因素影响，人才及相关资源的供应调配和时间精力都有一定限额或稀缺，其成长所需的工作条件、经费资金、岗位编制、制度环境等资源都有一定的规定或限制，人才的能力经验有一个逐步积累递增的时间过程和生命周期，这些稀缺性因素构成了系统优化的生态限制因子。在稀缺性条件限制下，人才生态系统才会有退化与优化、竞争与协同、进出与流动，系统内的各类人才之间才会有组织与分工、竞争与合作、调动与交流。这就需要人才生态系统紧盯生态环境变化和关键时间节点，不断优化其结构和功能，把有限的物资设备、人才资源、职级岗位合理配置和应用到能够产生最大竞争优势的地方，挖掘人才资源的最大潜能，发挥出有限资源的最大效益，形成生态系统的最大合力，最终使生态系统适应环境变化，具有竞争优势和可持续发展力。增加和提升人才资源的数量和质量是人才生态系统解决满足自身需求与自然有限供给矛盾的关键。这就需要人才生态系统充分利用所占有的有限资源，为人才成长发展提供适宜创新的生态环境，促进人才资源在适应环境的过程中激发前进动力、发挥最大效用。

（三）人才生态系统不可能无限增长

德国化学家李比希（Liebig）提出了"植物的生长情况取决于环境中那些最小量状态的营养元素"① 的结论，后经实验证明该理论也可用于其他物种和人类社会，这就是著名的（李比希）"最小因子定律"。美国生态学家谢尔福德（Shelford）的"耐受性定律"指出：当一种生态因子濒临或者达到某个物种的最大耐受极限时，就会影响该生物的生存和分布。② 这一定律揭示了包括人类在内的生命体的生存和发展主要取决于其所处综合的环境条件，而那些超过特定耐受性范围的生态环境因素都可能成为其生态限制因子。对于人才生态系统来说，人才的生存和发展也取决于其综合的促进条件和约束条件，一些生态环境因素也会成为制约甚至扼杀人才发展的生态限制因子，尤其是在极端情况下，一旦某一关键节点或限制因子缺失，就可能造成全局性的危机或"崩溃"，出现"一颗马蹄钉亡了一个帝国"的悲剧。这就需要我们时刻关注人才个体的多样性和可替代性，关注各类生态链条的完整性和不可间断性，关注网络系统的网格化和适度冗余性，对生态系统的整体结构和功能进行实时安全维护和生态补偿，增强系统抗干扰力，保障生态系统的正常运行和功能发挥。

---

① M. Danger, T. Daufresne, F. Lucas, et al., "Does Liebig's Law of the Minimum Scale up from Species to Communities," *Oikos*, 2008, 117 (11)：1741-1751.

② M. Day, J. Saive, "Testing Shelford's Law of to Lerance in Amphipods (Gammarus Minus) Exposed to Varing PH and Conductivity," *Journal of Ecological Research*, 2009 (9)：40-44.

基于生态限制因子的客观限制，比利时数学家 Verhulst 和 Kuetelet 于
1838 年提出了著名的逻辑斯蒂方程（亦称 Logistic 方程）。他们指出在有限
条件下，种群密度上升会导致其增长率下降直至停止增长，这种最简单的
增长形式被称为阻滞增长模型（又叫 Logistic 增长模型）。可见，最优点往
往是最不稳定的"脆弱"之处。人才生态系统也不是随心所欲地野蛮生
长，其优化发展受到战略目标、自身条件、体制编制、政策法规和资源环
境等客观条件的限制和制约，呈现出有限性增长的发展趋势。有限增长的
假设必然会带来有限理性的思考和行为。诺贝尔经济学奖获得者西蒙
（H. A. Simon）提出了有限理性的"管理人"假定，认为人们的决策和行
为一般是"意欲合理，但只能有限达到"的"有限理性"，在决策过程中
追求的并非最大或最优的标准，而是满意或次优的标准。人才是不完美和
有感情的生命体，不可能完全做到客观理性，其决策和行为中都存在非理
性因素影响，特别是在面临激烈竞争和非常态环境中会表现得更加明显。
因此，在这种有限理性的前提下，人才生态系统一般不求最优但求最佳、
最适合，更强调追求系统的"鲁棒性"，通过不断优化求得更好更稳定的
发展，并为生态系统的不断优化创新提供更大的发展空间，在不断追求次
优的过程中得以动态优化与完善。

二 构筑人才生态系统优化影响
生态因子指标体系

毛泽东指出："研究任何过程，如果是存在着两个以上矛盾的复杂过
程的话，就要用全力找出它的主要矛盾。捉住了这个主要矛盾，一切问题
就迎刃而解了。"[①] 要找准人才生态系统优化的主要矛盾，需要采用"黑箱
理论"的方法逐层观测生态系统优化生态因子的影响程度，对人才生态系
统优化的影响生态因子进行要素量化和权重分析，确立准确反映和有效检
验优化影响生态因子的状态变量（参数），逐步构建出比较精准反映生态
系统态势的影响生态因子指标体系，为后续构建动态优化模型和制定动态

---

① 《毛泽东选集》第 1 卷，人民出版社，1991，第 322 页。

优化策略提供必要的数据支撑。本书在前期调查研究的基础上，综合采用德尔菲法和层次分析法相结合的方法，按照专家咨询、层次分析、构建体系的流程，确定并构建了一套定性指标与定量指标相结合的影响生态因子指标体系。

（一）专家咨询反复调研确定效标

本书选定了5名相关领域专家，运用德尔菲法（专家咨询法）对前期调研提炼出的影响生态因子效标进行了反复讨论和分析，剔除和更换了意见不一致的影响生态因子效标。专家咨询法虽然有一定的主观性，但其经验式概括归纳比较贴合工作实际，可操作性较强且具有一定的信效度。具体主要采取了以下咨询流程。

第一步，采取开放式征询方式进行首轮调研。就前期非结构性访谈和调查问卷提炼出来的关键词语和内容选项发放第一轮征询调查表，不带任何框架和意见，分别函询或电话联系5名专家组成员提出首轮意见，在有效征得专家的不同意见之后，对关键词语和内容选项进行了整理、归纳、统计，设计了结构性访谈提纲和调查问卷，并作为第二步的征询调查表再分别反馈给各位专家。

第二步，进行评价式的第二轮调研。在继续访谈调研其他对象的基础上，分别从人才个体、人才群体和人才生态环境三个层面提出了笼统的效标和评价指标，分别邀请5名专家对第二张征询调查表作出了个人概括化评议，收集整理出第二步的专家意见，提炼出人才个体生机活力、人才群体竞争协作和生态系统内外环境3个效标和若干影响生态因子评价指标，并制定出第三张征询调查表。

第三步，开展重申式的第三轮调研。发放第三张征询调查表进行函询，采取匿名形式把第二轮提炼出的不同意见反馈给5名专家，请他们再次重申和评价这些笼统效标和关键选项，然后回收并整理专家的新评论和争论点，总结归纳出专家关于生态系统内外环境不易区分和有效测量的意见，而后从人才个体职业发展和人才生态系统整体合力两个层面确立具体效标和若干影响生态因子评价指标，并把生态环境因素融入两个层面之中，再研究制定第四张征询调查表。

第四步,进行复核式的第四轮调研。发放第四张征询调查表进行函询,采取匿名形式邀请专家再次评价,回收和总结各种意见的理由以及争论点,分别与他们进行研究讨论。经过反复讨论和调研论证,最后达成一致意见和广泛共识,明确从人才个体职业发展层面确立安心岗位、才能发挥、成长进步、创新活力、价值实现、职业前景6个效标和29个影响生态因子评价指标,从人才生态系统整体合力层面确立人才合理编配结构、人才紧密衔接关系、人才有效资源配置、人才资源通畅流动4个效标和18个影响生态因子评价指标。

(二) 层次分析确定影响生态因子权重

协同学的支配原理认为,在发展过程中,系统内部各种因素的变化对系统的影响是不平衡的,长期来看遵循着慢变量支配快变量的规律。综合作用于人才的所有生态因子是有主次轻重的,有主导因子、生存因子和一般因子之分。因此,本书运用层次分析法对人才生态系统优化的主要影响生态因子进行分析,探寻建立对生态系统作用发挥起主导作用的主导因子和起保护作用的限制因子的综合指标体系,为构建科学合理的优化模型做好准备。本书运用改进的层次分析法(Cov-AHP),按照分解、比较、判断、综合的顺序进行量化分析,具体步骤如下。

第一步,建立递阶层次结构的指标体系。结合调查研究和专家咨询,明确了人才生态系统优化的总体目标决策问题,把与优化有关的主要影响生态因子从高到低依目标层、因子层、效标层、指标层的递阶序列分解出四个层次,逐层分解为具有上下从属关系的目标、一级指标、二级指标、三级指标的因子指标体系,最终形成了能够较好地反映各层级、各因素相互关系的四级结构指标体系(如图3-1所示)。

然后,根据调查问卷排序题中各级指标重要程度的打分情况,用SPSS(V.18)进行平均值统计,计算出每一个影响生态因子指标的均值(最后一位四舍五入),并将计算结果制成表3-1。

```
┌─────────────────────────────────────────────────────────────┐
│        人才生态系统优化影响生态因子指标体系的层次结构          │
└─────────────────────────────────────────────────────────────┘

┌──────────┐    ┌───────────────────────────────────────────────┐
│  目标层  │────│ 目标是通过对人才生态系统优化影响生态因子进行要素量化和权重分析，│
│          │    │ 构建出较为精准反映其发展现状和未来趋势的影响生态因子指标体系 │
└──────────┘    └───────────────────────────────────────────────┘
     │
     ▼
┌──────────┐    ┌───────────────────────────────────────────────┐
│  因子层  │    │ 从内部生态因子方面，设置人才个体职业发展1个一级指标        │
│ 一级指标 │────│ 从外部生态因子方面，设置人才生态系统整体合力1个一级指标     │
└──────────┘    └───────────────────────────────────────────────┘
     │
     ▼
┌──────────┐    ┌───────────────────────────────────────────────┐
│  效标层  │    │ 人才个体职业发展1个一级指标细分为6个二级指标              │
│ 二级指标 │────│ 人才生态系统整体合力1个一级指标细分为4个二级指标          │
└──────────┘    └───────────────────────────────────────────────┘
     │
     ▼
┌──────────┐    ┌───────────────────────────────────────────────┐
│  指标层  │    │ 人才个体职业发展的6个二级指标下再细分为29个三级指标        │
│ 三级指标 │────│ 人才生态系统整体合力的4个二级指标下再细分为18个三级指标     │
└──────────┘    └───────────────────────────────────────────────┘
```

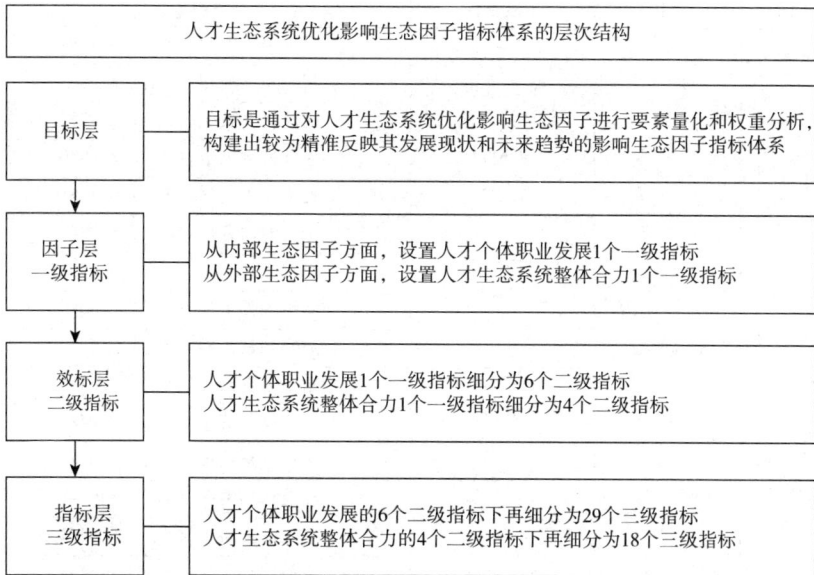

图 3-1　人才生态系统优化影响生态因子指标体系的层次结构

表 3-1　人才生态系统优化影响生态因子指标权重计算

目标	一级指标	二级指标	三级指标
人才生态系统优化影响生态因子（S）	人才个体职业发展（S_1）8.4135	安心岗位（S_{11}）8.3890	工资福利待遇（S_{111}）8.6583
			退休安置政策（S_{112}）8.5212
			家庭照顾程度（S_{113}）8.5875
			家庭成员支持（S_{114}）8.7890
			单位工作环境（S_{115}）8.0630
			社会支持力度（S_{116}）7.7148
		才能发挥（S_{12}）8.1235	个人能力素质（S_{121}）8.2923
			才能岗位匹配（S_{122}）7.6289
			物资保障力度（S_{123}）8.1911
			领导工作作风（S_{124}）8.5692
			从严管理方式（S_{125}）7.9362

目标	一级指标	二级指标	三级指标
人才生态系统优化影响生态因子（S）	人才个体职业发展（S_1）8.4135	成长进步（S_{13}）8.3069	个人努力程度（S_{131}）8.1496
			组织培养使用（S_{132}）8.3649
			岗位晋升机会（S_{133}）8.2393
			人才发现渠道（S_{134}）8.2820
			选人用人风气（S_{135}）8.4988
		创新活力（S_{14}）8.6824	个人专注程度（S_{141}）8.9340
			个人兴趣爱好（S_{142}）8.6902
			物资条件支持（S_{143}）8.4090
			鼓励创新氛围（S_{144}）8.6964
		价值实现（S_{15}）8.6925	组织重视认可（S_{151}）8.8316
			家庭受到尊重（S_{152}）8.9486
			职业资格认证（S_{153}）8.3349
			社会认同拥护（S_{154}）8.6548
		职业前景（S_{16}）8.5057	个人发展潜力（S_{161}）8.6561
			成长路径设计（S_{162}）8.5438
			单位发展空间（S_{163}）8.4049
			体制编制状况（S_{164}）8.7482
			交流调动机会（S_{165}）8.1753
	人才生态系统整体合力（S_2）8.0598	人才合理编配结构（S_{21}）7.9333	不同人才才能丰富多样程度（S_{211}）7.9393
			不同级别人才梯次搭配水平（S_{212}）7.7830
			不同年龄人才存在断档（S_{213}）8.0095
			不同专业人才素质互补程度（S_{214}）8.0012
		人才紧密衔接关系（S_{22}）8.0468	单位上下勠力同心（S_{221}）8.2805
			不同层级人才关系融洽（S_{222}）8.1702
			相似专业人才竞争有序（S_{223}）7.9123
			不同部门或团队协作默契（S_{224}）8.0074
			友邻单位人才合作密切（S_{225}）7.8022
			教培与使用衔接紧密（S_{226}）8.1082
		人才有效资源配置（S_{23}）8.2524	工作任务分配科学（S_{231}）8.1309
			物质资源配置合理（S_{232}）7.9486
			上传下达渠道畅通（S_{233}）8.4975
			知识交流分享常态化（S_{234}）8.4325
		人才资源通畅流动（S_{24}）8.0133	人才引进流出便利程度（S_{241}）8.6731
			人才借调交流频繁程度（S_{242}）7.9307
			外部专家智力引入质量（S_{243}）7.6570
			异地人才合作项目质量（S_{244}）7.7923

第二步，计算协方差矩阵。运用统计软件 SPSS（V.18）对问卷数据进行统计和计算，得出各个层级的重要程度表格。从第一步建立起的指标体系的第二个层级开始，对有从属关系的每个生态因子的重要性作两两比较，直至最后一个层级，最终构成生态因子指标体系的比较矩阵，表示出各个生态因子相应的重要性程度等级。同一层级的两个生态因子的重要性比较，采用了"1-9 比较刻度表"。各层级的指标比较矩阵如表 3-2 所示。

表 3-2　各层级的指标比较矩阵

$S =$

1	5
1/5	1

$S_1 =$

1	3	2	1/4	1/4	1/3
1/3	1	1/2	1/6	1/6	1/5
1	3	1	1/4	1/4	1/3
4	6	4	1	1	2
4	6	4	1	1	2
3	5	3	1/2	1/2	1

$S_2 =$

1	1/2	1/4	1/2
2	1	1/3	1
4	3	1	3
2	1	1/3	1

$S_{11} =$

1	2	2	1/2	7	9
1/2	1	1	1/3	6	9
1/2	1	1	1/3	6	9

2	3	3	1	8	9
1/7	1/6	1/6	4	1	4
1/9	1/9	1/9	1/9	1/4	1

$S_{12} =$

1	7	2	1/4	4
1/7	1	1/6	1/9	1/4
1/2	6	1	1/5	3
4	9	5	1	7
1/4	4	1/3	1/7	1

$S_{13} =$

1	1/3	1/2	1/2	1/4
3	1	2	2	1/2
2	1/2	1	1	1/3
2	1/2	1	1	1/3
4	2	3	3	1

$S_{14} =$

1	4	6	4
1/4	1	3	1
1/6	1/8	1	1/3
1/4	1	3	1

$S_{15} =$

1	1/2	6	3
2	1	7	4
1/6	1/7	1	1/4
1/3	1/4	4	1

$S_{16} =$

1	2	3	1/2	6
1/2	1	2	1/3	5
1/3	1/2	1	1/4	4
1	3	4	1	7
1/6	1/5	1/4	1/7	1

$S_{21} =$

1	3	1/2	1/2
1/3	1	1/4	1/4
2	4	1	1
2	4	1	1

$S_{22} =$

1	2	4	3	5	2
1/2	1	3	2	4	1
1/4	1/3	1	1/2	2	1/3
1/3	1/2	2	1	3	1/2
1/5	1/4	1/2	1/3	1	1/4
1/2	1	3	2	4	1

$S_{23} =$

1	3	1/4	1/4
1/3	1	1/6	1/6
4	6	1	1
4	6	1	1

$$S_{24} =$$

1	8	9	9
1/8	1	4	3
1/9	1/4	1	1/2
1/9	1/3	2	1

第三步，计算要素权重值。根据公式 $M_i = \Pi_{j=1}^{p}$（$i = 1$, 2, $\cdots$, p）和 $w_i = p\sqrt{M_i}$ 以及 $W_i = \dfrac{w_i}{\sum_{j=1}^{p} w_i}$，计算出矩阵各要素的权重数。

各级指标的具体权重计算结果如表3-3所示。

表3-3　人才生态系统优化影响生态因子指标权重结果

目标	一级指标	二级指标	三级指标	
人才生态系统优化影响生态因子（S）	人才个体职业发展（S_1）0.8333	安心岗位（S_{11}）0.0921	工资福利待遇（S_{111}）0.2219	
			退休安置政策（S_{112}）0.1462	
			家庭照顾程度（S_{113}）0.1462	
			家庭成员支持（S_{114}）0.3261	
			单位工作环境（S_{115}）0.1416	
			社会支持力度（S_{116}）0.0179	
		才能发挥（S_{12}）0.0401	个人能力素质（S_{121}）0.2147	
			才能岗位匹配（S_{122}）0.0325	
			物资保障力度（S_{123}）0.1478	
			领导工作作风（S_{124}）0.5292	
			从严管理方式（S_{125}）0.0758	
		成长进步（S_{13}）0.0806	个人努力程度（S_{131}）0.0794	
			组织培养使用（S_{132}）0.2442	
			岗位晋升机会（S_{133}）0.1373	
			人才发现渠道（S_{134}）0.1373	
			选人用人风气（S_{135}）0.4017	

续表

目标	一级指标	二级指标	三级指标
人才生态系统优化影响生态因子（S）	人才个体职业发展（S_1）0.8333	创新活力（S_{14}）0.2997	个人专注程度（S_{141}）0.5865
			个人兴趣爱好（S_{142}）0.1755
			物资条件支持（S_{143}）0.0625
			鼓励创新氛围（S_{144}）0.1755
		价值实现（S_{15}）0.2997	组织重视认可（S_{151}）0.3117
			家庭受到尊重（S_{152}）0.4934
			职业资格认证（S_{153}）0.0522
			社会认同拥护（S_{154}）0.1427
		职业前景（S_{16}）0.1877	个人发展潜力（S_{161}）0.2820
			成长路径设计（S_{162}）0.1756
			单位发展空间（S_{163}）0.1139
			体制编制状况（S_{164}）0.3850
			交流调动机会（S_{165}）0.0435
	人才生态系统整体合力（S_2）0.1667	人才合理编配结构（S_{21}）0.1058	不同人才能丰富多样程度（S_{211}）0.2003
			不同级别人才梯次搭配水平（S_{212}）0.0819
			不同年龄人才存在断档（S_{213}）0.3589
			不同专业人才素质互补度（S_{214}）0.3589
		人才紧密衔接关系（S_{22}）0.1899	单位上下勠力同心（S_{221}）0.3409
			不同层级人才关系融洽（S_{222}）0.2054
			相似专业人才竞争有序（S_{223}）0.0762
			不同部门或团队协作默契（S_{224}）0.1226
			友邻单位人才合作密切（S_{225}）0.0496
			教培与使用衔接紧密（S_{226}）0.2054
		人才有效资源配置（S_{23}）0.5143	工作任务分配科学（S_{231}）0.1254
			物质资源配置合理（S_{232}）0.0590
			上传下达渠道畅通（S_{233}）0.4078
			知识交流分享常态化（S_{234}）0.4078
		人才资源通畅流动（S_{24}）0.1899	人才引进流出便利程度（S_{241}）0.7016
			人才借调交流频繁程度（S_{242}）0.1673
			外部专家智力引入质量（S_{243}）0.0520
			异地人才合作项目质量（S_{244}）0.0791

第四步，计算底层要素的总排序权重结果。表3-3为各层指标对应上一层指标单排序权重的结果，要获得底层相对于目标层的相对重要程度，可以沿着层级结构将对应的指标自上而下计算，即可得出层次指标总排序权重的结果。

经计算统计，底层各指标的总排序权重结果如表3-4所示。

表3-4　人才生态系统优化影响生态因子指标总排序权重结果

目标	一级指标	二级指标	三级指标	总排序权重
人才生态系统优化影响生态因子（S）	人才个体职业发展（S_1）	安心岗位（S_{11}）	工资福利待遇（S_{111}）	0.0170
			退休安置政策（S_{112}）	0.0112
			家庭照顾程度（S_{113}）	0.0112
			家庭成员支持（S_{114}）	0.0250
			单位工作环境（S_{115}）	0.0109
			社会支持力度（S_{116}）	0.0014
		才能发挥（S_{12}）	个人能力素质（S_{121}）	0.0072
			才能岗位匹配（S_{122}）	0.0011
			物资保障力度（S_{123}）	0.0049
			领导工作作风（S_{124}）	0.0177
			从严管理方式（S_{125}）	0.0025
		成长进步（S_{13}）	个人努力程度（S_{131}）	0.0053
			组织培养使用（S_{132}）	0.0164
			岗位晋升机会（S_{133}）	0.0092
			人才发现渠道（S_{134}）	0.0092
			选人用人风气（S_{135}）	0.0270
		创新活力（S_{14}）	个人专注程度（S_{141}）	0.1464
			个人兴趣爱好（S_{142}）	0.0438
			物资条件支持（S_{143}）	0.0156
			鼓励创新氛围（S_{144}）	0.0438
		价值实现（S_{15}）	组织重视认可（S_{151}）	0.0778
			家庭受到尊重（S_{152}）	0.1232
			职业资格认证（S_{153}）	0.0131
			社会认同拥护（S_{154}）	0.0356

目标	一级指标	二级指标	三级指标	总排序权重
人才生态系统优化影响生态因子（S）	人才个体职业发展（S_1）	职业前景（S_{16}）	个人发展潜力（S_{161}）	0.0441
			成长路径设计（S_{162}）	0.0275
			单位发展空间（S_{163}）	0.0178
			体制编制状况（S_{164}）	0.0602
			交流调动机会（S_{165}）	0.0068
	人才生态系统整体合力（S_2）	人才合理编配结构（S_{21}）	不同人才才能丰富多样程度（S_{211}）	0.0035
			不同级别人才梯次搭配水平（S_{212}）	0.0014
			不同年龄人才存在断档（S_{213}）	0.0063
			不同专业人才素质互补程度（S_{214}）	0.0063
		人才紧密衔接关系（S_{22}）	单位上下勠力同心（S_{221}）	0.0108
			不同层级人才关系融洽（S_{222}）	0.0065
			相似专业人才竞争有序（S_{223}）	0.0024
			不同部门或团队协作默契（S_{224}）	0.0039
			友邻单位人才合作密切（S_{225}）	0.0016
			教培与使用衔接紧密（S_{226}）	0.0065
		人才有效资源配置（S_{23}）	工作任务分配科学（S_{231}）	0.0107
			物质资源配置合理（S_{232}）	0.0051
			上传下达渠道畅通（S_{233}）	0.0349
			知识交流分享常态化（S_{234}）	0.0349
		人才资源通畅流动（S_{24}）	人才引进流出便利程度（S_{241}）	0.0222
			人才借调交流频繁程度（S_{242}）	0.0053
			外部专家智力引入质量（S_{243}）	0.0016
			异地人才合作项目质量（S_{244}）	0.0025
合计				0.9968

在此需要强调说明的是，上述关键影响生态因子是基于较大范围内调研分析出来的权重值，故属于一般性的生态因子指标体系。但由于不同的人才生态系统发展态势不尽相同，其主要影响生态因子及其权重值也会有所差异，这需要根据每个生态系统的调研现状具体问题具体分析，构建特殊的生态因子指标体系。

三 构建人才生态系统优化的概念模型和计量模型

根据生态系统结构决定功能的演化规律，本书从优化系统的关系结构入手，采用建构系统体系结构的系统建模方法，建立一套人才生态系统优化的动态模型，形成一个由主要结构要素（主要影响生态因子）及各种视图（或观点）所组成的综合模型，用来描述和分析整个生态系统功能优化的过程，达到可以通过对生态系统优化影响生态因子"态"的计量推导计算出动态演化的"势"的目标，为精准把握生态系统动态优化的目标方向提供必要的理论和数据支撑。

（一）概念模型的建立

概念模型也称信息模型，是指对所研究实体对象的概念化描述。本书先从理论上建立一套人才生态系统优化的概念模型。依据耗散结构理论中系统形成耗散结构所需的自组织条件和演化过程，人才生态系统可以通过与外部环境进行物质流、能量流和信息流的输入输出，使系统由相对平衡的状态跃迁至远离平衡态，并通过系统内各要素之间的相互作用，随涨落因素非线性放大，推进生态系统向新的更复杂的耗散结构方向演化，进而形成新的更高级的功能状态。这就是构建的人才生态系统优化的概念模型，用"实体—关系"图（E—R图）表示（如图3-2所示）。

1. 人才生态系统的耗散条件创造

人才生态系统是一个相对开放的生态系统，其通过物质流动、资金流动、人才流动、信息流动等方式，不断与外界环境进行物质、能量和信息的交换与传递，获取足够的负熵流以保持系统的动态稳定性和可持续发展。人才生态系统优化，需要遵循先破后立原则，打破生态系统原有的追求"超稳定"的近平衡状态，进一步制定和采取政策措施完善开放机制和非平衡机制，根据外部环境变化有选择、有秩序地加大生态系统开放度和能流畅通性，提高人才流动性、引发新的福利待遇不平衡，促使原有生态系统跃迁至远离平衡态，进一步增强生态系统的整体生机活力，为生态系

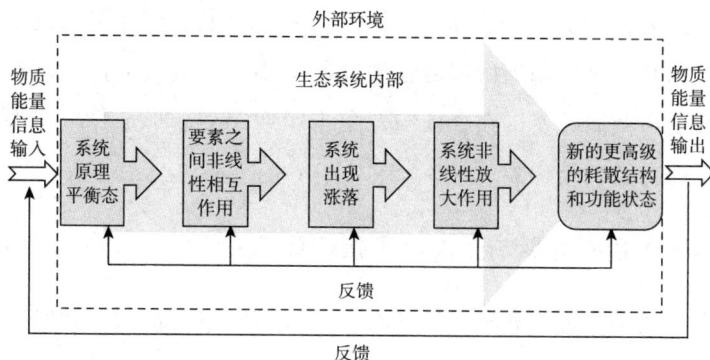

图 3-2 人才生态系统优化的概念模型

统向新的更复杂的有序演进创造必要的前提条件。

2. 人才生态系统的耗散机制触发

开放的、远离平衡态的人才生态系统在优化过程中，必须构建更加相互关联、多向互动的生态系统关系网络，有效利用不确定性的涨落作用，通过生态系统的非线性放大作用进行触发，通过相互反馈机制迅速改变生态系统状态，才可能打破原生态系统不愿变革、追求"超稳定"状态的"惰性"倾向，迅速感应和适应外部环境的变化，推动生态系统经过相对平稳的过渡或不稳定的剧烈震荡而达到新的有序稳定状态。因此，人才生态系统优化，需要根据自组织原理"通过涨落达到有序"的规律，调节或创造一些涨落因素，发挥涨落机制作用，使生态系统内部各要素的非线性相关作用进一步关联放大，通过反馈机制形成生态系统动态优化的内部诱因，使生态系统形成向新的更复杂有序的耗散结构演化的自组织机制。

3. 人才生态系统的耗散结构形成

最早提出系统协同学的哈肯（H. Haken）指出，协同性是系统产生有序结构的直接原因。协同论认为，自然界和人类社会都普遍存在竞争与协作相统一的协同竞争机制，有序就是协同，无序就是混沌，两者之间在一定条件下可以相互转化，而且还存在合作导致系统有序、竞争促进系统发展的发展规律。合作与竞争可能会造成更大的差异性和不平衡性，从而使生态系统远离非平衡状态，推动系统向更高级的有序结构创新与发展。因此，人才生态系统优化需要在完善开放机制、非平衡机制、涨落机制的基础上，建立完善"竞争—合作—协调"的协同机制，使生态系统组分在相互耦合、相互竞争、相互协调的作用中产生协同效应，促使生态系统的各要素从高熵向低熵转变，在合作与竞争中引发突变、形成循环，形成新的稳定有序的自组织结构。

（二）建立主要影响生态因子指标体系

根据上述调研分析和权重值计算，结合专家咨询法的一致结果，本书共确立了 16 个人才生态系统优化的主要影响生态因子（如表 3-5 所示）。

表 3-5 人才生态系统优化主要影响生态因子指标体系

目标	一级指标	主要影响生态因子	总排序权重
人才生态系统优化影响生态因子（S）	人才个体职业发展（S_1）	工资福利待遇（S_{111}）	0.0170
		退休安置政策（S_{112}）	0.0112
		家庭照顾程度（S_{113}）	0.0112
		家庭成员支持（S_{114}）	0.0250
		领导工作作风（S_{124}）	0.0177
		组织培养使用（S_{132}）	0.0164
		个人专注程度（S_{141}）	0.1464
		组织重视认可（S_{151}）	0.0778
		家庭受到尊重（S_{152}）	0.1232
		个人发展潜力（S_{161}）	0.0441
		体制编制状况（S_{164}）	0.0602
	人才生态系统整体合力（S_2）	不同专业人才素质互补程度（S_{214}）	0.0063
		单位上下勠力同心（S_{221}）	0.0108
		上传下达渠道畅通（S_{233}）	0.0349
		知识交流分享常态化（S_{234}）	0.0349
		人才引进流出便利程度（S_{241}）	0.0222

具体来说，人才个体职业发展的主要影响生态因子指标体系包括工资福利待遇、退休安置政策、家庭照顾程度、家庭成员支持、领导工作作

风、组织培养使用、个人专注程度、组织重视认可、家庭受到尊重、个人发展潜力、体制编制状况，共 11 个具体影响生态因子。人才生态系统整体合力的主要影响生态因子指标体系包括不同专业人才素质互补程度、单位上下勠力同心、上传下达渠道畅通、知识交流分享常态化、人才引进流出便利程度，共 5 个具体影响生态因子。可以看出，个人专注程度和家庭受到尊重两个具体影响生态因子是最为关键的生态因子。

这个指标体系的影响生态因子对人才生态系统优化起主导作用，直接决定着系统优化的方向和效果，是计算系统熵值变化时计量的关键影响生态因子，也是随后的优化策略实施中需要重点把握的方面。其他一些次要指标的影响生态因子由于对系统整体影响作用不大，在计算系统熵值变化时可以忽略不计。这些影响生态因子涉及人才自身、组织、领导、家庭、信息、政策制度、体制编制、经济、政治、社会等各个领域。就人才个体而言，这个指标体系基本上涵盖了人才的创造活力、价值追求、发展动力、作用效益及幸福指数等影响其生机活力和事业周期的生态因子的量度，可推算出不安心工作一心想退出领域、不安心工作得过且过、安心工作但才能得不到有效发挥、才能得到充分展现但受限于职业生涯瓶颈、胜任本职发挥才能一生服务事业等不同层次的功能状态。就人才群体而言，这个指标体系基本上涵盖了人才群体的竞争协作、部门合作程度、是否形成金字塔结构等影响其内在发展动力的生态因子的量度，可推算出人才群体的素质、状态和态度与系统发展和外部环境变化是否相同步，能有效降低系统产生的内耗和减缓能量衰减，可以划分出激进型、保守型、内耗型人才群体网络。就人才生态系统而言，这个指标体系基本上涵盖了人才群体与生态环境的适应性、系统物质能流信息畅通程度等影响其外在驱动力的生态因子量度，可推算出生态系统是否保持一定结构并动态平衡进而实现动态优化，可以划分出成长型、创新型和衰退型生态系统。

（三）计量模型的建立

所谓计量模型，是指用参数估计和假设检验的数理统计方法描述系统现象及其因素之间数量关系的方程式模型。建立计量模型，是为了更深刻和直观地揭示出人才生态系统优化的主要矛盾和变化规律，为有的放矢地优化生态系统结构和功能提供有用数据支撑。

1. 熵的计算公式

爱因斯坦认为，熵理论对于整个科学来说是第一法则。可以说，热力学第二定律和熵概念的提出，标志着人类对复杂系统进行整体性科学研究的开始，对近现代科学思想和方法的形成作出了重大贡献。从现有科学研究成果来看，熵的计算公式主要有以下三个。

第一个是克劳修斯在热力学第二定律中首次从宏观视角提出了熵的微分方程，计算公式为：

$$ds = \left(\frac{dQ}{T}\right) r \tag{公式1}$$

其中，S 指熵，Q 指吸收或耗散的热量，T 指绝对温度，r 是"reversible"的缩写，表示变化是可逆的，ir 则表示不可逆的。可用状态函数 $S = f(\Omega)$（Ω 指系统的微观状态总数）来描述熵，计算所得值是生态系统内物质和能量的熵值。

第二个是玻尔兹曼从微观角度将熵看作对系统混乱程度的度量，证明了 $S = f(\Omega)$ 公式中函数关系 f 必须是对数关系，提出了计算公式：

$$S = K_B ln\Omega$$

其中，K_B 是玻尔兹曼常数，Ω 指热力学概率或系统的微观状态总数，计算所得值是生态系统内物质和能量的熵值。在等概率的假定下，公式可改为：

$$S = -K_B \sum_{i=1}^{\Omega} p_i ln p_i \tag{公式2}$$

第三个是香农从信息论的角度度量系统内信息的熵值，其计算公式为：

$$S(p_1, p_2, \cdots, p_n) = -K \sum_{i=1}^{n} p_i \log_i p_i \tag{公式3}$$

其中，i 表示所有可能的样本，p_i 表示该样本可能出现的概率，K 表示选取相关的任意常数。

根据上述计算公式可以得出如下结论。

其一，熵是复杂系统演化的重要判断依据。从公式 1 可以得出，在封闭隔离或绝热条件下的任一系统都存在 $ds \geq 0$，而要在开放系统中维持现状就需要不断输入低熵能量来补偿内部热耗散。若 $ds = 0$，表示系统演化过程是可逆的，系统处于一种稳定状态。若 $ds > 0$，则表示系统演化过程不可逆，并且总是向着熵值增大的方向发展（即"熵增原理"），也就是说，系统总是自发地从低熵值向高熵值（即从有序向无序）方向转化。

其二，熵具有宏观和微观意义。从宏观上讲，熵表示系统能量分布的均匀度，对不可逆的系统而言，熵值增大则意味着不可利用的能量增多，有用的能量减少，出现边际效应降低的问题。从微观上讲，熵可以看作生态系统无组织程度或无序化程度的一种判断和度量。这就为一切生命系统的演化进度和有序状态提供了一种可以判断和度量的有效工具。

其三，负熵与信息等价。广义的熵和信息都具有熵定性。不同的熵或信息，对于不同系统和不同对象具有不同的意义和作用，信息熵和信息的含义也会不同。因此，研究熵或信息必须针对所研究的具体系统，事先加以严格熵定。

其四，负熵与价值既有联系又有区别。从物理学角度来看，人类社会的生产与消费就是生命系统负熵的增加与消耗；从社会学角度来看，人类社会的生产与消费就是价值的创造与消耗。因此，两者之间存在必然和内在的联系。两者的主要区别是，负熵是从能量交换的角度来考察外部环境对生命系统有序化程度的影响，而价值则是从能量交换、信息交换、物质交换的全方位角度来考察外部环境对生命系统有序化程度的影响。

2. 熵流的计算

哥德尔理论认为，系统的有序性是不可能从系统的内部被观测的，只能从系统的外部进行观测。[①] 这揭示了生态系统的一个基本规律：任何生态系统的初始总熵值都不可能从系统内部准确测定和计量，只能采取"黑箱理论"的方法，通过对系统总熵值的变化值（即熵流值）进行计算，反映出生态系统的演化方向和有序程度大小。人才生态系统作为一个开放的

---

① 〔丹〕约恩森：《系统生态学导论》，陆健健译，高等教育出版社，2013，第 56 页。

生态系统，无时无刻不在与外界交换能量、物质和信息，其发展态势必须通过测量计算生态系统的熵流值来确定。其熵流值可以用公式表示为：

$$ds = d_i s + d_e s \qquad \text{（公式4）}$$

其中，ds 指生态系统熵值的变化量，$d_i s$ 指生态系统内自发熵值的变化量，$d_e s$ 指从外部环境输入负熵值的变化量。

由于人才生态系统的初始总熵值无法内测，只能从主导其优化方向的主要影响生态因子指标体系入手，测量和计算各个具体指标和子指标体系变化引起的熵流变化值，进而估算生态系统的发展态势，为制定和完善生态系统优化方案指明方向。具体操作步骤如下。

第一步，计算三级具体指标的熵流值。根据"公式1"和"公式2"可以推导出生态系统内各具体指标的物质和能量熵流值计算公式：

$$ds_{ij} = -K_B X_{ij} \ln X_{ij} \qquad \text{（公式5）}$$

其中，i 指影响生态因子的第 i 类具体指标体系，j 指第 i 类具体指标体系中影响系统熵流值的第 j 个指标，ds_{ij} 指第 i 类具体指标体系中第 j 个指标的熵流值，X_{ij} 指第 i 类具体指标体系中第 j 个指标值与确定标准值的比值，K_B 指玻尔兹曼常数，表示每增加单位人才效益所需追加投入的人才资本。

同样地，根据"公式3"可推导出生态系统内各具体指标的信息流的熵流值计算公式：

$$S(p_1, p_2, \cdots, p_n) = -K \sum_{i=1}^{n} p_i \log_2 p_i \qquad \text{（公式6）}$$

其中，i 指所有具体指标样本，p_i 指该样本可能出现的概率，K 指与选取样本相关的任意常数。

依据"公式5"和"公式6"，可以计算出各个具体影响生态因子指标引起的生态系统熵流值的变化。

第二步，计算二级子指标体系的熵流值。根据"公式1"和"公式2"还可以推导出生态系统各子指标体系中物质流和能量流的熵流值计算公式：

$$ds_i = \sum_{j=1}^{n} K_{ij} ds_{ij} \qquad \text{(公式 7)}$$

其中，i 指影响生态因子的第 i 类子指标体系，j 指第 i 类子指标体系中影响系统熵流值的第 j 个指标，ds_i 指系统第 i 类子指标体系的熵流值，ds_{ij} 指第 i 类子指标体系中第 j 个指标的熵流值，K_{ij} 指第 i 类子指标体系中第 j 个指标的权重值。

需要强调的是，在计算熵流值过程中，还需要根据特定的标准值对该指标值进行比较评估。比较评估的标准值分为定性指标标准值和定量指标标准值两个部分。定性指标标准值的计算和标准值的选取，一般是采用德尔菲法，通过不同专家评估的方式确定各项指标的得分，再以该得分除以标准值分界点，所得值代入"公式 7"计算出该指标的熵流值。定量指标标准值的计算和标准值的选取，一般是先选取某一时段（多以"年"为基本单位）的理想区域（或相似区域）的系统相关数据作为标准值依据，通过掌握现阶段系统相关统计数据，再除以对应的评估标准值，得出该指标的当期比值，然后将比值代入"公式 7"得出该指标的熵流值。

3. 熵流计量模型的建立

建立人才生态系统熵流值的计算模型，需要结合上一节构建的影响生态因子指标体系，先根据"公式 5""公式 6""公式 7"计算出生态因子指标体系的熵流值，再计算出生态系统的熵流值，构建出可判别生态系统优化方向的计量模型。具体来说，需要按照如下步骤进行。

第一步，构建模型指标的水平矩阵。构建计量模型指标的水平矩阵，需要根据已构建的人才生态系统优化影响生态因子指标体系，由"公式 7"计算得出：

$$A_i = ds_i \, (i = 1, 2, 3, \cdots, n)$$

其中，ds_i 指生态系统第 i 类子指标体系的熵流值变化。由此可计算出所有 A_i 的数值，形成水平矩阵：

$$A = (A_1, A_2, A_3, \cdots, A_n)$$

第二步，构造各影响生态因子的相互作用矩阵。构造人才生态系统优化影响生态因子的相互作用矩阵，需要计算出水平矩阵 A 中各个影响生态因子的相互作用力，得出相互作用矩阵 B：

$$B = \begin{pmatrix} b_{11} & \cdots & b_{1n} \\ \vdots & \vdots & \vdots \\ b_{n1} & \cdots & b_{nn} \end{pmatrix}$$

其中，矩阵要素 b_{ij} 是矩阵中第 i 个因子对第 j 个因子的作用力，其数值的评估确定通常采用德尔菲法，由专家组综合考虑系统内外的实际情况，对各影响生态因子按其相对重要程度进行评分并排序，得出矩阵要素 b_{ij} 的数值即为该影响生态因子的重要程度排序对应值。

第三步，构造各影响生态因子的权重矩阵。构造人才生态系统优化影响生态因子的权重矩阵，需要计算出水平矩阵 A 中各个影响生态因子的影响权重，最终得出权重矩阵 C：

$$C = \begin{pmatrix} C_1 \\ C_2 \\ C_3 \\ \vdots \\ C_n \end{pmatrix}$$

其中，矩阵要素 C_i 为矩阵中第 i 个影响生态因子的权重值，其数值的评估确定通常亦采用德尔菲法，由专家组综合考虑系统内外的实际情况，在对各影响生态因子的相对重要程度进行评分的基础上，以所得值除以所有影响生态因子的得分总和，即可计算出该指标的权重值。

第四步，计算得出系统熵流值。根据上述计算值，计算人才生态系统优化影响生态因子的三种所得值的乘积，最终得出生态系统总的熵流值 $d_{s_{总}}$，计算公式表示为：

$$d_{s_{总}} = A \times B \times C \qquad \text{（公式8）}$$

"公式8"的计算结果，可以作为人才生态系统优化状况和系统内有序程度的判别依据。具体可分为以下三种状况。

第一，当 $d_{s_{\text{总}}} < 0$ 时，反映出特定时期内生态系统的总熵值减少，生态系统内有序度增强，结构趋向于良性循环的稳定状态。人才生态系统优化有向更好更高级的方向变化的趋势，需要把握关键因素和时间节点，促进优化目标又好又快地实现。

第二，当 $d_{s_{\text{总}}} = 0$ 时，反映出特定时期内生态系统的总熵值不变，生态系统内有序度维持不变，结构保持相对稳态。这虽然是人才生态系统动态平衡的一种较为理想的状态，但也很难有更大的创新，需要尽量增加外界输入并减少系统内耗，促进生态系统向熵流减少的方向转变。

第三，当 $d_{s_{\text{总}}} > 0$ 时，反映出特定时期内生态系统的总熵值增加，生态系统内无序程度加大，结构趋向于恶性循环的不稳定状态，人才生态系统有向系统恶化方向转变的趋势。这就需要对熵流增加的关键影响生态因子进行大力改进，并不断增加外界的净输入，努力引导生态系统向稳定有序的方向转变。

总之，本书的人才生态系统优化概念模型和计量模型是一个具有普适性的模型。这个优化模型对于计算国家层面的人才生态圈的熵流值变化十分困难，但可以选取某一个具体的人才生态系统进行测量和分析。

四　透析人才生态系统优化的作用机理和运行机制

人才生态系统是一个由诸多要素与生态环境相互作用构成的有生机活力的生命体系统，其优化过程是一种他组织和自组织交替复合作用的过程，主要通过自组织机制自发地生长与调节自身、适应外部环境变化，实质上是在他组织明确战略目标的前提下，发挥自组织机制基础作用的发展过程。由此，人才生态系统优化机制主要围绕自组织机制的内部机制（What "是什么"）、运行原理（Why "为什么"）和优化过程（How "如何做"）三个基本问题展开，解析生态系统内各要素的构造、功能及与外部环境之间的相互作用和运行方式，进而探寻其优化的内在原因和运行规律，为后续制定优化策略提供科学理论和方法论支撑。

（一）自组织机制是人才生态系统优化的基础机制

实践表明，自组织机制是复杂系统生存和发展的决定性机制，也是系统优化的基础性机制。人才生态系统优化的自组织机制，是人才生存的基础机制和发展的动力机制，也是其生态系统优化的生存机制，贯穿于生态系统成长、发展、壮大和创新的全过程。因此，研究人才生态系统动态优化的运行规律，就是要依据更高层次的生态系统有意识地规划设计、调控协调总体目标需求，重点探究生态系统如何运用自组织机制创造自身的自组织条件和优化策略，使生态系统向适应生态环境变化且具备体系功能的更高级生态系统演化。耗散结构理论的自组织机制的开放机制、远离平衡态机制、非线性机制和涨落机制，分别与人才生态系统自组织优化过程体现出来的成长、发展、壮大和创新过程相对应，由此形成了人才生态系统优化自组织机制的基本架构（如图3-3所示）。

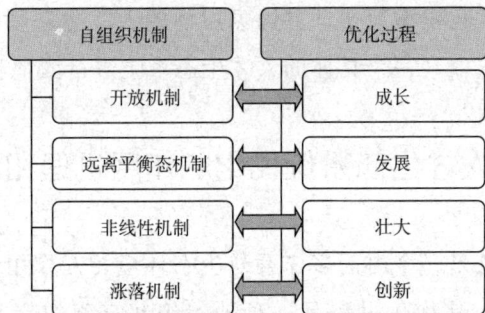

图 3-3　人才生态系统优化自组织机制的基本架构

人才生态系统自组织优化过程是生态系统自组织演化的生命周期过程，主要表现为生态系统的生成、跃升、选择和突变，是通过自我适应、自我平衡、自我优化等自组织作用自发地生长与发展，在不断重构和创新中向更高层次跃进，共同完成从生成、成长、成熟到新生的优化，使生态系统实现结构重构、功能跃进和持续发展。具体来说，人才生态系统优化内在机理的运作过程，就是开放的、远离平衡态的原生态系统在与外部环境不断进行物质流、能量流、信息流的传递交换和交互作用中引入足够量的负熵流，通过内部的非线性作用将自身推至远离平衡态，当某一参量达到或超过一定阈值（或临界点）时，系统内的小涨落在非线性作用下放大形成巨涨落，促使生态系统重构生成一种新的更高级的稳定结构。从时间维度来看，人才生态系统优化的过程是一个迭代循环、螺旋上升的接续过程，其循环过程如图 3-4 所示。一般来说，这个过程可分为以下三个阶段。

第一个阶段是从低层次有序程度向高层次有序程度的组织层次提升的自生长阶段。这一阶段是新的生态系统创立之后，进入的一个自我发育、自我完善、自我成熟的成长阶段。自组织系统会同外部环境源源不断地交换成长所需的"营养"，通过系统内的竞争与协同、尝试与"试错"，逐步形成完整的人才生态链和人才生态网络，形成一个要素日益多元、结构日益完善、功能日益强大的复杂循环生态网络体系，表现出系统内目标分工更具体、结构功能更稳定、工作行动更有序的状态，促使生态系统向有序稳定性、层次多样性和系统复杂性方向发展变化。

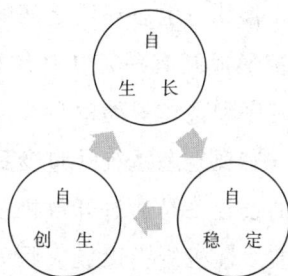

图 3-4　人才生态系统优化自组织机制循环过程

第二个阶段是在相同组织层次上的结构与功能由简单向复杂升华的自稳定阶段。这一阶段主要表现为自适应、自复制两大功能作用的发挥，仅仅依靠系统内部诸要素的自组织力量来适应和应对外部环境的变化，通过遗传和学习复制出具有同样作用功能的"复制品"，发挥系统示范作用与扩散效应，从而使系统在自组织过程中形成的有序结构得以保持，经历"适应—不适应—新的适应"循环反复、螺旋上升的过程，进行量变的积累并触发质变的力量。

第三个阶段是从混沌到有序、从非组织化到组织化的新旧模式交替的自创生阶段。这一阶段是人才生态系统经过量的积累越过临界点（奇点）后直到出现质的突变的新旧模式交替阶段，也就是"破旧立新"的阶段。一个原本零散无序的人才群体和未被组织起来的生态系统诸要素经过差异性整合，形成一个分工与协作的人才有机整体，人才与人才和人才与生态环境之间在非线性相互作用下逐渐形成一个更复杂有序的生态系统，产生出许多原生态系统所不具备的新的特质、结构与功能，导致生态系统结构功能的变化、与生态环境联系的增强、生态系统多样性适应性的增加，最终使生态系统的整体合力实现跃升。

由此可知，人才生态系统优化自组织机制的内在机理，是由一种初始有序结构和状态，经由成长机制、发展机制、壮大机制和创新机制等具体机制的相互关联作用，演化到另一种更高级的稳定有序结构（即耗散结构）的内在原理和运行规律。人才生态系统通过他组织或自组织形成雏形后，在自组织作用主导下成长与发展，通过不断增加生态系统各要素特别是人才的数量规模和使用效益，增强生态系统内各要素相互关联的密度与强度以及协同运行方式，改善其与生态环境之间的物质能量信息的互通交流和资源共享，使生态系统形成具有一定拓扑结构的复杂生态网络体系，保持整体结构的动态稳定有序和整体效能的持续完善优化，最后在特定条件和环境变化下引发突变，实现生态系统从量变到质变的系统性飞跃。简言之，人才生态系统优化的过程，是通过开放机制得以生存成长、远离平衡态机制得到发展动力、非线性机制得以放大壮大、涨落机制达到质变创生，最终逐渐形成复杂耗散结构，发挥自主优化功能。

（二）开放机制是人才生态系统优化的成长机制

开放机制是人才生态系统优化的外部条件机制之一，是生态系统动态优化的先决条件和关键所在，是人才生态系统优化的成长机制。自组织理论指出，系统的开放包括内部开放和对外开放两个方面，主要由输入、输出和反馈三个环节构成。人才生态系统作为一个复杂的开放系统，时刻存在生态系统内部要素之间及其与外界环境之间的物质、能量和信息的输入与输出，存在与外部环境之间进行高能低熵的物质、能量和信息交换的客观规律，形成了包括生态系统与外界进行物质、能量和信息交换与交流的外在交换机制，以及通过输入、内部竞争与协同、输出和反馈四个过程使交换物"内化"吸收的内在利用机制在内的成长机制（如图3-5所示）。也就是说，人才生态系统从生态环境开放过程中获取各类成长"养分"，主要包括物资、设备、资金等物质的输入与输出，自然能、食物、情感等能量的流入与流出，以及思想观念、知识技术等信息的交流与交换，经过人才主体的使用掌握、消化吸收、加工处理产生"成品"，输出为生态系统物质流、能量流、信息流的系统合力或发展潜力。

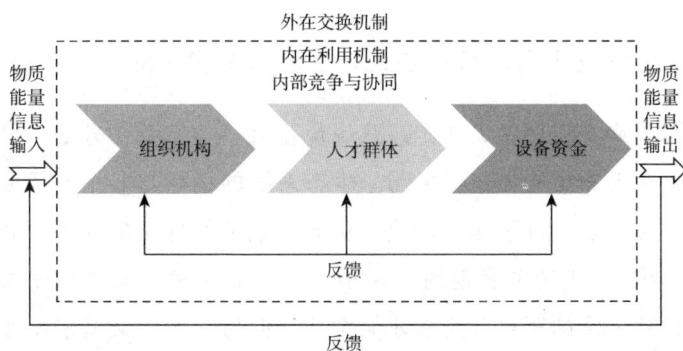

图3-5　人才生态系统优化的成长机制

约恩森（Jørgensend）等学者经过长期观测实验，将一般生态系统等级结构的开放性划分为四个层次（如图3-6所示）。可以看出，一般生态系统从基因型到表型、体外环境型，再到征候，本体开放度随着生态系统等级结构层次而循序增加且自由度逐层下降，最高层次的征候（包含生态系统的各种沟通和认知过程）决定了生态系统本体开放度的发育情况，而且相邻等级水平之间的开放性有上行和下行两个方向。由此可得，人才生态系统应随着各个结构层次的升高而增加开放度且降低自由度，要特别重视增强征候这一最高层级的开放度，即着重增强生态系统内信息和情感等征候的互动开放程度，增强选用人才的公开度透明度和重大决策的开放度，并且通畅上下和左右双向的信息流通渠道。

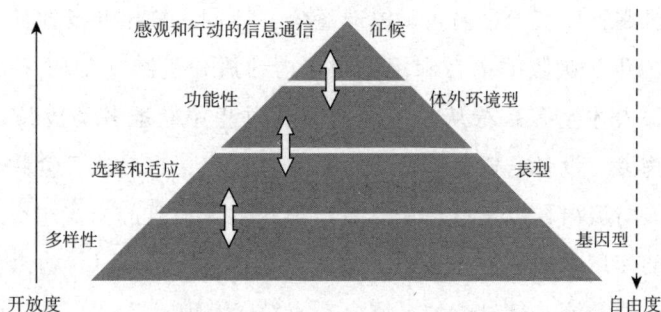

图 3-6　上行/下行因果关系

（三）远离平衡态机制是人才生态系统优化的发展机制

远离平衡态机制是人才生态系统优化另一个重要的外部条件机制，是优化的外在动力机制和发展机制。生态系统的平衡与非平衡不断地相互作用，并会在一定条件下相互转化，从而生成多种优化形式和多种稳态。贝塔兰菲指出，"生物中表现的'平衡'……是一种动态的拟平衡，同真正的平衡保持一定的距离；所以才能做功，但另一方面又要求不断输入能量以维持同真正平衡的距离"[①]，"活的生物保持一种叫做开放系统的稳定状态的不平衡，因此能够消除自发活动中或对释放刺激作出反应时的现有势能或'紧张'；它还要向更高的秩序和组织发展"[②]。判断一个系统是否处于非平衡态的依据，就是经过物质、能量和信息的输入，研究分析系统各个组分之间是否存在差异和差异有多大，像有一定弹性的弹簧一样，差异越大表示离平衡态越远，而离平衡态越远，其弹力和势能就会越大。

开放的人才生态系统在近平衡态时，会逐渐地自组织引导生态系统回归到原有的平衡状态，不会引起或产生新的有序结构。只有这一生态系统通过外力驱动与内力扰动的作用，逐渐到达远离平衡态的非线性区域时，才会有强有力的张力，使生态系统出现稳定、临界稳定和不稳定三种状

[①] 〔奥〕贝塔兰菲：《一般系统论》，秋同、袁嘉新译，社会科学文献出版社，1987，第105页。

[②] 〔奥〕贝塔兰菲：《一般系统论》，秋同、袁嘉新译，社会科学文献出版社，1987，第176页。

态，当不稳定状态超过一定的阈值，就会失稳而趋向新的平衡态，从而产生新的稳定有序的耗散结构。而且，人才生态系统总是不断受到外部环境变化的扰动，使生态系统处于动态变化的非平衡状态，生态系统内要素也不是自然而然地同步发生变革，一些"惰性"要素总是反应相对滞后，从而出现先后发生的不平衡发展。因此，人才生态系统的发展机制就是要推动人才远离安全舒适区域，打破固化思想和既得利益束缚，树立忧患意识和奉献精神，使生态系统始终处于动态平衡的状态。

人才生态系统发展机制的内在机理，可以用图 3-7 来简要描述，具体包括以下几个方面。

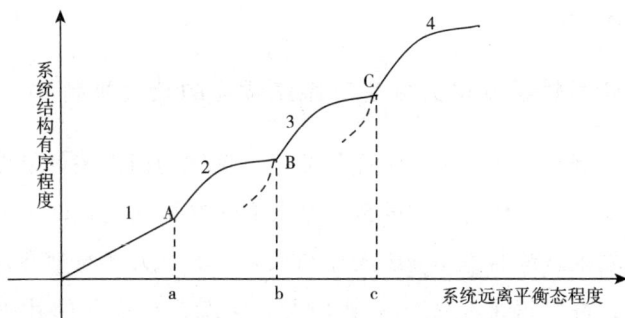

图 3-7　人才生态系统优化的发展机制

第一，人才生态系统的起步阶段——分支 1 段。这一阶段生态系统在充分输入和吸收外界物质、能量、信息的基础上，通过线性作用从相对封闭的平衡态逐渐走向近平衡态，人才与人才之间和人才与生态环境之间尚未形成特定的关联和耦合，内部关系基本上遵循线性因果关系，系统内的有序程度较低。随着生态系统越来越远离平衡态而平稳发展，直到其有序程度超过特定的阈值点 A 时，实现第一次跃升，进入分支 2 段。当然，若生态系统在内外因素制约下有序状态未达到 A 点，也可能会回归到原状态甚至衰败或消亡。

第二，人才生态系统的成长阶段——分支 2 段。这一阶段生态系统内的人才与人才之间和人才与生态环境之间的关联度不断提高，生态系统在非线性作用下走向远离平衡态，在超过特定的阈值点 A 时出现失衡和随机偏离，随机涨落在非线性放大作用下引发系统性突变的巨涨落，形成新的有序结构，进入分支 3 段的成长过程。当然，若生态系统获取负熵不足，局部涨落达到 B 点，也可能会导致其结构有序程度和功能退化，逐渐回归到分支 2 段的某一个稳定状态。

第三，人才生态系统的成熟阶段——分支 3 段。这一阶段生态系统通过不断与外部环境进行物质、能量和信息的交换而进一步远离平衡态，使其规模越来越大、结构越来越复杂、功能越来越强大，当超过特定的阈值点 C 时，某些随机涨落在非线性放大作用下引发生态系统突变，就会形成新的更加复杂有序的耗散结构，进入分支 4 段更加成熟的状态。同样，若涨落未达到 C 点，也可能使生态系统结构有序程度和功能衰退到分支 3 段的某一个稳定状态。

（四）非线性机制是人才生态系统优化的壮大机制

非线性机制是人才生态系统优化的一个关键的内部条件机制，是生态系统内部各要素相互作用形成的新的复杂有序结构的内在动力机制和壮大机制。从人才生态链的角度分析人才与人才之间、人才与生态环境之间的非线性作用，可以得出非线性机制是人才生态系统优化的壮大机制的论断。所谓线性关系，是指某些要素或变量呈直线关系或比例关系，也就是说，结果与原因呈一定比例的因果关系，一般可用数学表达式 $y=ax+b$ 表示，符合加和性原理与均一性原理相结合的叠加原理，这在简单的无机领域比较常见（如图 3-8 中的直线 1）。与之相对应的非线性关系，是指系统内各要素或变量不满足线性函数关系（因果关系）和叠加原理，一般只能用复杂函数公式 $y=f(x)$ 来表示，这些多出现在复杂的有机系统领域（如图 3-8 中的线 2 和线 3）。确定一个系统是不是非线性，最直接的判据就是看系统内各组分的内容构成是元素还是要素，即判断各组分在性质上是否相互独立且具有较大的差异，是否在数量上 $\geqslant 2$ 且在相互作用关系上 $\geqslant 3$。由上可知，人才生态系统内各组分之间的作用关系一般都是非线性的。

人才生态系统优化非线性机制可以分为人才与人才之间的非线性作用机制和人才与生态环境之间的非线性作用机制两个方面。人才与人才之间

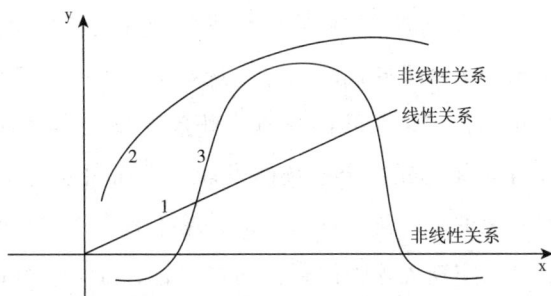

图 3-8　线性与非线性关系

的非线性作用主要包括人才与人才之间的分工与合作、竞争与协同等相互作用方面。这种非线性作用，既可以产生"1+1>2"的协同效应，使"每个整体都以它的要素的竞争为基础，并以'部分之间的斗争'为前提"①，形成人才生态系统向复杂有序方向发展的良性循环，也可以产生"1+1<2"的消极效应，导致系统整体功能小于各要素之和的功能弱化。人才与生态环境之间的非线性作用主要包括适应和对抗、共生与互害等相互作用方面，也是一个竞争与协作相统一的过程。人才生态系统各要素之间及其与生态环境之间具有非线性的密切关系和交互作用，系统在生态环境驱动作用和内部要素交互作用两个因素的影响下，通过系统内各要素在合理分工与配置、适度竞争与协同中相互协调、交叉耦合，共同推动生态系统进入非线性状态、发挥非线性作用，促使生态系统形成自我组织、自我革新的正向反馈和良性循环，为实现非平衡相变创造有利条件。可以说，非线性机制在人才生态系统形成有意义的系统"选项"、保持系统多样性及量变引起质变等方面具有十分重要的作用。

　　人才生态系统优化过程中，人才与人才之间和人才与生态环境之间存在协同与竞争的相互作用、相互依赖、相互转化，实质上就是生态系统内部要素之间相互竞争与协作和生态系统与外部环境相互适应与协同的综合结果，是一个典型的竞争与协作、适应与协同相统一的非线性博弈过程。

－－－－－－－－－－

　　①　〔奥〕贝塔兰菲：《一般系统论》，秋同、袁嘉新译，社会科学文献出版社，1987，第55页。

生态系统内部的诸要素通过竞争与协作关系使整体趋于非平衡，通过非线性关联放大的相干效应和协同效应使一些发展趋势逐渐放大并占据主导地位，使生态系统出现多种不同稳态、可供选择的分岔点，产生有选择性的多种结构和功能状态，也使系统的随机小涨落经放大作用后形成巨涨落，形成整体目标和行为并支配整个系统的发展，进而引起生态系统的质变。并且，人才生态系统的协同竞争行为一般是基于特定的目标和价值创造开展的，其立足点是以实现人才强国目标为总目标，在非线性的协同作用中实现人才整体的资源互补、行动一致、信息共享，在非线性的竞争作用中实现人才主体的价值创造。

（五）涨落机制是人才生态系统优化的创新机制

"自组织的机制就是'通过涨落的有序'。"① 涨落机制是指系统的参量或变量受内外因素影响出现偏离平均值和上下震荡，可能使系统离开原来状态或轨道的作用机制，是人才生态系统优化的另一个重要的内部条件机制，是生态系统动态优化的内在诱因和转化条件机制，也是生态系统优化的创新机制。混沌理论认为，一个非常小的关键动因就可能通过连锁反应成为"压倒骆驼的最后一根稻草"，从而通过非线性关联放大效应引发"相变"结果的"蝴蝶效应"。人才生态系统的不确定性是真实的存在，这种随机的、模糊的或未确知的不确定性因素存在于生态系统生存和发展的全过程，引起各种大大小小且往往是随机变化的涨落，出现涨落的时机也是不确定的或有一定概率分布的，这种随机的涨落使生态系统处于不确定性与确定性的边缘，进而给生态系统创新带来了各种可能。而且，人才生态系统中任一要素小涨落引起的随机涨落，在相干效应下引起了若干要素的动态变化，在远离平衡态的状况下可能由于非线性放大作用形成巨涨落（大的结果性偏差），起到积极引发质变创新的"杠杆"或者"触发器"作用，达到临界状态后出现系统性"坍塌"和"重组"，进而触发了旧系统稳定秩序的质变而形成新系统的有序状态，这正如黑格尔所说："多样

---

① 湛垦华、沈小峰等编《普利高津与耗散结构理论》，陕西科学技术出版社，1982，第174页。

性的东西，只有相互被推到矛盾的尖端，才是活泼生动的，才会在矛盾中获得否定性，而否定性则是自己运动和生命力的内在脉搏。"① 可见，涨落机制为生态系统越过临界点时选择多种可能的变向分支起到了关键性作用，也为生态系统的偶然性量变引起必然性质变铺平了道路，也就是说，没有涨落就没有人才生态系统的质变，涨落机制导致了生态系统的复杂性和创新性，生态系统在这种涨落机制下实现新旧交替创新。人才生态系统优化的创新动因就是通过涨落机制把各种随机因素或偶然因素引入生态系统之中，为生态系统创新创造大量的突变机会和条件，在非线性放大作用下引起局部结构和功能的改变，当某个或某些巨涨落突破生态系统自身调节机制的作用范围，就会形成一种不可逆转的突变，进而引起生态系统的整体性质变。

　　人才生态系统优化的涨落机制可以划分为以维护原生态系统稳定为目的的涨落机制和以促进生态系统发生质变为目的的涨落机制。优化过程中可能会产生两种状况：一种是趋于自稳定的涨落，即处在平稳状态下的人才生态系统，当系统内某个要素的序参量与其他要素或外部环境的随机性涨落作用力低于一定的阈值（或临界点）时，会引起一定的起伏和波动，但不会超过系统自稳定机制的承载力，产生了自稳定的涨落回归并重新恢复系统原有结构和功能的稳态，进一步强化了原生态系统的自稳定性；另一种是引向新稳态的涨落，即处于临界稳态下的人才生态系统，随机的小涨落可能会在非线性机制的协同放大作用下形成巨涨落，这种巨涨落达到或超越了生态系统自稳定阈值顶点（即"矛盾的尖端"）后形成选择性分岔，在自适应外部环境变化、确定性因素与随机性因素的共同作用下，对出现的多样性分岔进行最佳选择并触发结构性自重组，从而发生从旧结构秩序到新结构秩序的"脱胎换骨"式质变，使原生态系统转化成了更加复杂有序的新的耗散结构系统（如图3-9所示）。正如亚里士多德所说的，每一种进化在展现某种潜在性的同时摘去了许多其他可能性的蓓蕾。从能量的角度来看，这种质变不是遵守"守恒因果律"，而是遵循"诱发因果律"，即"在分叉点上，决定论失效了，随机选择的非决定论发挥了作

---

① 〔德〕黑格尔：《逻辑学》（下卷），杨一之译，商务印书馆，2011，第69页。

用。……在分叉之前，决定论起支配作用；在分叉点上，非决定论起支配作用；在新的稳定分支被选择后，决定论重新又取得支配地位"①。总之，人才生态系统优化中每一次质的飞跃，都是在随机性涨落（偶然因素）的量的积累基础上，通过非线性机制的相干放大作用形成巨涨落，进而达到或越过某一临界点并触发质变，使生态系统部分旧的结构丧失、新的结构形成，从而产生新的更高级的生态系统功能，最终实现新质合力的生成。

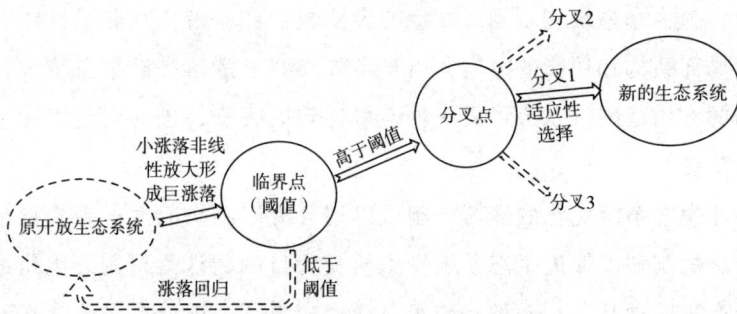

图3-9　人才生态系统优化的创新机制

① 魏宏森、曾国屏：《系统论——系统科学哲学》，清华大学出版社，1995，第375页。

第四章　人才生态系统优化的
人文文化培塑

习近平总书记强调："发展面向现代化、面向世界、面向未来的，民族的科学的大众的社会主义文化，激发全民族文化创新创造活力，增强实现中华民族伟大复兴的精神力量。"[①] 文化是"人化"和"化人"的有机统一，是人才主体知识结构和精神力量的源泉，也是"运行在组织中的最为强大而稳定的力量之一"[②]。人文文化总是在社会实践和创新发展中起着导航把向的作用，决定着以发展新质生产力推动高质量发展的成效。人才生态系统优化，必须坚持以马克思主义生态思想和系统哲学思想为根本指导思想，特别是以习近平文化思想和系统观念的精髓要义来培塑适应人才强国实践需要的人文文化，通过人文文化的传输、导向、激励等育才功能，发挥好人文文化的"指挥棒、红绿灯"[③] 作用，推动生态系统的结构与功能沿着正确的方向优化演进，确保人才生态系统长期可持续发展。

一　牢固树立以人为本与人境共生并存的
生态系统发展理念

人才生态系统优化，首先要强化人才主体与生态环境和谐共生、命运与共的生态系统观念，形成以人为本、人才优先以及人才与环境共生互促

---

① 习近平：《高举中国特色社会主义伟大旗帜 为全面建设社会主义现代化国家而团结奋斗——在中国共产党第二十次全国代表大会上的报告》，人民出版社，2022，第43页。

② Edgar H. Schein, "Culture: The Missing Concept in Organizati on Studies," *Administrative Science Quarterly* 41, 1996 (2): 229-235.

③ 习近平：《论把握新发展阶段、贯彻新发展理念、构建新发展格局》，中央文献出版社，2021，第111页。

的生态系统发展理念，实现人才主体的创造作用与生态环境的育人功能的有机融合。

（一）树立人本导向人才优先的发展理念

人才具有更复杂的自主能动性和创造性，一般处于优先考虑、优先发展的主体地位。因此，人才生态系统优化，需要确立以人才的全面、可持续发展为根本的人本导向，坚持人才优先培养开发的发展理念，不断整合、引导和激励人才群体发挥主体作用。

1. 树立追求生态需要与生态自由的人本价值指向

马克思指出，"人们为了能够'创造历史'，必须能够生活。但是为了生活，首先就需要吃喝住穿以及其他一些东西"①。生态需求是人才生存和发展的内在根源，是人才自我约束的物质性需要与人才对生态环境需要的辩证统一，而"利益是对客观需求对象的更高的理想上的意向、追求和认识，是需要在经济关系上的体现，它反映了人与人之间对需求对象的一种经济分配关系。利益在本质上是一种社会关系"②。人才的生态需要与生态利益共同构成了生态系统的价值动力系统，生态需要是人才生态利益的基础，生态利益是人才生态需要的现实形态和实现机制。因此，人才生态系统不能以物质性需要来遮蔽人才的生态环境需要，而应加强对人才生态需要的重视，确立生态需要在生态系统需要体系中的基础性地位，以生态系统的整体性生存和发展需要来规定人才的物质性需要，以生态环境需要形成物质性需要的生态制约性、自律性和适度性。

人才生态系统应杜绝把人才当成领导依附的"属臣"、个人谋利的"工具"，坚持以人才生态需要为价值指向，树立"把人当作根本，把人当作目的，把人当作尺度"③ 的人才生态观，"要以实现人的全面发展为目标，从人民群众的根本利益出发谋发展、促发展，不断满足人民群众日益增长的物质文化需要，切实保障人民群众的经济、政治和文化权益，使得

---

① 《马克思恩格斯文集》第 1 卷，人民出版社，2009，第 531 页。
② 王伟光：《利益论》，人民出版社，2001，第 74 页。
③ 王通讯：《从人事管理到人力资源管理与开发（下篇）》，《中国人才》2008 年第 23 期。

发展的成果惠及全体人民"①，把人才可持续发展作为人才生态系统优化的根本出发点，把满足人才合理的人性需求、推进人才的全面发展、挖掘人才的最大潜能作为人才生态系统优化的最终落脚点，发挥生态利益在生态系统资源配置中的基础性作用，凸显以人为本的价值目标和价值向度，使每个人重新确立人的目的性和人道主义价值尺度的参照中心，并通过发展透射人性的尊严，②最终实现从"以物为本"向"以人为本"、从"工具的人"向"目的的人"的根本转变。应树立追求人才全面发展、生态自由的人本导向，根据马克思主义关于生存指向的价值原则来研究解决人才生态价值理念问题，"构建符合所有人的生态利益的生态环境保护体系，以人的生态需要为根本动力，建立和健全合理的生态利益保障机制，推动人本导向的环境友好型社会建设，让每个人都能够享受充分的生态自由"③。应始终贯穿"为了人、依靠人、培养人、团结人"的人本理念，明确"人性人情也出生产力"的生态思想，尊重人权、体现人性、考虑人情，更加关注人才的尊严，体现对人才发展的终极关怀，使人才从自然存在、社会存在和精神存在中获得"三位一体"的自由，真正做到把人才的权利、尊严、发展、自由、价值等个人需求与组织目标紧密结合起来。在真正合乎人性的生态环境中，发挥生态利益的资源配置作用，通过保护和满足最大多数人才的生态利益和生态需要，赋予人才生存和生活的生态权利和发展愿景，创造满足人才的生态需要和保护人才的生态利益的良好生态环境，实现人才的发展受益权和环境收益权的统一。

2. 树立加强优先投入与超前培养的人本开发理念

人才生态系统优化，应重视人才资源的优先投入，树立"对人才培养的投入是收益最大的投入，对人才资源的浪费是最大的浪费"的投资理念，以提高知识和技能层次及优化结构为重点，建立以政策法规引导投入方向、以用人单位资金投入为主体、以个人资金投入为补充的多元化人才发展资金投入机制。设立用于人才引进、培养、创新和奖励等方面的人才

---

① 陶火生：《马克思生态思想研究》，学习出版社，2013，第142页。
② 吴冰、季秋轩：《科学发展观与人的全面发展》，《解放军艺术学院学报》2008年第3期。
③ 陶火生：《马克思生态思想研究》，学习出版社，2013，第128~129页。

生成开发专项资金，纳入训练和政治工作年度经费预算，不断提高人才资本投资占单位经费的比重。逐步优化经费的投资结构，加大对人才课题攻关、科研成果转化等方面的支持力度，努力让人才在发展创新中实现做事有舞台、发展有空间、经费有保障。完善人才资源投资监督机制，加大上级对人才优先投入的考核督查力度，全程监督各项指标落实情况，提高人才优先投入与产出的效费比。坚持以人为本、以用为本的原则，进一步拓展资金融通、物资引进、信息获取的渠道，有效吸收和利用人才、设备、资金等，抓住人才这个主体谋篇布局，建立系统发展需要的人才流动站、创新区、试验田，制定吸引和开发人才的政策制度，营造拴心留人的工作环境，真正起到"筑巢引凤"的人才集聚作用。

在人才生态系统优化过程中，应着力把人才培养的资金和精力放到激发内在动力的信息化、个性化、模块化培养上来，走以高质量发展（质量效益最大化）为根本的内涵式人才发展道路，由依靠物质资源投入的粗放式发展模式向依靠人才资源的集约型增长方式转型，实现人才培养模式从注重人才数量规模的粗放型向突出人才质量效益的集约型转变。应着眼于"两个变局"和新科技革命发展趋势对人才生态系统进行有针对性的科学预测和超前规划，从实现民族复兴、强国目标的高度对人才资源生成开发进行超前研究，有效提高人才资源开发使用的生命周期和整体效益，真正实现从"实现什么样的目标，育什么样的人才"到"育什么样的人才，实现什么样的目标"的超前培养转变。

3. 树立注重人本管理与自主管理的人本管理理念

人才生态系统需要树立"以人为本"的管理理念，尊重和保护人才的个性发展需求，"突出人在管理中的中心地位，从人性出发分析和解决问题，通过提供一定的外部环境和现实条件，以实现人的自由、全面的综合发展，不断提高个体的获得感和成就感"[①]，进一步完善层级管理和自主管理理念，坚持依法管理、以德管理，根据不同层级人才的成长规律采用分类管理、项目管理等服务型弹性动态管理形式，使人才管理趋于自主化、

---

① 秦玉明：《管理导向教育导向编辑导向——"导向学研究"之十一》，《攀枝花大学学报》2001 年第 1 期。

柔性化和集约化，使组织管理体系逐渐从精细化管理模式向模糊化管理模式过渡，组织架构从层级制、他组织向智能化、自学习、自组织的矩阵项目制式转型。

人才生态系统应把发挥人才主体的持久活力作为管理工作的出发点和落脚点，建立"管理就是服务"的人本管理思想，树立一切为了服务两个大局、服务社会、服务人民的服务意识，健全不求全责备和容人才之错的人性化容错机制，在不违背法律法规的前提下，根据人才个性化需求，建立有利于人才学习进修、工作生活、科研创新等的科学管理制度，支持和鼓励人才大胆创新。应建立健全人才"一站式"服务保障机制，提高各类人才尤其是高层次人才的服务质量，用真心实意的服务来感化人才、留住人心，增强上下级和同级之间的相互尊重、相互信任、相互依靠、相互帮助，让组织关怀、情感交流、情感激励等正能量转化为激发人才发挥才智、建功立业的强劲动力。

（二）树立人境互适共生共赢的均衡发展理念

马克思深刻指出："人们自己创造自己的历史，但是他们并不是随心所欲地创造，并不是在他们自己选定的条件下创造。"[①] 人才生态系统时刻受到生态环境的影响和制约，要在动态优化中坚持人才与生态环境的辩证统一，从思想维度上达成人与自然的"和解"以及人与人的"和解"，形成人才与环境互相适应、互相促进、共生共赢的均衡发展理念。

1. 树立人才与环境交互适应的平衡发展理念

霍浦金斯说过："生命是多相系统中的动态平衡。"[②] 法国数学家爱巴休（J. P. Aubin）提出"生存意味着均衡"，适应即为均衡，生存与进化意味着均衡的观点，以及生物与其环境相互作用所处的均衡是一个动态均衡。[③] 人才与生态环境之间呈现出一种辩证统一关系，正如优良的种子需要优质的肥料、肥沃的土壤以及充足的阳光、水分和空气才能够苗壮成长

[①] 《马克思恩格斯文集》第2卷，人民出版社，2009，第470页。

[②] 〔奥〕贝塔兰菲：《一般系统论》，秋同、袁嘉新译，社会科学文献出版社，1987，第103页。

[③] J. P. Aubin, *Viability Theory*, Birkhauser, Boston, 1991：12.

一样，人才成长进步必须依靠特定的物质条件和生存环境才能实现。只有那些最能适应激烈对抗和残酷环境的人才，才能够在适应不确定性变化的环境中获得长期的生存和发展，逐步成长为功勋卓著的高素质人才；与此同时，人才在社会实践中也在逐渐按照自己的意愿改造生态环境，使生态环境向更接近人才实践目的的方向发生适应性变化。人才生态系统内部具有一定的自我调节功能，生态系统内外部生态环境也具有一定的自净功能，在两者交互适应及结构和功能协调平稳时达到动态平衡，而且"稳态有突出的调节特性，这点在同结果性方面特别明显。开放系统一旦到达稳定状态，就与初始条件无关，只由系统参数即由反应率与运输率决定"[①]。应树立人才个体的"人才之人""人才之才""人才之心"均衡发展的观念，不仅要重视人才才能和职位的成长进步，还要密切关注人才身心的健康可持续以及人才事业心、情感认同、自我价值等心理情感满足的均衡稳健发展，不仅要留住人更要留住心，注重人才发展机会公平公正，使人才生态的各个方面和谐共存、平衡发展。遵循人才与生态环境的互动互适同生态平衡的发展规律相匹配，加强人才学习、记忆、反馈、调节的自适应能力，明确人才与生态环境互相适应、互相协调的辩证统一关系，通过两者之间交互作用、相互适应的动态性适应，保障人才队伍的多样性和鲁棒性，维护生态系统的相互协调、动态平衡，使生态系统自动修复，维持其运行有序、良性循环的状态，从而实现人才与环境和谐共处、共生共赢的协同效应。

人才生态系统应树立尊重人才、尊重科学、保护环境的系统生态观，"保护生态环境就是保护生产力，改善生态环境就是发展生产力"[②]，倡导人才与生态环境之间生态平等的价值理念，坚持层次多样性、生态关联性、协同进化性等生态系统演化的基本法则，建立和普及生态意识、生态道德和生态文化，把保护生态环境就是保护持续生产力的认知贯彻到人才生态系统优化全领域、全过程，为人才提供成才成长成功的良好生态环境，充分尊重人才与自然社会的均衡发展规律，重视生态环境对

---

① 〔奥〕贝塔兰菲：《一般系统论》，秋同、袁嘉新译，社会科学文献出版社，1987，第118页。

② 《习近平关于社会主义生态文明建设论述摘编》，中央文献出版社，2017，第23页。

人才发展的制约作用，努力加强人才生态环境的修护，保持人才与生态环境的平衡发展。树立人才生态系统全面可持续发展的生态指向，通过畅通人才与生态环境之间的物质交换、知识传递、能量流动，维护生态系统结构和功能的动态稳定性，通过不断提高"自我净化、自我完善、自我革新、自我提高"① 的能力，提升生态系统整体的层次多样性、能量流动性、循环途径复杂性，增强生态系统整体的自我调节能力、抗干扰能力、极限承载力，保证生态系统在不确定性生态环境发生剧变时能够自主适应和动态发展。

2. 树立人才与环境互促共生的持续发展理念

人才生态系统应牢固树立动态优化、持续发展的理念，既正视人才在生态系统中的主导地位和主观能动作用，也重视生态环境对人才影响和塑造的反作用。既正视以人为本、人才为先的优先发展和人才对生态环境的能动改造，也重视对提供人才稳定优化资源的适宜生态环境的有效保护和修复，追求人才与生态环境的协调创新、共同发展，促进经济效益、生态效益和社会效益的有机结合。重点优化人才生态系统的服务功能，努力挖掘人才利用生态环境的创造潜力，提高人才队伍整体效率和生态资源使用效益，同时要减少生态环境的消耗和损失，自觉维护和促进人才自身生态与生态环境和谐共生、协同发展，实现人才发展与环境美化的共生共赢。应尊重人才对生态环境的能动作用，充分调动人才的积极性和创造性，推动人才与生态环境的互促优化，努力促进人才与生态环境之间动态优化的同构化，并引导人才跟随生态环境变化进行动态调节和调整，强化内部融洽与外部融合关系，实现生态系统内部与外部的相互协调，增强系统的相干性与耦合度，提高生态系统的可持续发展力。可以借鉴华为集团推行"以奋斗者为本"的人性文化和升级价值分配的人才战略，对待人才坚持尊重人才、欣赏差异，谋求和而不同，最终实现人才与环境互动优化和共生共赢。

人才生态系统应加强以人才与生态环境的和谐发展和良性互动为出发点和落脚点的生态教育，培养具有生态意识、生态人格、生态素养、生态

---

① 《习近平谈治国理政》第 3 卷，外文出版社，2020，第 534 页。

智慧的人才群体，树立科学的生态系统发展观、价值观、政绩观和效益观，把握组织目标与人才需求、人才工具理性与价值理性的有机统一，实现人才发展的"价值跃迁"，形成尊重人才生命与生态环境和谐共生、协同发展的文化精髓，尊重和发挥人才的主观能动作用，鼓励和引导人才与人才之间自组织能力的发育和成长，努力使人才群体形成实实在在的系统合力。应加强生态环境建设，重视生态环境对人才成长进步的促进作用，树立"保护人才发展的生态环境就是保护生产力，优化生态环境就是提高生产力"的大生态观，积极发挥生态环境的思想引导和正向激励作用，营造一个真正"尊重人才、尊重创造"的良好生态环境，提供有利于人才发展的"肥沃土壤"和人才聚合的"新鲜空气"，不断推进人才与生态环境之间的动态优化和持续发展，形成人才与生态环境交互作用、共生互促的良性生态循环系统。

二　稳步建立优化结构与强化功能并重的生态系统优化理念

人才生态系统优化，应以马克思主义生态哲学思想和习近平总书记的一系列重要讲话精神为根本指导，稳步建立生态系统结构与功能动态平衡、交互优化的系统优化理念，努力实现生态系统动态平衡与动态优化的辩证统一。

（一）建立层次建构系统集成的结构优化理念

系统结构是通过系统部件、部件之间的相互关系及与环境的关系，以及指导系统设计和演化的原则体现出来的一个系统的基本构成。系统结构优化是一个复杂的系统工程，需要根据"设计图纸"一步一步、一层一层垒砌建成。人才生态系统的系统结构优化同样不是一蹴而就、一气呵成的，需要建立层级建构、系统集成的系统结构优化理念，经历一个规划蓝图、动态调控、模块集成、优化提升的螺旋上升式循环过程。

1. 建立顶层规划与模拟实验的系统设计理念

人才生态系统应超越条块分割、关注局部、各自为政的机械还原论生成思想，树立"像一座山那样的思考"的有机联系、体系融合的系统生态观，坚持"设计未来生态系统"的超前意识，针对百年未有之大变局下世界科技发展趋势和国家潜在系统性风险进行战略性的顶层设计和长远规划，构筑目标需求与优化实践的桥梁和纽带。应从生态系统的整体视角对人才生态系统生成系统合力的全要素、全过程进行统分协调，按照从系统到要素再到系统的循环思路加强系统化设计，按照标准化、系列化、通用化要求实现各类研究体系的即插即用式融合，加快各类人才与科研设备、网络化平台"互联、互通、互操作"的一体化建设，不断优化与之密切相关的各体系的生态结构，通过加强信息关联提升体系有机融合度，建成聚焦创新、整体联动、并行展开的人才生态系统优化体系。

人才生态系统应建立组织战略与人才战略相一致的系统设计理念，科学制定可动态调整的人才发展战略规划，统筹人才资源培养的目标任务，抓好人才的态势分析、发展预测和编制规划三个环节，制定和完善人才资源库，动态优化人才资源的组成结构，培养和储备关键性人才，实现人才发展与组织系统的整合，打造人才强国战略优势。应通过引导人才广泛参与各级战略目标的规划设计，使人才建立起"从未来战略目标中设计规划"的超前设计思维，并运用"大数据""虚实"技术等新科技进行模拟化理论实验，通过"仿真实验""模拟推演"等贴近真实环境和条件的模拟演练来检验理论成果，在模拟试错中不断调整优化新的生态系统结构，完成理论从理论假设、演示验证、发展改进到实践检验的螺旋上升过程，在模拟实验中不断启发和生成新的思想理论和体系功能。

2. 建立层级多样与模块集成的系统集成理念

人才生态系统应建立层级多样与模块集成的系统集成理念，引导人才认清所在生态系统是一个由多个层次的结构态和功能态组成的生态系统，具有特定的等级分工和层次性结构功能，表现出多样化的个体特性、不同类型的组合形式以及不同架构的生态关系网络，尊重生态系统的组分之间具有不同层次地位作用和发展方向的多样化需求，承认优化目标和优化路径的层次多样性特点，按照生态位、生态链、生态网络逐层构建生态系统结构，保持生态网络关联节点的延展性和可持续性，准确把握不同子系统或组分的层次界限，尽可能地不断尝试和选择促进生态系统生存和发展的多元化最佳方案，使生态系统以较小的适应性变化应对较强烈的外部扰动，确保其具有较好的适应性和较高的柔展性，保证生态系统在剧烈变化的环境和条件下可持续发展。

人才生态系统优化，应自觉维护生态系统的层次性和多样性需求，合理区分不同层级的关系边界和上下限度，注重站在更高层级的高度来思考本层级无法解决的矛盾问题，注重发挥各级基层组织、基础机构这一较低层级子系统的基础性关键作用，重视不同层级组织机构之间的衔接组合和合理搭配，重视把握核心人物、重要环节和关键节点的关联性和延展性功能，努力形成"倒金字塔形"的生态网络结构，促进生态系统功能向多元化方向发展。坚持区分层次、循序渐进、逐层递进的系统结构优化原则，建成基于网络信息系统的模块化结构综合集成体系，以人才生态位调配为起点，按照系统合力生成链条逐步进行模块集成，按照纵向上下层级结构把各个小系统集成为一个大系统，按照横向并列层级结构把各个子系统集成为一个全系统，从要素集成到单元合成再到系统融合的结构层次使不同地域力量快速集聚，实现各个生态系统组分的集成向无缝衔接、有机融合的态势转变。

3. 建立精准管理与动态调整的系统调控理念

人才生态系统应以自主管理为主导，建立精准管理的管理思维和理念，健全以精准为导向的管理体系，实施"盘活各类资源"的精细化管理和调控，建立生成目标的量化指标体系，加强对生成过程的精准控制，实现由粗放式管理模式向精细化管理模式的转型。应树立多维精准控制思想，既要考虑对优化目标、结构编成的精准控制，也要积极探索对优化节奏、优化流程的精准控制，明确各个层级和各个岗位的职责权限和作用边界，努力建立精准的限度"清单"，重视不同层次之间的责任衔接和分工组合，避免"层层都负责又层层不负责"的各层级责权利含混不清的问题，使各级组织或机构管理层级更加明确、流程更加规范、手段更加精细，提高系统管理调控的精准度。实施精准的管理层级负责制，依据政策法规规定的权限制定具体详细的行为规范和行为手册，在日常管理和工作决策中，本级职责权限内能够完成的以本级为主，本级不能完成的交由上一级协调解决，对于突发重大情况要边紧急处置边及时上报，避免"一竿子插到底"的越级管理行为和"等待上级命令"的消极等靠思想，坚决杜绝伸手过长、检查过勤、干扰过多等乱作为问题和坐等指示、推诿扯皮、不管不问的不作为问题。

以系统结构优化为出发点和落脚点，人才生态系统可以改变单一的逐层管控的行政命令管理模式，建立起一套"任务—平台—人才"的任务驱动管理模式，构建目标任务导向型的动态编配平台，着眼于未来可能担负的使命任务进行动态调控。改变人才"一次分配定终身"的岗位配置模式，按照种核主导、一专多能、以才定岗的原则，建立专业对口、双向选择、多次调配的定岗定位动态调节机制，建构基于人事匹配的任务弹性分配和动态编配组合的人才动态匹配模式，按照根据任务编配组合人才和科研设备的模块化编组思路，推动各任务单元编成向规模适中、灵活机动、多样多能、有机合成、精干高效的方向转变，形成相对独立完整又相互紧密衔接的目标体系力量结构。

（二）形成能流转化自主优化的功能强化理念

人才生态系统作为一种自组织系统，应形成能流转化、自主优化的系统功能强化观念，通过与外界环境的物质信息能流交换维系生态系统生存，通过非平衡态的动态适应维持生态系统稳定，通过非线性的动态优化实现其功能涌现。

1. 形成内外开放与有序循环的能流转化理念

"开放带来进步，封闭必然落后。"[①] 新时代提出的"深化改革开放"的国家发展战略和"一带一路"倡议，就是要通过增强国家这个巨系统的开放性和包容性，不断增强国家的发展活力、竞争力和创造力。人才生态系统应树立一种内外双向、有序循环的系统循环理念，发挥其物质循环、能量流动、信息传递等系统功能。应通过提升内部开放程度凝聚各组分力量，充分使用和合理分配人才的知识技能、系统编配物资设备和资金等物质资源，运用内在利用机制使物资能流"内化"为人才的创造活力，促使人才在不同职位和事务之间循环流动，实现人才与人才之间、人才与岗位

---

① 《习近平著作选读》第 2 卷，人民出版社，2023，第 228 页。

之间的耦合，发挥吸引发掘人才、教育培训人才、配置使用人才、保留淘汰人才等内在功能，更好地与物资设备有效结合并发挥最大整体效能，为系统创造多种新的增长的可能路径。应通过不断进行物质信息、知识技术、思想情感等能流交换的对外开放，实现物资条件的配置循环、岗位职能的权力循环、资金链条的利益循环、相互关系的情感循环等方面的有序，增强物质、能量、信息资源的有效流动和使用，提高资源利用效率，实现最大功效，并积极争取其他系统资源和社会支持，发挥适应外部环境、提供安全保障、输出创新成果等外在功能，重视开放过程和循环周期，抓住关键时间和关键节点实施精准行动，从而使生态系统更具生机活力，推动生态系统不断创新发展。当然，由于人才特别是高端人才的稀缺性和特殊性，这种开放不是毫无原则底线的、不遵守法律的、不保守秘密的"放开"，而是在遵守保密规定和知识产权保护法律法规基础上的开放，主要表现为保持生态系统物资、设备、资金等显性物质资源的开放与流通，以及思想、知识、才能、情感等隐性物质资源的互动与交流，重在增强生态系统人才思想的互动性、人才流动的自由性和生态资源的融合性。

2. 形成自主优化与功能涌现的系统合力理念

人才生态系统应遵循生态系统的差异协同规律及生态有机性和系统性方法论原则，树立自主优化与功能涌现的系统合力理念，发挥生态系统人才主体之间关系结构涨落的差异性、协同性和放大作用，以及其与生态环境之间存在的相互适应、彼此制约、补偿进化等相互作用，依据人才主体的个性化和创造性特征提供可自主选择的多元化自主优化模式，按照生态系统自组织规律特别是功能层级转化规律进行功能创新，顺着人才自身发展"脉络"实现在差异中协同的自主优化，促使个体目标追求与系统优化方向协调一致，从而达成个体价值实现和系统创新发展的共生共赢。应发挥非线性关系和非线性作用的放大效应，发挥人才与环境要素之间的正向的非线性作用，主要包括自然环境与工作条件对人才作用发挥的制约作用，国家制定关于人才与创新的鼓励性政策、制度、措施的激励作用，社会对人才贡献与价值的承认和肯定的调动作用，单位或部门有效配置与奖励人才的推动作用等方面，促使生态系统各组分或各子系统在自发、类目的性地适应外界环境时产生不同模式的相互作用和相互适应，推进其组织结构和运行模式不断调整改变，迸发有机联系、整体互动、联动放大的系统放大效应并产生"1+1>2"的涌现效应，创造出生态系统更佳的系统结构和新的"剩余价值"，进而产生出更强大的生命活力和系统合力，最终形成更复杂、更高级的新人才生态系统。

三　积极引导文化育人与价值创造并举的生态系统价值导向

人才生态系统应坚持以"人才优先、系统优化、协同创新、价值创造"为基本原则，更加注重研究生态哲学、生态科学、生态价值、生态伦理等人才生态问题，构建以人才生态和创新生态价值导向为核心的人文文化体系，引导生态系统优化，探索研究科学技术与人文文化有机融合的内在机制和实现路径。

（一）牢固树立重视人才与注重人文的人文生态价值导向

人才生态系统必须树立尊重知识、重视人才的人文生态价值导向，在强化人才的科学知识和技能的基础上，更加注重人才的人格、思想和价值等人文精神，抓住人性和人心这个关键，使人才培养成为科学素养和人文素养兼容并蓄的承载者。

1. 树立服务社会与团结协作的价值导向

习近平总书记指出，"坚持党管人才原则，坚持尊重劳动、尊重知识、尊重人才、尊重创造，实施更加积极、更加开放、更加有效的人才政策，引导广大人才爱党报国、敬业奉献、服务人民"[①]。人才生态系统应坚持党管人才原则，建立完善党委（支部）统一领导、人力资源部门牵头负责、其他职能部门配合执行的人才服务保障机制，实行党政领导和机关部门为人才服务工作的目标责任制，明确职责分工和权利分配，从讲政治、顾大局、谋长远的高度将政治工作和科技工作及业务工作放在同等重要的位

---

① 习近平：《高举中国特色社会主义伟大旗帜 为全面建设社会主义现代化国家而团结奋斗——在中国共产党第二十次全国代表大会上的报告》，人民出版社，2022，第36页。

置，多层次、全方位关注人才自由而全面的发展，确立以服务国家和贡献社会为根本价值指向的用人导向、工作导向、评价导向、激励导向，确保始终坚持正确的政治方向和全心全意为人民服务的宗旨，引导人才正确对待国家社会和个人利益关系调整，做到党的原则第一、党的事业第一、人民利益第一，愿意为党、国家和人民的利益而不懈奋斗。应严格遵守改革中以党的政治纪律为核心的各项纪律规矩，坚决抵制"科技价值中立论"的错误立场，重视科技工作和业务工作的社会功能，紧紧围绕实施人才强国战略开展政治教育，注重组织人才认真学习贯彻习近平新时代中国特色社会主义思想，占领意识形态领域斗争的主阵地，掌握社会舆论主导权，坚定人才"不忘初心、牢记使命"的理想信念和价值追求，充分发挥政治工作在各项工作中的生命线作用。

人心和情感是连接人与人之间的关系纽带，也是能流流通的重要形式。各级组织对人才的重视程度和人文关怀是促进人才团结协作产生凝聚力进而形成系统合力的重要条件。人才生态系统应以培养人才团结协作精神、形成系统合力为主要目标，按照"坚持人民至上"的原则加强人才的教育和培养，用新质生产力标尺来衡量工作实效，引导人才牢固树立以发展新质生产力推动高质量发展的奋斗目标，坚决贯彻建设中国式现代化的指示要求，坚决拥护改革开放、积极支持改革开放、自觉投身改革开放，确保国家的战略部署和具体举措落到实处。应加强人才与人才之间的合作交流，使他们从内心和情感上产生强烈的"化学反应"，形成团队协作意识，真正激发人才群体的创造力和凝聚力。

2. 树立人文关怀与创造生态的价值导向

人文文化是人才开放思维和充满活力的精神源泉，也影响着人才聚集的吸引力和团体才能发挥的活力。人才生态系统应以提高人才人文生态价值为目标，科学合理地统筹规划人文文化建设和文化育人功能，本着利于基础创新、利于团结协作、利于人才成长的原则，建设完善体现国情社情、人心所向的文化设施，在思想政治教育中大量融入人文精神教育内容，加强人文精神行为规范和引导，组织开展丰富多彩、气氛活跃、健康向上的文化活动，精心营造"敬才容才""拴心留人"的人文环境，培育科学精神与人文精神兼备的人才。建立健全人性化的感情投资和感情激励机制，按照"感情留人"的原则，加强对人才政治上和生活上的"两个关心"，以点点滴滴的真情实意感化人才，真正做到"心为人才所系"和"情为人才所动"，积极创造重视人才创新工作、关心人才成长进步、关爱人才健康生活的生动局面。

人才生态系统应创设尊重劳动、尊重知识、尊重人才、尊重创造的人文文化，大力开展社会主义核心价值观教育和职业道德教育，赋予人才应有的社会地位和人格尊严，既尊重人才追求自我价值实现的个体化文化需求，又重视为人民服务的奉献的集体性文化需要，利用政治工作在建设人文文化方面的传统优势和巨大影响力，生成利于人才成长进步、亲和度高的人文环境界面和"空气"，引导人才树立忠于党和人民、献身事业的革命信仰，树立积极向上的价值取向、道德观念、职业操守。应树立"尊重人才的标志是尊重其知识，问计于斯人"①的理念，避免"选择性交流"的"假民主"，畅通人才建言献策的"直通车"，广泛征求各层次人才的建设性意见和建议，倾听人才的心声，鼓励人才广泛参与各项重大任务和重大决策，在思想交流碰撞中涌现出普遍共识、真正管用的创新成果，形成群体性智慧结晶，并且以鼓励人才创新和保障人才权益的法律法规为依据，建立健全全面规范的人才权益保障制度和运行机制，形成尊重人才的创造成果和正当权益的广泛共识，创造条件为人才成长"铺路搭桥"，提高人才的事业成就感和精神归属感。

（二）牢固树立崇尚科学与鼓励创新的创新生态价值导向

创新生态是在日趋激烈的新变革中勇立潮头的力量源泉。习近平总书记在党的二十大报告中强调"创新在我国现代化建设全局中的核心地位"②，并要求通过完善科技创新体系和加快实施创新驱动发展战略，不断推进理论创新、科技创新、文化创新、实践创新等各方面各领域的创新发展，让创新驱动发展在国家和社会各领域蔚然成风。人才生态系统应注重创新生态建设，树立崇尚科学与鼓励创新的创新生态价值导向，使生态系统成为

---

① 转引自杨敬东《潜人才学》，山西教育出版社，2004，序第2页。
② 习近平：《高举中国特色社会主义伟大旗帜 为全面建设社会主义现代化国家而团结奋斗——在中国共产党第二十次全国代表大会上的报告》，人民出版社，2022，第35页。

人才成长创新和建功立业的乐园。

1. 树立贯彻创新驱动发展战略的价值导向

人才生态系统应按照《国家创新驱动发展战略纲要》规定的主要任务方向，研究制定本系统的创新驱动发展规划，坚持任务牵引、问题导向、成效检验，重点加强系统合力生成的基础性应用研究创新，解决制约建设发展的体制性障碍、结构性矛盾和政策性矛盾，加强自主创新这一根本，树立大众创新、全面创新的发展理念，巩固"敢创新者进、善创新者胜"的创新意识，把创新驱动作为生态系统发展的第一动力，把体系创新放在系统优化的核心位置并贯穿全程。应坚持将创新文化同战略行动保持协调一致，创造宽松开放的态度氛围、多元多级的文化结构和自由宽容的创新文化，打造上传下达顺畅的信息生态环境，发挥信息生态的"隐性黏合剂"作用，增强价值溢出效应和智力放大效应，形成动态优化、持续发展的创新竞争优势。

人才生态系统应充分考虑时间因素，把创新看作一场你追我赶的"赛跑"，认清要实现"弯道超车"就必须拼尽全力跑赢对手、超越对手，在尊重创新周期和规律的基础上，提高生态系统内外的创新所需人才、物资、信息等可用资源的流动速度，促进人才知识和技术互动交流、共享共荣，加快人才知识和技能的更新迭代频率，提升不同层次、不同专业的人才知识和技能的对接度与使用率，努力实现超越。应构建网络化的创新体系，整合生态系统内外的各种创新要素，打造"科技孵化器""虚拟实验室"等创新平台，形成产学研一体化的创新"生态园"，实现由人力资源驱动、经费投入驱动到创新战略驱动、体系集成驱动的创新发展模式的转变。

2. 树立重视培养创新人才的价值导向

贯彻创新驱动发展战略，离不开具有创新精神和创新能力的创新型人才。人才生态系统应大力建设学习型单位和学习型组织，科学规划学习目标和内容，拓宽人才学习培训渠道，进一步强化学习成才活动，不断调整优化学习培训的内容和方法，把人才强烈的本领恐慌转化为学习的愿望和动力，通过加强组织学习带动人才自我学习，尽快使具有数量优势的"人口"转变为具有质量优势的"人才"。健全学习型组织的制度机制，建立职业生涯学习制度，建设学习科研经历和创新成果资料库，加强前沿知识和技术知识储备,加强在岗位上更新知识和技能的继续教育,引导和鼓励人才积极参与在职的再学习和再培训,多"充电"和"增氧",使人才在动态学习中素质得到持续提升、积蓄发展动能,避免出现智力枯竭和创造力丧失。

人才生态系统优化应以开放的胸襟、超常的胆识和负责的态度,大力培养和使用不同层次的创新型人才,积极培养人才的科学文化和创新精神,在强化能力培养和动机激发的基础上,更加注重营造创新生态价值导向的文化熏陶,使人才的能力、机遇、动机和文化处于动态平衡状态。应以促进人才任职经历多样化为抓手,积极组织人才参与项目任务,加强岗位任职交流,多与不同专业的异质人才进行交流沟通,在应对有挑战性的急难险重任务中培育其创新思维和创新能力,不断提高其解决实际问题的综合能力,使人才在挑战突破中实现创新成果的涌现。

3. 树立创设鼓励创新环境的价值导向

科学创新有着不确定性、偶然性的特殊规律,重大的科学发现往往是在适合的环境下,结合天时地利人和的优势,各种环境因素与人才的杰出能力凑到一起产生化学反应所生成的。创新能力的激发和抑制都来自环境,只有在浓厚的创新氛围和有利于创新的学术生态环境中才可能产生创造性成果。[1] 人才生态系统优化应创设支持和鼓励人才创新的价值导向,提供适宜创新的硬件条件和经费物资,给予人才充足的创新时间和灵活的创新政策,以担负的任务目标为指向,组织国内外专家加强对自主创新项目的筛选和价值评估,对一些确有重大创新价值的,可以建立专门的创新实验室或组建创新团队联合攻关,可以集中有限的科研经费支持一些有情怀、有潜力的创新型人才,提供必要的科研启动资金,为人才实现自我价值营造优越的创新环境。

人才生态系统优化应善于倾听并鼓励人才提供好的想法和建议,以一种尊重劳动、尊重知识、尊重人才、尊重创造的态度,营造民主学术氛围,在符合党章、宪法、法律法规和政治纪律规矩的基础上,进一步增加

---

[1] 张淑林:《营造创新生态环境 培养高层次创新型人才》,《中国高等教育》2009年第22期。

内部学术研究空间和学术自由，提倡不同专业人才之间相互切磋、研究探讨，"允许学术的多样性"①，鼓励不同观点与不同声音的自由争鸣、共存互生。应培育学术创新的"自由空气"，提倡批判性创新思维，树立"没有不同声音则形成决策无效""没有学术争鸣则没有创新发展"的思想，鼓励大胆发声、多提建设性建议，促进互动交流，在观点交锋碰撞中统一思想认识、产生创新"火花"，力戒对学术研究问题妄加评判、擅作结论、乱扣帽子的行政乱干预，打造科学民主、生动活泼的学术创新氛围。应强化领导责任担当意识，认清"创新有风险"的客观现实，具备容忍创新失败的胆识和魄力，敢于承担创新失败带来的风险和损失，并积极引导创新人才进行新的尝试。

---

① 张一方：《人才生态学与中国荣获诺贝尔奖的可能途径》，《科学学与科学技术管理》2001年第7期。

第五章　人才生态系统的网络结构优化

习近平总书记强调："完善人才战略布局，坚持各方面人才一起抓，建设规模宏大、结构合理、素质优良的人才队伍。"① 建设一支规模宏大、结构合理、素质优良的人才队伍，应按照生态位、生态链、生态网络三个层次的生态系统网络结构优化，逐层构建系统整合、多维并重、内外互动的生态网络体系，通过发挥网络效应和无限循环，增加系统网络结构的有序复杂程度，提高各类人才资源的使用效率和创造活力。

一　加强人岗匹配功能互补的人才生态位调配

人才因职务等级、能力水平、目标追求等基础因素的多样性及自身与生态环境的不同关系，在长期竞合过程中占据了适合自身生存与发展的特定时空位——生态位，形成了人才在岗位职能生态层次上的差别。人才生态系统的结构优化，应把人才动态调配到合适的生态位，争取实现人岗匹配、功能互补的最佳人才生态位配置。

（一）找寻人才最合适的生态位

流水不腐，户枢不蠹。科学合理的人才流动机制是人才生态系统保持动态平衡和生机活力的重要机制。人才的流动过程，实质上就是其不断找寻和匹配生态位的过程。人才生态系统优化，应清除生态系统的边缘效

---

① 习近平：《高举中国特色社会主义伟大旗帜 为全面建设社会主义现代化国家而团结奋斗——在中国共产党第二十次全国代表大会上的报告》，人民出版社，2022，第36页。

应，打破阻碍人才流通的壁垒，特别是人才互通流动和流入流出的制度和管理规定等限制条件，有效推动人才交流和智力开发，为人才找寻合适的生态位。

1. 科学规划职务晋升调整的上下流动

人才生态系统优化，应明确建立人才资源宏观调控机制，科学制定人才职务晋升和等级调整的流动规划，在整合现有全部人力资源信息数据库的基础上，建成各级统一的"人才人事管理系统"，进一步建立大规模、网络化、大服务的人才资源信息库和信息支持系统，建立人才储备和人事信息传递机制，确保人事需求信息和岗位紧缺人才信息的储备、交流和传递，结合定期的岗位调整和任务需求进行合理调配，还可运用大数据技术提前对人才资源进行流动预测，辅助人才流动的科学决策。应进一步发挥人才市场配置的基础性功能，可以建立全国或省市级范围的人才交流服务网，建设完善国家级的人才资源交流中心、省市级的人才资源大市场、县乡级的人才资源小市场等不同层级和专业的人才流动市场，明确规定各级人才市场选配标准和调配流程，进一步细化人才供求调控机制、人才市场竞争机制和人才价值实现机制等配套的人才流动机制，提高人才资源的流动效率和使用效益。改变目前渠道比较单一的职务晋升和等级调整方法，拓宽多样化的、可供人才自主选择的纵向和横向流动渠道，建立人才能上能下、能进能出的长效机制，进一步提高人才上下左右流动的自主性和灵活度。

2. 大力加强不同岗位轮换的交叉流动

"人往高处走，水往低处流。"在完全自由流动的条件下，人才普遍会选择向能够充分体现自我价值、工作条件良好的方向流动，流动方向趋向于符合"马太效应"。人才生态系统优化，应制订明确细致的人才交叉任职计划，实行多岗位纵向交流、多专业横向轮换、多任务综合磨炼的交叉任职制度，建立柔性双向互动、不同岗位轮换、可以自主选择的人才有序流动机制，有计划地组织安排不同地域、岗位、专业的人才进行交叉交流和岗位轮换，通过不断交叉流动盘活不同特质的人才资源，实现人才岗位编配的动态调整和人才结构布局的动态优化，进而保持系统整体的生机与活力。应建立健全不同层次人才在政府部门、科研院所、社会机构之间，以及大中城市、城镇与边远艰苦地区之间的轮岗交流制度，主要采取高层次人才跨地区轮岗交流，中层次人才跨异质化单位换岗交流，低层次人才在机关与基层之间岗位互换、交叉任职。应进一步完善交叉流动的制度法规和配套保障机制，建立灵活可选的政策法规导流机制，明确规定晋升特定职务和岗位的人才必须具备一定时长的任职和轮岗经历，并且制定向边远地区和基层艰苦岗位大幅倾斜的优惠政策，引导人才向艰苦磨砺、多样经历、合成素质的方向流动，在多样性的轮换流动中使人才得到全面扎实的岗位锻炼，为人才在更长时间更高层次上胜任岗位职责和更好履行复杂多样化任务打牢能力素质和任职经历根基。

3. 着力平衡人才引进退出的进出流动

引进合适的优秀人才，不仅是引入了新思想、新知识、新技能，而且是输入了增加系统活力和创新火花的"新鲜血液"，形成了人才资源整体的比较优势，极易使生态系统产生有益的涨落，为其向更高层次跃进创造有利条件。而且，"不求所有，但求所用"的智力引入模式可以在不增加岗位编制的基础上有效引入高素质人才的先进理念、创新思路和技术技能等智力，形成结构合理、功能完备的团体协作模式，极易在"传帮带"中形成核聚效应，吸引其他单位或本单位较低层次的人才在学习交流中得到更多培养和锻炼，使生态系统引入的负熵呈现幂律增长的非线性放大效应。人才生态系统优化，应打破人才流动的系统性"进入壁垒"和"退出壁垒"，建立灵活开放、双向互选、柔性互动的人才进出流动制度机制，建立引进和淘汰并举的人才进出流动渠道，以提高人才的最大使用效益和延长职业生命周期为导向，提高人才进出系统的流动速度，重视人才数量、质量和人岗匹配度，不断优化人才的层次结构，实现人才与人才之间、人才与岗位需求之间的最佳契合，保持人才流动的动态平衡。应创设优越的工作条件和良好的生态环境，增强生态系统对优秀人才资源的吸引力和凝聚力，加强对系统外优秀人才的吸引，按照相关法规政策和单位职责要求建立标准明确的退出或流出制度，还可以建立末位淘汰制度定期进行一定比例的淘汰，进而建立科学精准的人才流出制度和预测机制，准确掌握人才进出流动的意向动态和真实动机，动态关注人才的流动率和流失率，增强生态系统的"造血"和"换血"功能。应积极拓展引进社会人才资源的范围和多样化途径，选聘和引进有意向和有潜力的优秀人才，可以构建预选预聘人才资源储备库，提前做好争夺人才资源的谋篇布局。应建立"不求所有，但求所用"的人才引智新机制，聘请国内外和其他系统的高层次人才，使其参与到重大项目的联合攻关中，发挥其才智，并加强对本系统中低端人才的培养，探索建立一套高端人才无偿或有限补偿智力参与的荣誉激励制度，实现"你中有我，我中有你"的智能联合，借用其他地区或单位人才建设资源为本地区服务。

（二）配置人才最适合的生态位

用人如器，各取所长。人才生态系统应充分考虑不同人才的最适合的生态位，找寻或创造良好的生长、发展、集聚的生态系统环境，使其在最佳环境和条件下充分激发创造活力，从而更有效地发挥自身潜能、实现自我价值。

1. 公平评定人才能级水平

人才生态系统优化，应按照"科学设岗、区分层次、岗责分明"的原则，建立将生态系统各级各类岗位的目标责任区分开来的职位分类制度，并在生态系统内予以公示，通过定期考核与群众监督相结合的方式，对人才的能级与所担负的岗位职责的匹配适应程度进行测评定位。应健全和完善人才考评机制，引进量化的人才绩效评估系统，坚持以组织目标为导向、以人才能力业绩为准绳，做到人才业绩考核与人才素质测评相结合、定量评价与定性评价相结合、组织评价与群众评议相结合、定期考核与不定期考核相结合，评定并出具包括人才的工作能力、实绩表现、发展潜力等内容的考核报告，并建立永久性电子（或纸质）档案存底，以作各级各部门研究决定人才晋升任职的重要依据。应逐步建立人才任职资格制度，事先进行测量人才任职资格和岗位胜任力的人才素质测评，以用于指导人才选拔任用、人岗配置以及职业生涯规划，进一步建立目标考核机制，有条件的单位可以引入第三方评价机构运用建立素质模型、360度评估、满意度与敬业度调查、继任计划等专业的人才评测技术，定期开展事后或过程阶段检验工作绩效的人才业绩考核，用于指导人才等级评定、奖惩激励以及岗位提升。应建立以生理创造时间（即人才的成长时间与创造力大小

的乘积）为主的贡献度评价制度，更加关注人才的"生理创造时间"而非
工作时间，创造不同的环境和条件，调控人才的"生理创造时间"，延长
富于创造力的工作时间。

2. 公开选拔任用优秀人才

习近平总书记强调，"用人导向最重要、最根本、也最管用"[①]，并深
刻指出："树立选人用人正确导向，选拔忠诚干净担当的高素质专业化干
部，选优配强各级领导班子。"[②] 人才生态系统优化，应坚决克服人才概念
的标签化和固定化，坚持"全面准确贯彻民主、公开、竞争、择优方针，
扩大干部工作民主，提高民主质量，完善竞争性选拔干部方式，提高选人
用人公信度"[③]，建立起"以显才授予任务、以绩效分配利益、以信息主导
评价"的信息化人才选用决策体系，秉持事业聚才、组织选才、制度用才
的原则，建立以任职岗位为基础，以业绩、能力、品德为导向的人才选拔
任用机制，走活选人用人"一盘棋"，坚持"德才兼备、以德为先、五湖
四海、任人唯贤"[④] 的选用人才观，以公开、平等、竞争、择优为原则，
做到工作履历及培训经历与优先晋升挂钩，坚持在动态变化中选拔任用人
才。对于高层次人才，可以探索建立更大范围内的集中选拔任用制度，推
行公开的用人招聘的办法，将选用名额、范围、遴选标准等信息在网络和
报刊上公布，欢迎群众评议监督，多渠道推荐和选用人才，选任实绩突
出、群众公认的优秀人才。应坚持党管干部、党管人才原则，规范党委选
任人才的决策方式，提高党委选用人才决策的科学性和民主性，增加"让
专家评议专家，让人才评议人才"的同行评议在选任决策中的比重，健全
选人用人监督制度和终身责任制，合理采用科学量化的技术手段和评价方
法，全面考察拟任用人才的综合能力素质和岗位胜任力，建立刚性的岗位
职务任期制，努力实现科学合理地选拔和配置人才。

① 《习近平谈治国理政》第 2 卷，外文出版社，2017，第 128 页。
② 习近平：《高举中国特色社会主义伟大旗帜 为全面建设社会主义现代化国家而团结奋
斗——在中国共产党第二十次全国代表大会上的报告》，人民出版社，2022，第 66 页。
③ 《胡锦涛文选》第 3 卷，人民出版社，2016，第 656 页。
④ 习近平：《高举中国特色社会主义伟大旗帜 为全面建设社会主义现代化国家而团结奋
斗——在中国共产党第二十次全国代表大会上的报告》，人民出版社，2022，第 66 页。

3. 择优配置适宜职级岗位

人才生态系统优化，应坚持民主、公开、竞争、择优的原则，合理确定需要动态调配的对象范围、数量规模、路径方式和时间期限，根据"人事相宜""能岗匹配"的调配原则，建立健全人才岗位编配和任务调控的制度机制，加强各类人才的动态优化配置，并与定期的人才晋职调整、代职锻炼、送学培养等调整计划结合起来，尽量实现人才与任务、专长与岗位的匹配，力求使各类人才能够用其所学、用其所长。应建立一套合理分工、监控进程的工作任务动态调配机制，可以实时监控和调整工作任务完成情况，并对人才与工作任务进行动态匹配，发挥生态系统的"调适器"作用，提高各类人才与职责岗位的适合度，力争做到人岗相宜、适才适位，进而形成聚焦核心、层次搭配、功能互补的人才梯次结构，从而产生最佳的生态系统效能。

（三）拓展人才生态位的适应宽度

人才的生态位宽度是人才所能够利用的生态环境资源的总和，即对生态环境资源适应的多样化程度。人才生态系统应进一步拓宽人才生态位的适应宽度，努力形成人才生态位的多维超体积维度，进而扩张人才生存和发展的生态位极限。

1. 发掘未被认可的潜才潜能

列宁说过："发现人才——做生意的人（但愿能从一百个、一千个共产党员中挑出一个，这还要上帝保佑），使我们的法令由废纸（不管法令本身是好还是坏，反正都一样）变成生动的实践——这就是问题的关键。"[1] 发掘有发展潜力的潜人才，创造一定的潜能显化条件使其得到广泛认可，就可以使潜人才显化为显人才，从而进一步拓宽人才生态位宽度。人才生态系统优化，应建立人才举荐机制，进一步拓宽个人自荐和群众举荐渠道，明确双向同步的责权利，对推荐人才取得成就的领导干部要进行必要的领导责任奖励，同时对举荐不力的领导干部也要进行领导责任追究，营造"用一贤则群贤毕至"的聚才氛围，杜绝怕担用人失职的责任不

---

[1] 《列宁全集》第 52 卷，人民出版社，2017，第 288 页。

举荐、不作为的懒政行为。可以在现有巡视制度的基础上，增加巡视推荐人才的职责规定，允许个体和群众举荐人才，还可以学习借鉴知识产权申请制度，建立潜人才的专家评议机构和多样化比武竞技平台，给予潜人才展示才华和受到肯定认可的舞台和机会，通过多种路径和方法催生潜人才成长为显人才，并让显人才发挥更大的作用。

2. 提高人才的生态位竞争能力

人才生态系统优化，应引导各类人才加强自身的"充电"学习，不断更新专业特长和工作经验，培养"一专多能"的素质能力，通过提高专业化水平和核心竞争力，改变自身的现实生态位并流动到理想生态位中，从而使生态位不断攀升和拓展自身发展空间，随着人才知识的积累和阅历的丰富，人才生态位也会变宽。应调整人才的需求生态位，提高人才生态位的适应能力和辐射作用，适应和改造所处的生存环境，创造出人才新的更高需求，进而实现自身生态位的不断动态优化。应外拓资源供应链和人才补给线，增强自身对外部环境的影响力和支配力，最大限度地利用资源获得较高的"生产力"。应根据人才需求愿望为人才搭建更多成长进步平台，着重给予人才进修培训、交叉任职、联合攻关等锻炼机会，多赋予人才一些"跳起来摘桃子"的挑战性工作任务，把优秀人才提拔到最能发挥其优势特长的岗位上，加强使用性激励措施，坚持以能力、实绩任用人才，力求使人才能够用当其时、用当其才、用当其位，形成才位相宜、人事相适、人才济济的生动局面。

3. 拓展人才的生态位跃迁途径

人才生态系统优化，应打破传统的逐级负责、层级传达的科层组织架构，尝试构建无边界组织形态的跨部门团队组织架构，建立一个人才随目标任务动态变化的矩阵或生态网络，建立基于网络信息系统的团队分工与合作机制，以完成赋予的重大任务为根本目标，以少数高层次人才为关键节点，以每个人才团队成员为执行中心，通过节点上下串联、左右并联变成网状多维力量群体，实现各关系网络的人才共用、信息互通、资源共享，形成跨区域、跨专业的不易断裂的网格化团队，在最大限度上共享资源、积聚力量并形成系统合力。同时，应克服无边界组织带来的责权利不好区分和绩效计量的弊端，适应组织内人员的兼职、跨组织流动和晋升成为常态化的趋势，可以借鉴阿米巴模式下的考核与激励方式，建立一个对众多单元和不同专业人才的绩效统一的责权利动态分配机制和价值评判体系，营造减少不必要内耗并兼顾效益和公平的生态环境，进而拓展人才的跃迁途径。

（四）优化人才生态位部分重叠

百舸争流，奋楫者先。科学合理的人才配置必须保持人才的生态位有一定的重叠，允许人才之间有适度的竞争，但若人才生态位重叠过多，就很容易出现人才之间过于激烈的竞争，产生竞争排斥效应。这就需要人才生态系统重视人才的异质性和多样性发展，实现不同人才生态位的分离。

1. 降低生态位过高的重叠率

人才生态位经常出现重叠现象，特别是一些关键领导岗位的竞争异常激烈。为避免竞争排斥效应，人才生态系统优化中应密切关注生态系统内部人才群体的密度或拥挤程度，建立人才流动动态监测体系和生态位过高预警机制，增强自身的信息化预测能力，适时调节相同专业或技能的人才的密度。应增加多样化的人才流动渠道，通过交叉任职、选派交流等调配手段，努力为人才创造更多的晋升机会和发展空间，增加人才对生态环境的适配度，从而保持人才生态结构的动态稳定。应建立健全适度竞争和优胜劣汰的人才选拔机制，增强人才的竞争力和创造力，使人才在一定的竞争压力下更快成长，在一定的动荡中保持创新活力，同时避免同质性人才互相攀比和不作为，导致"三个和尚没水吃"的尴尬境地。

2. 保持生态位一定的冗余度

一些特殊专业人才或特殊岗位人才无可替代，这要求人才生态位有一定的重叠，确保在某个关键节点出现空缺或生态链出现断裂的特殊情况下能够及时补位，保障生态系统的稳定性。人才生态系统优化，应加强"一专多能"型人才培养，保证人才专业知识和技能有一定的交叉，并且制订必要的人才继任计划，保证关键人才始终"在线"，从而确保生态链的完备性。可以借鉴我国后备干部选培经验，建立完善人才信息化档案管理系统，制订特殊专业人才储备计划，对技术含金量高且培养周期较长的重要岗位，通过建立人才储备库进行一定比例的人才储备，增加人才生态位的部分重叠率，有效预防关键人才缺位或流失而出现人才链断层或功能断裂的问题。

3. 增大生态位分化的差异化

人才生态位的分化策略可以有效减轻竞争的副作用。人才生态系统优化，应重视发展空间的异质性和差异化，多采取差异化策略创造多渠道、多样性的人才成长空间，例如可以多采用师徒带教、新老搭配的代际帮带策略，采用以高层次人才为种核帮带中低层次骨干的种核辐射策略，形成人才发展生态位的差异化格局。针对不同类型的人才成长进步，明确不同职位差异化的标准和要求，使人才成长路径呈现差序格局，尽量避免"多人同过独木桥"的情况发生，形成人才生态位的分化效应。应改变以往通过小范围考核比较同层级人才的相对绩效、领导认可度和群众满意度来决定晋升与否的"锦标赛"式晋升机制，建立依据大范围考核不同层级人才的绝对绩效、领导认可度和群众满意度来决定是否晋升的"擂台赛"式晋升机制，将不同人才的素质能力和绩效贡献体现为更加公平合理的差异化薪酬结构和多样化晋升机会，增加人才获得认可和价值实现的差异化渠道。

二 强化过程控制持久发展的人才生态链管理

人才生态系统应当树立知识共享、利益共荣、风险共担、权责对等的人才生态链管理理念，建立一个以人才才能价值链为核心的人才生态链管理机制，着重加强对人才生态发展链和价值链的管理，增强分散性管理过程的分布式、流程式控制，通过优化各个生态链的交叉关联和交互作用，最终实现人才生态链的持续性优化。

（一）设计循序渐进发力持久的人才生态发展链

人才生态系统应根据不同层次的人才成长规律和生态系统优化周期规律，以调控职业生涯发展和最佳使用期为核心，设计规划一条因人而异、循序渐进、发展持久的人才生态发展链，使人才整体释放出的能量非线性放大，进而产生更强大的发展潜力，延长人才使用的生态周期。

1. 科学规划人才的职业发展路径

习近平总书记强调："完善干部考核评价体系，引导干部树立和践行正确政绩观，推动干部能上能下、能进能出，形成能者上、优者奖、庸者下、劣者汰的良好局面。"① 人才生态系统优化，应加快建立健全以专业化为核心的一系列制度保障体系，注重完善人才与岗位专业结合起来的职业生涯管理法规体系和运行机制，推行人才专业分类制度和任职资格制度，定期优化和完善职业结构体系，明确建立精细化的人才职业标准和岗位任职周期，构建良好的培养、引进、交流及保障机制，建立和完善能上能下、能进能出的人才流动机制，建立健全住房保障、家属就业、子女教育等保障性政策制度，实现人才自我成长路径与职业发展目标进程的统一。应遵循人才的成长规律和优化机制，对不同层次和职能岗位的人才职业生涯周期进行合理规划与设计，建立标准明确、循环可控、动态调整的人才成长路径规划模型，科学设计和规划各类人才职业发展路径，明确不同层级人才的纵向晋升路径和相关专业岗位人才的横向交流路径，按照不同人才的专业特点设置不同阶段的发展台阶，对人才的成长发展实行个性化设计、模块化培养、阶梯式管理、滚动式发展。应逐步建立职业规划与考核反馈相结合的人才评价制度和流程，对其价值与贡献进行科学考核评估，并根据人才需求变化以及考核反馈结果，动态调整人才职业发展的目标、任务和方式，努力实现职业生涯规划与个人职业生涯期望的有机统一。

2. 牢固夯实人才的跨越发展根基

宰相必起于州部，猛将必发于卒伍。基层是人才夯实发展根基的必经阶段，也是决定人才可持续发展潜力的关键。人才生态系统优化，应遵循人才的层次性成长规律，着眼于人才资源的长远建设和持续发展，发挥人才相关政策制度和法律法规的规范、导向和激励功能，遵循人才为本和夯实基础的人才发展原则，把培养扎根基层建功立业的人才作为制定政策法规的出发点、落脚点，区分不同层次、不同区域的人才资源使用开发政策，突出基层一线人才和高层次人才的优惠政策支持力度，重点向基层和

---

① 习近平:《高举中国特色社会主义伟大旗帜 为全面建设社会主义现代化国家而团结奋斗——在中国共产党第二十次全国代表大会上的报告》，人民出版社，2022，第67页。

艰苦地区，向中青年高素质人才的培养、吸引和留用倾斜，"关心关爱基层干部特别是条件艰苦地区干部"[1]。应坚持"把到基层和艰苦地区锻炼成长作为年轻干部培养的重要途径"[2]，既重视人才的基层履职经历，更看重人才在基层的实际贡献，使各类人才必须经过艰苦地区的历练、基层一线的墩苗、重大任务的磨砺，让基层任职经历成为高素质人才成长进步的必经之路。搭建人才跨越台阶的发展平台，"打破那些关于台阶的过时的观念，创造一些适合新形势新任务的台阶，这才能大胆破格提拔。……特别优秀的，要给他们搭个比较轻便的梯子，使他们越级上来"[3]，明确建立优先从基层选拔任用人才的政策规定，理顺政府机构、科研院所与基层单位双向交流、交叉任职的人才流通渠道，确保基础扎实的人才能够得到及时发掘和重用，顺利实现提高层次的跨越式发展。

3. 严格遵循人才的生态周期规律

不同层次和类型的人才都有一定的最佳使用周期，只有在这一黄金期内发掘使用人才，才能发挥其最大潜能、产生最大作用。美国著名学者卡兹（Karz）绘制出组织寿命曲线（即卡兹曲线），认为一个组织的成员在一起工作 1.5~5 年的时间内，信息互动交流的水平最高，取得的科研成果也最多。而美国心理学家莱曼研究指出，政治领袖最佳年龄区一般是 50~70 周岁，而科技人才一般是 30~39 岁。还有研究者经过研究计算出我国人才资源最佳年龄比例结构（如图 5-1 所示）。人才生态系统优化，应树立重视时间维度的系统观念，遵循人才生态的生命周期律，明确不同层次和专业人才的使用黄金期，注重优化人才资源的最佳年龄结构，按照人才最佳年龄区培养和使用人才，明确人才跨级提拔任用的标准和审批权限，让具备较高潜能潜力的人才及早发现并得到重用，促进优秀人才的逐层提拔晋升，确保发挥人才的最佳使用效能。应树立以身心健康和黄金时间为核心的生态发展理念，按照生态平衡规律科学规划职业生涯，并进一步完善

---

① 习近平：《高举中国特色社会主义伟大旗帜　为全面建设社会主义现代化国家而团结奋斗——在中国共产党第二十次全国代表大会上的报告》，人民出版社，2022，第 67 页。

② 习近平：《高举中国特色社会主义伟大旗帜　为全面建设社会主义现代化国家而团结奋斗——在中国共产党第二十次全国代表大会上的报告》，人民出版社，2022，第 67 页。

③ 《邓小平文选》第 2 卷，人民出版社，1994，第 324 页。

人才生态健康维护机制，定期安排人才体检和分批组织疗养，合理安排工作与休息的平衡，克服无视或破坏人才生态健康的短视行为，建立有利于延长人才生态周期的健康生态环境。

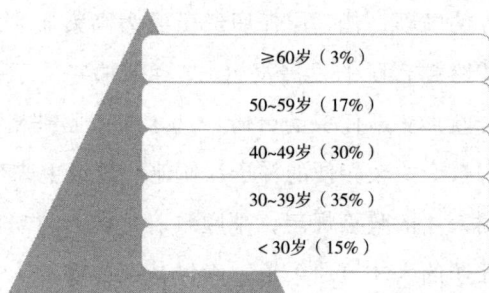

≥60岁（3%）

50~59岁（17%）

40~49岁（30%）

30~39岁（35%）

<30岁（15%）

图 5-1　我国人才资源最佳年龄比例结构

（二）理顺价值共创利益共享的人才生态价值链

"竞争战略之父"迈克尔·波特（Michael E. Porter）提出了"价值链理论"，认为价值是整合各类人才群体的聚力器，也是形成互利共生的生存共同体的黏结剂。习近平总书记提出的构建人类命运共同体理念，是价值链理论的生动体现和中国实践。人才生态系统应从改变人才在生态系统中的合理价值定位开始，牢固树立体现人才生态价值的系统观、整体观和平衡观，建立一条以价值创造、价值认同、价值分配为核心的人才生态价值链，实现人才创造价值在生态链各层级中传递，从而建立起"你中有我，我中有你"的生态价值共同体。

1. 建立以捍卫公共利益为核心的价值创造

马克思指出，"人们为之奋斗的一切，都同他们的利益有关"[①]，"'思想'一旦离开'利益'，就一定会使自己出丑"[②]。人才生态系统优化，应树立以"大我"为价值轴心的生态价值观，建立"舍小家为大家"的革命理想和情怀，以保护好国家、社会和人民的劳动成果及可持续发展为根本

———

① 《马克思恩格斯全集》第 1 卷，人民出版社，1995，第 187 页。
② 《马克思恩格斯文集》第 1 卷，人民出版社，2009，第 286 页。

目的，明确人才与党、国家和人民的共同利益的统一关系，建成与国家、社会和人民相一致的公共利益共同体，把握好个人利益与公共利益的关系，明确在以公共利益共同体为根本的前提下追求个人利益和需求，建立多方利益协调机制和利益互动联盟，共同"画出最大同心圆"，使价值创造成为维持关系、积聚力量的强大机制。应树立集体主义观念，把生态系统看成一个具有共同利益和共生发展的整体，充分考虑不同人才的发展需要、不同专业和不同代际人才之间的关系和内外生态环境的变化，加强各类资源的供给侧结构性改革，增强以共同利益为基础的生态系统向心力和凝聚力，以共同目标把各类人才的思想、行动和情感统一起来，形成强大的系统合力，理顺人才与人才之间的利益共享和反馈机制，使人才在为其他人才和国家社会提供"产品"的同时，也完成自身价值的实现和个人利益的获取，构成一个相互依存、共同发展的价值创造共同体。

2. 强化以明晰目标定位为指向的价值认同

学者中松义郎提出了著名的"目标一致理论"，用公式 $F = F_{max} \times cos\theta$（$0° \leqslant \theta \leqslant 90°$）（F 指发挥的实际能力，$F_{max}$ 指潜在的最大能力，θ 为人才目标与组织目标之间的夹角）来计算人才发挥的实际能力与潜在的最大能力之间的函数关系，这表明人才的个人发展目标方向与赋予组织的任务方向越趋于一致，即夹角 θ 越小，人才发挥的潜力就越大。人才生态系统优化应以新时代新征程中国共产党的中心任务为根本目标，坚持"两个结合"，不断开辟马克思主义中国化时代化新境界，开展以实现人才强国战略目标为主要内容的思想政治教育，重视培养人才的崇高信仰、价值取向、道德观念和职业操守，利用各种宣传手段统一思想认识、达成广泛共识，建立统一的价值目标追求。应制定明确清晰的有关人才生态系统优化的现实目标和实践路径，并按照组织层级对目标进行多维度的层次分解和精准阐述的战略解码，避免陷入"人人有责却人人不担责"的窠臼，让各类人才充分理解战略目标和现实目标并找准自身生态位，认清所属组织的结构功能在战略中的定位，进而形成与战略目标和现实目标相互关联、相互促进的普遍共识，促使人才群体达成思想和情感共识，使各类人才能够互相了解和信任，达到同心者同路，"不忘初心、牢记使命"的效果。应"坚持一致性和多样性统一，找到最大公约数，画出最大同心圆"①，把生态系统优化的目标定位与结构变革的优先事项联系起来，让制定和分析人才战略规划的领导者投入进来，各类人才都应充分认清整体需求和关键节点，列出一份有关结构变革的最紧迫、最重要的"优先事项清单"，分析出生态系统结构优化最为关键、对变革成功影响最大的战略性变革支点，并迅速揭示出系统决策方式和变革流程，设计出以生态系统战略性支点为基础的新的战略性人才分析，最终保持系统战略与人才战略的动态平衡。应畅通各类人才的利益表达机制，完善尊重各方利益的多样化分配模式，充分协调不同层次人才的不同需求和利益关系，形成人才追求与共同目标的互惠互利关系，做到完成目标任务与实现人才自我价值的统一。

3. 创新以提升系统合力为原则的价值分配

人才生态系统优化，应以知识、技能、经验和创新成果等人才价值为纽带，坚持实现战略目标与尊重个性发展的统一，在实现生态系统优化整体目标的同时，努力实现个人自我价值、增进事业成就感，形成具有价值链衔接关系的人才梯队结构，达到最大效益的"双赢"。应摒弃"一刀切""大锅饭"的"平均主义"分配模式，坚持从利于系统合力提升和鼓励创新发展出发，坚持重业绩、重贡献、重能力的个人分配原则，探索按劳分配与按生产要素分配相结合的分配制度，定期对人才掌握的知识技能和业绩成果及团队协作绩效进行考核评价和反馈，制定精细化的反映人才个体参与团体协作贡献度的分配制度，将职务晋升、职级待遇与完成集体任务的带头作用、团体协作、形成合力等贡献程度紧密相连，同时与个体知识、技术、管理等要素的贡献程度紧密相连，积极探索体现团队贡献、创新成果、管理业绩及其他知识资本参与价值分配的有效方法和形式。应探索从工资待遇相对固定逐级提高向工资待遇根据业绩贡献可相应浮动的价值分配方向转变，设置梯度工资奖励竞争机制，对技术含金量较低的重复性劳动给予基本的福利待遇保障，重点加强对高技术高智能创造活动的物质和资金投入与奖励，还可以探索从单一的逐级晋升制向晋升制与聘任制

① 习近平：《决胜全面建成小康社会 夺取新时代中国特色社会主义伟大胜利——在中国共产党第十九次全国代表大会上的报告》，人民出版社，2017，第39~40页。

兼容的方向转变，真正实现按劳动成果分配、按知识技术分配、按创新风险分配相结合的人才价值分配机制，使一流的人才和一流的业绩得到与之相称的一流回报。应创新以生活史为重点的人才荣誉授予体系，以人才生活史而不仅是工作履历作为价值分配的评价标准，即以人才一生的学习培训、从事工作、家庭生活等社会、家庭、个人"三位一体"的全部个体生长与发展的环境和过程，抓住"创造代价"与"创新失败"的动态平衡这个生活史核心，对人才的能力大小、发展速率、机会成本等生长发展和创造活动进行综合测定。应重视人才的创造成果，更注重人才创造过程中的消耗成本，特别是一定时空范围内分配给人才发展和创造的可利用资源的比例，掌握每一名人才的"生长分配"和"创造分配"情况，检测可用资源和实际创造在生命周期不同阶段、不同结构之间的分配状况，使生态系统分配资源过程中保持动态平衡。

三　搭建竞争协作和谐融洽的人才生态网平台

人才生态系统应积极搭建各类人才之间集聚、人才与非人才之间搭配的人才生态网平台，通过"为他们实现人生出彩搭建舞台"[①]，加强他们之间的相互联系和交互作用，进一步提高生态系统的人才凝聚力和人际和谐度。

（一）建造互动协同团体创新的人才集聚网络

人才生态网络形成的关键条件是人才之间的集聚。人才集聚是一个根据专业化层级分工与团队化协作、不同专业类型的人才群体共生互补、有机融合的生态化过程，能够产生一系列引力场效应、联动效应、群体效应等集聚效应。人才生态系统应建立一个内部竞争协作、注重团队创新的人才集聚网络，不断增强生态系统的吸引力、凝聚力和竞争力。

1. 建构互动流通的人才集聚平台

人才学规律表明，一定规模数量和不同层次的人才群体集聚在一起工

———————

① 习近平：《决胜全面建成小康社会 夺取新时代中国特色社会主义伟大胜利——在中国共产党第十九次全国代表大会上的报告》，人民出版社，2017，第70页。

作，就极容易产生人才共生集聚效应。人才生态系统优化，应构建人才吸引集聚与交流合作的良好平台和集聚高地，吸引到更多的高素质人才集聚与辐射、分工与合作，既加大高端高层次人才的引进和培养，又注重较低层次人才的带教、协调与搭配，通过不同层次人才之间有机连接、激活适应、共生发展，加强人才互动交流的智慧积聚，丰富人才网络节点，引导人才资源由个体吸引向种核集聚、群体集聚向系统融合的趋势发展，实现创新人才集聚辐射的规模效应，形成吸引大批"凤凰"集聚扎根的"梧桐树效应"。应树立"种核人才"与"基础人才"相匹配的人才配置使用观，加强高端核心人才和其他相关人才的引进与配置，增强不同层级和不同专长人才之间的密切联系与自主协作，建立重大决策"智囊团"和重大项目攻关团队，有条件的单位还可以成立重大科研项目实验室，形成以高端核心人才为种核、聚集其他各层各类衍生人才的合作团队，产生人才互补、先行发展的巨大优势，形成"中心开花，辐射四周"的种核效应和规模效应。应借鉴运用人力资源管理的权变理论，建立生态系统内上下互动、左右互融的人才网络化管理模式，加强管理者、被管理者和情景条件三者之间的互动协同，将人权、事权、财权相互分离，学会合理下放权力和分配各类资源，形成不同层级合理的梯次人才队伍，实现人才管理从多等级体制的整体组合形式向网络化体制的系统融合形式转变，积极营造人岗匹配、人事匹配的生动局面。可以设立由种核人才领军的人才合作团队，建立人才联席会议制度，为人才的强强联手提供学习交流平台，定期安排不同专业及岗位的人才就某项攻关课题进行集体讨论和思想交流，增强人才在群体边缘找寻新栖息地的扩张张力，强化团队合作的凝聚力和吸引力，形成较强的岗位吸引力和辐射力，吸引和汇聚更多的优秀人才群体加入，把人才群体的智能汇聚起来，使优秀人才不断聚集、形成梯次结构，提高可持续发展的核心竞争力，提高人才资源的利用效率。

2. 构筑竞争协同的人才合作平台

系统论认为，竞争与协同是决定系统命运、担负系统优化任务的根本动力。竞争择优是体现市场经济公平竞争要求的具体体现，是解决领导干部能上能下、合理流动问题的有效途径，也是促进优秀人才不断涌现的重要保证。[1] 人才生态系统优化是一个以竞争与协同为基础、各要素资源有效配置与整合的过程，其发展进程取决于协同与竞争作用博弈的动态平衡，加强各类人才的竞争与协同，能够推进人才供求机制、竞争机制和匹配机制的作用发挥，实现"好钢用在刀刃上"的人才优化配置和"能者上、庸者下"的合理流动，达到不同能级人才的最佳匹配和各类资源的合理配置，实现人才资源的聚合效应和洼地效应。人才生态系统优化，应建立多样化的人才合作平台，完善人才群体之间的竞争与协同机制，增强不同人才之间互利共生的协同关系，建立适度竞争、优胜劣汰的竞争关系，实现人才之间的明确分工、优势互补、有序竞争、共同发展，增强人才创新活力。应采取多种合作模式鼓励各类人才之间进行精诚合作、项目攻关，形成密切协同、互利共赢的合作关系，同时允许并鼓励具有竞争关系的人才进行适度的公平竞争，加强人才合作的管理，根据不同人才的功能性质和结构形态以及人才之间的相互依赖程度，区分不同生态位功能的主次关系和紧密层次，采用不同层次的联系沟通与团体协同策略，使各类人才之间能够各司其职、有序竞争和分工协同，提高人才合作的整体竞争力。还可以运用演化博弈理论及模型，研究人才之间协同竞争行为的演化稳定策略（ESS）问题，以加大人才之间的合作力度为主，研究分析系统内的种群对抗竞争与合作竞争行为，[2] 分析人才协同进化的主要影响因素，得出合理的合作与竞争的博弈策略，确定何时选择合作、何时选择竞争以及如何合作、如何竞争，[3] 并根据外部环境变化动态调整人才协同与竞争的相互联系和相互转化，通过复制协同竞争机制开展竞争性协同，互相学习和模仿对方的优势策略，并根据学习效率和获得收益不断调整和选择有利于自身的最佳策略，达到协同与竞争博弈的动态均衡，保证共同实现系统整体目标与人才个体目标。应注重研究人才在协同与竞争过程中的主从协同问题，合理编配不同层次的人才结构，使人才根据生态位和所得收益选择不同的博弈策略，不同人才个体之间通过复制动态机制开展竞争与协

① 中共中央组织部党建研究所课题组编著《中国特色干部选拔任用制度改革拓展研究》，党建读物出版社，2011，第 456 页。
② 郭志达：《生态工业系统的演化规律及其运行机制》，经济管理出版社，2015，第 14 页。
③ 李勇、陈旭东：《基于博弈论的合作竞争战略》，《中国软科学》2001 年第 9 期。

同的动态博弈，通过学习、模仿和试错选择合适而非最优的行为策略。

3. 建立团体协作的人才创新平台

创新是有生命力的，创新的"种子"需要有一定创新条件和环境才会"发芽—开花—结果"。人才生态系统优化，应打破各单位和部门的壁垒，模糊化人才归属的边界，按照支撑创新的经济条件、人才条件、文化条件、制度条件、舆论条件的五要素模型，从创新人才资源池、创新设施持续投资、鼓励创新环境等方面构建团队创新网络平台，重视和鼓励观念创新、技术创新、制度创新、管理创新等重要促进因素，有效利用集群智能达成全局性行动秩序，积极为生态系统的创新与发展创造必要条件和坚实基础，实现网络加积作用和边界放大作用。应构建具有"可持续、包容性、智慧型增长"功能的人才创新生态网络，建立以创新型人才、知识共享平台、生态云平台为核心的创新平台，建立多层次的高素质人才梯队，形成以知识协同机制、组织协调机制、空间协同机制、制度保障机制为主的创新团队的自组织机制，按照团队优先、重点扶持、有序竞争的原则，采取多层面交流互动、多岗位实践锻炼、多实战平台磨砺等办法，提高人才群体结构的合理编配和动态平衡，努力造就一大批结构合理、功能耦合、优势互补、系统集成的金字塔结构创新团队，积极打造"知识—组织—制度—空间"四维协同①的创新型生态系统框架（如图 5-2 所示）。应通过知识共享、岗位流动、协同攻关等方式，着力打造推动技术服务和成果转化的人才"智慧圈"，打造开放的项目合作平台，通过合作研究、在线研讨会、工作坊、网络竞赛、"小组比赛"等开放互动活动来触发合作和创意，建立统一的创新成果孵化平台，可以学习借鉴维基百科、百度学术等知识积累和成果展示模式，成立专门的创新成果评审机构，把创新成果上报发布到某一固定保密机构，构建统一的科研成果信息资料储存库，建立可以实时检索、资源共享的"创新成果池"，完善密级审定、权限限定的层级权限访问程序，允许不同层级的人才凭密钥访问特定的创新资料并存储自身研究成果，使不同层次的创新成果大量累积，产生交叉创

---

① 王海花等：《创新生态系统视角下我国实施创新驱动发展战略的"四维"协同框架》，《科技进步与对策》2014 年第 17 期。

新和聚合放大效应，发挥孵化平台推动创新成果转化为现实战斗力的"转化器"作用。应以建设创新型平台为根本目标，改变以往以资助科研课题或项目攻关为主的科研资助体系，建立以人才创新资助为主导的人才发展计划和科研资助体系，可以学习借鉴"创新人才推进计划""创新团队发展计划"等国家级人才发展计划，在我国已有人才培养计划的基础上，建立一套以人为本、鼓励创新的中长期人才培养创新扶持计划，明确针对"非常识"创新的人才创新资助方式，可以借鉴国内外著名研究所对科研人才的遴选办法，制定完善能够遴选出有创新潜力的人才筛选标准和流程，重点扶持已取得一定成果的青年人才签订利益共享和风险共担的人才创新资助协议，给予较长时期（一般为三年到五年）的稳定资金、资源配置和政策支持，引导和鼓励他们多开展原创性、前沿性的基础应用研究。应充分尊重人才的创造价值，加强对科研成果的保护力度，制定完善人才资本和知识产权保护的法律制度，建立对浪费人才资本和侵占产权行为的责任追究机制，善于运用法律制度这一利器进行"正当防卫"，坚决捍卫创新人才的劳动成果和合法权益，创造一个"鼓励创新、容忍失败"的宽松创新氛围，积极鼓励并创造条件推动人才自主创新。

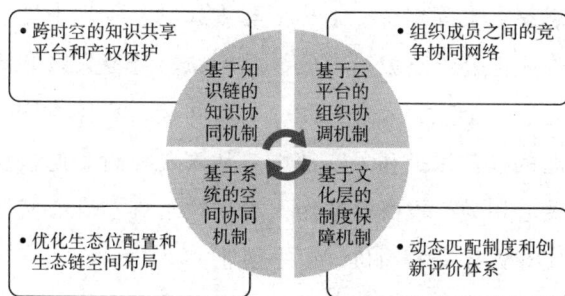

图 5-2　人才创新生态系统框架

（二）建造充满真情和谐融洽的人际关系网络

美国梅奥教授在多年的"霍桑试验"中得出结论：调动人的积极性、创造性的最重要因素是良好的人际关系，而经济待遇等物质刺激只具有次要意义。可见，良好有序的人际关系是联系各类人才的精神情感纽带，对系统诸要素的相互关联和集聚融合都具有十分重要的作用。人才生态系统应建立加强人与人之间情感连接、信息互通互动的人际关系网络，增进知识和信息交流、情感沟通、物质帮助支持，使外部输入的能流和信息内化为系统的巨大凝聚力和战斗力。

1. 筑牢团结平等充满真情的上下级人际关系

情感也是一种能量，能够产生能量流。分析中国历史上以少胜多、以弱胜强，以及中国共产党领导的人民军队在艰苦卓绝的战争环境下实行"三大民主"后受挫而不垮不散的原因，除了党的绝对领导和党员的信仰作用之外，也有战友情谊、生死与共的巨大情感力量支撑。人才生态系统优化，应高度重视人际关系网络的构筑，特别是上下级之间、同级之间人才群体的情感沟通与交流，应加强革命传统教育，弘扬党的优良传统，引导领导干部和高层次人才树牢人民至上、上下平等、诚信友爱的高尚情操，广泛依靠群众，密切联系群众，畅通纯洁干净的情感沟通交流渠道，严格落实"五同"制度，多主动深入一线走访慰问，与所属人才多接触常沟通，给予充分的尊重和关怀，加深无私纯洁、亲如兄弟的同志情，努力营造不求全责备、不嫉贤妒能、不文人相轻的关系和谐、氛围融洽的人际环境，以自己的人格魅力而不是权力地位感化人、影响人、凝聚人。应真心对下属做到思想上平等相待、工作上尊重鼓励、管理上宽严相济、生活上互帮互助、作风上公道正派，形成鼓励创新、宽容失败和团结协同的创新协作精神，营造一个充满人文关爱、团结和谐的集体氛围。应加强对所属人才及其家庭的权益保护和关心照顾，从衣食住行、配偶就业、子女入学等细微之处关心用力，设身处地为人才排忧解难，真心实意为人才解除后顾之忧，切实让人才安心岗位、放手创业。

2. 巩固互帮互助和谐融洽的同事间人际关系

"小世界模型"认为，我们的世界很大，但人际关系的间隔点却非常少，人际关系网络中的任意一个人若要认识或寻找另一个人，平均只需要不到六个节点就可以找到，这就是著名的"六度分隔理论"。而且统计表明，与人的事业和工作最为密切和作用最大的关系，并不是亲情等亲近关系的强关系，而往往是友情等一般关系的弱关系。人才生态系统优化，应十分重视不同人才之间的人际关系问题，反对搞"小山头"、亲近远疏、厚此薄彼等无序的人际关系，跳出"小圈子""身边人"的关系局限，从改善人才之间及非人才之间、本单位与兄弟单位之间的关系着手，把人际关系从"人人为我"的私利关系变成"我为人人"的公利关系，共筑一种相互尊重、相互信任、相互关爱、相互合作的人际关系网络，通过畅通信息流、情感流的流通渠道，构筑有序的同事间人际关系，产生意志坚定、思想共融、情感共鸣的情感流，形成吸引人、感化人、留住心的强大"电磁场"和"感应场"，增强人的安全感、幸福感、认同感和归属感，激发人的自主能动性和创造活力，最终实现自我创造和自我价值。同样，人才生态系统优化不仅要重视同代人才之间的横向关系，更应重视代际人才之间的纵向关系，按照科学发展观的可持续发展理论进行政策制定和科学决策，坚决做到在不损害后代人才健康发展的环境条件下追求本代人才的创造力和获取收益，最终实现不同时代的人才与人才之间的代际公平和人才与环境之间的和谐共处，确保"江山代有才人出"的可持续发展。

第六章 人才生态系统的系统合力提升

人才生态系统以强化生态系统整体功能、实现人才强国战略为目标，可以把这一系统看成一个诸要素与生态环境相互作用和自组织演化的过程，使生态系统内产生的熵增值减少，努力实现生态系统的整体合力又好又快生成，最终塑造发挥最佳系统合力的战略态势。

一 着力增强生态系统的能流通畅和势能转化

人才生态系统应积极推动系统内外的能流畅通和势能转化，增加人才主体、其他诸要素与生态环境之间的流动流通和能流交换的多样化路径，形成全方位开放的系统合力生成新格局，使生态系统更好地制定相应的竞争优势策略。

（一）顺畅信息传导和信道流通的人才生态信息链

生命就是信息。[①] 在人才生态系统中无论是人才主体还是生态网络都包含海量信息，构成了一条知识传导、信息流动的人才生态信息链条。人才生态系统应建立以人才为节点的人才生态信息链，采用结构功效分析法、关键因子分析法、鱼骨图分析法等方法进行结构分析，根据人才生态信息链优化目标要求对人才的信息素质、人才之间的连接信道、人才知识的系统循环三个方面进行功能优化，提高获取信息的质量，增强信息的交流共享，降低信息的不确定性，达到减少系统熵值、增强系统内部有序稳

---

① 〔丹〕约恩森：《系统生态学导论》，陆健健译，高等教育出版社，2013，第226页。

定的目的。

1. 提升现有人才的信息素养

大数据时代的信息量往往呈指数级增长，人才需要提升自身素质，善于收集和传递有意义的信息，特别是在未来可能发挥价值、可预测的信息，必须尽量舍弃过去的无用信息，只保留可用于分析和预测的信息，最终明确事物的确定性且减少事物的不确定性。人才生态系统应以信息传递能力和职业声誉两个方面为主要内容，采取多项举措加强人才对信息知识和技能的学习，了解掌握整个信息体系的产生、获取、传递、处理、反馈、再生等传递过程和信息流转周期，通过信息采集生成和利用来节约资源，全面提高人才的信息素养。具体来说，对于人才生态链中信息传递能力较强、职业信誉良好的优质人才，多采用典型宣传、显性激励、提供优越"小生境"等方式来吸引和发挥其优势和作用，并提高其对人才生态链的依赖度和忠诚度。对于信息传递能力一般而职业信誉一般的普通人才，可以建立链内各节点素质的业绩考核评估系统，完善考核发现机制，通过提高业绩标准、制定明确目标、采取条件限制等激励措施来督促未达标节点提高自身能力。对于人才信息链中信息传递能力较差而局部声誉尚可的各类人才，应采用差异性的教学和管理方式来提高其基本素质，使其掌握信息化武器的知识和技能。对于信息传递能力较差且职业信誉也差的非人才，可通过先进帮带后进的师徒制带教办法提高其信息素养。而极少数不求上进、不思进取的，可以制定完善自组织作用的末位淘汰机制，自动将其清除出人才生态链。

2. 扩展人才之间的连接信道

信道作为系统获取可靠信息的有效载体，对系统熵值的影响很大。只有畅通和扩大信道，确保信息上传下达渠道的通畅和传递及时准确，才有可能减少节点、降低信噪，使系统在复杂多变的外部环境里更好地获取高质量的信息，降低信息量，降低系统内产生的熵增值。人才生态系统应遵循信息传输定理和信源—信道隔离定理，根据人才信息生态链的发展目标和人才节点的素质层次，来合理确定各类节点的位置分布和上下游功能节点的性质及数量，实现不同类型人才节点的最佳连接组合。重视信息化平台建设，根据人才信息生态链的功能和效益来确定生态链的长度和宽度，尽量选择多样性和多重化的目标管理和契约协议等现代连接组合方式，测定不同功能节点的种类和相同功能节点的数量，以提高信息传递效率为目标，动态调整中间节点的数量，合理缩短或延长生态链的长度，深入挖掘已有信息化设备的信息传递互动、整合处理的功能，扩展双向度、互动性的信息传递渠道，进行实时互动、多向交叉的网络信息传递，加强与外界环境的信息互通互动，实现各要素的互联互通、系统集成、效能跃升。建立完善反映人才的引进、培养、使用、退出等生态信息的连续链条，尝试运用大数据技术采集分析训练信息进行预测评估，形成反映人才职业生涯全程的涵盖任职履历、考核业绩、资格鉴定、任务情况、专家评价等的个人信息电子档案，增强训练的信息化、科学化和人才资源管理的连续性。

3. **实现人才知识的系统循环**

知识信息能够被长久保存和随时利用，可以通过复制已有知识和成功信息来扩增生态系统的信息量。我们常说"知识就是力量"，就是指知识可以通过迭代积累和相互传授武装人的头脑，用知识武装自己的人们联合起来，运用所学知识可以形成创新改造世界的磅礴力量。人才的学习复制与知识传导是一个循序渐进、系统循环的过程：从系统外引进人才或非人才，并从外部生态环境引入人才所需能流，通过岗位学习和岗前培训吸收掌握一定的专业知识与技能而成为具有一定任职能力的人才，然后被系统所安置使用、消耗知识价值并向生态系统输出其创造的新的知识和技能，又通过晋升、迁移等岗位流动和再培训、再创造等知识转化，生成更高层次的知识价值和技能，直到退出人才生态系统，完成了一个循序渐进、持续循环、螺旋上升的动态发展过程。人才生态系统优化应着眼加快信息在各体系、单元、要素的有序流动，畅通网络信息流通的各种渠道，规划设计信息流动和信息共享的最佳路径，明确信息共享和运用的权限层次和程度，为系统提供更多更快的信息闭环。应该加强不同层次人才群体的信息传承、信息创造、信息流失及信息激活，通过对新进人才的知识传授和技能传承，以及多样化的异质知识在不同人才之间互动交流形成新的知识流，共同完成知识复制、信息传递的生态循环过程和生命周期，努力实现人才知识信息的积累与迭代，产生系统的信息竞争优势。

（二）畅通能流转化和要素融合的人才能量增值渠道

美国生态学家 R. L. 林德曼提出了"林德曼定律"，即生态系统中的能量流动不可逆，在流动中逐级递减，一般的传递率为 10%～20%。也就是说，在一定的环境条件下，生态系统可对外做功的能量必然会发生损失而转化为不做功的热能耗散掉，导致系统自由能减少、熵值增加。人才生态系统优化也应重视这一自然规律，着力增强生态系统内外的物质能流和信息流的渠道畅通传输循环，并减少对各类资源的利用损耗，实现以消耗最少资源获取最大系统收益。

1. 重视人才内在能流的增值积蓄

人才的能流流动和知识技术的跨界融合已经成为新时代发展的必然趋势。美国学者莱尔·斯潘塞和塞尼·斯潘塞改进了心理学家戴维·麦克利兰的人员个体素质的冰山模型，认为"冰山以上部分"包括基本知识和基本技能等基准的外显部分素质，较容易通过学习和培训习得和改变，而"冰山以下部分"包括社会角色（角色定位）、自我概念（价值观、态度及自我认知）、个性品质（特质）、社会动机等鉴别性的内隐部分素质，需经过长期学习教育、环境熏陶和经历磨砺才能逐步稳定成型，对人的行为具有决定性的支配作用。人才的外在能流是知识流和技能流，而具有支配作用的则是理想信念、角色定位、个性品质、情感意志、服役动机等内在能流。人才生态系统优化，应重视人才内在能流的流动增值，遵循人才内在能流的生命周期规律，重点加强人才的培养、维护和激励，并重视投入与产出的效益比，为生态系统提供高素质、高质量的"第一资源"，使人才得到专业知识、技能和人格精神的提升，实现"知识的再生产"和"人才的再生产"，积极推动生态系统内职责权力、各类资源、情感关怀等物质资源和精神能量的转化，引导人才在传授获得或影响传递的理想信念、情感意志、知识和技能等能量后，将思想、意志、知识和能力运用到工作岗位或担负任务之中，并通过实践锻炼获得以前所不具备的新思想、新知识、新技能等更高的能量，实现人才内在能流的增值，形成更强大的生产力和创造力，使人才的能量值级上升到一个新的台阶、跨入一个新的平台。

2. 推动人机融合平台的能流转化

随着以人工智能为代表的新一轮科技革命和产业变革深入发展，提高人才与人工智能有机融合的高度科技化智能化水平，成了提升新质生产力的主要方法路径，这也对人才的信息素养提出了新的更高要求。人才生态系统优化，应以新质生产力为引领推进高质量发展并以中国式现代化建设的高标准严要求提高生态系统的信息化智能化水平，坚持人机融合、能力为先的原则，增强人才主体的信息素质和生产工具设备的智能化程度，进而促进生态系统内诸要素与生态环境的有机融合、系统集成。应构建人才与人工智能有机融合的网络化平台，实现更大范围区域之间的资源互补和利益共享，促使各类资源使用效能的最大化，最终形成稳定有序的一体化生产网络体系。应增强生态环境的异质性和自治性，维护和稳定人才主体与生态环境之间的相互关系和作用，以人才智能资源为核心竞争力加强对生态系统结构和功能的调整优化，促进各类人才之间相互信任、和谐共存，加强异质人才与智能化生产工具的最佳编配，使以高素质人才为关键的生态系统内诸要素与生态环境之间相互耦合和交互嵌入，实现生态系统整体互利共生的整体效应和"溢出"涌现，最终实现以最小化投入产生最大化系统合力。

3. 构建资源共享共用的联合保障

人才生态系统优化，应建好有利于人才物资、信息、能量流动的人际关系网络，实现人才之间的相互信任和共生共荣，加快知识、技能、情感、共识等能流转化，使不同专业性强的人才群体能够同心协力、群体协作、联合攻关，增强人才资源整体的生命活力。应改变单一化的人才所属单位部门筹集资金购买生产工具和仅供本单位部门人才使用的生产保障方式，按照信息主导、体系建设、自主创新、集约高效的原则，加快构建利用已有国家和社会资源信息有偿共享、物资有偿共用的一体化联合攻关和保障体系。可以积极申请使用国家实验室和重点科研院所的科研设备，也可以与高校、科研院所、高科技公司等企事业单位联合建立产学研一体化联盟，还可以建立物资供应流通中心和一体化物流网络，借鉴国内物流公司的先进技术和运行模式，或者与国内有资质的物流公司签订协议，将一些非保密性的物资、设备依托驻地物流公司运输和供应，安装实时掌控物资采购供应、设备配置维护等资源信息的监控软件，并运用无线射频识别技术（RFID）对设备物资保障情况进行实时监控，确保生态系统的物质流、能量流和信息流最大限度地转化为实实在在的新质生产力。

（三）构筑互联互通系统集成的网络信息体系

人才生态系统应加强基于网络信息体系的人才群体力量综合集成，构建不同地域、不同层级的要素、单元和生态系统的网络化关联，实现从纵向上把小系统按照自组织结构集成为大系统，从横向上把分系统按照标准化接口集成为全系统，逐步集成为无缝衔接、有机融合、功能完备的复杂网络体系结构。

1. 建成信息主导体系建设的信息融合平台

信息化智能化时代，信息这一关键资源已经成为维系人才生态系统生机活力的"血液"，一旦被人才所掌握和利用并发挥出互联网的非线性放大效应，就会把人才群体的凝聚力和创造力转化成强大生产力和向心力。可以说，未来国家实力竞争中起决定性作用的是"信息流"主导下的"物质流"和"能量流"的比拼，谁掌握了各类信息的流向、流量和流速，谁就掌握了发展主导权。人才生态系统优化，应加强战略导向的体系化基础研究、前沿导向的探索性基础研究、市场导向的应用性基础研究，重视把大数据、云计算、人工智能等高新科技成果运用到网络信息体系建设之中，并把网络信息体系建设纳入人才队伍建设之中，以全域覆盖的信息网络为支撑，构建网格化、分布式、智能化的网络信息融合平台，努力实现各类人才群体的资源共享、无缝衔接和集聚融合，发挥网络信息体系对系统合力的"黏结剂"和"倍增器"作用。可以采取由上而下规划与由下而上整合的有机结合的办法，在现有网络信息平台的基础上，通过集中统筹设计、分类协议组网、多方协调融合的组合形式，逐层整合和联通已建骨干网络、局域网、信息终端等信息基础设施，建成满足融合信息化力量、要素、信息的网络信息融合平台，逐步建立起互联互通、实时交互、自主协同的网络信息系统，从而实现不同生态系统分散力量的通联聚合和功能的耦合集成。

2. 建成信息互联链接聚合的信息处理平台

人才生态系统优化，应重点研发和应用数据链技术，运用华为鸿蒙系统等"物联网"平台，打通从各类人才、科研生产工具等信息收集设备到数据分析，再到集体决策，最终到单元的双向度信息传递路径，建成全员全域覆盖的产学研一体化数据链信息平台，建立各类人才与信息平台的网络式链接以及人才与科研生产工具的自动铰链。有条件的可以建成集系统信息收集、分发、决策、执行于一体的"云"系统，建设接口对接、信息互融的体系信息数据库，建成自主化、智能化的信息收集、分析、分发的完整链条，充分运用大数据技术对巨量信息进行数据分析，发现和挖掘系统内诸要素的相互关系，从而发现系统优化的规律趋势和改进策略，使信息传递优势转化为信息决策的增值优势，增强信息共享支持下生态系统优化的信息先觉和共同认知，打造人机融合、聚力合成的生态系统功能，通过信息网络的加积优势获得更高的可用功，促进生态系统向系统合力跃升的方向发展。应改变以往单线联系、逐级传递、层层传达的信息传递模式，建立一套多网络中心、多向度传导的目标任务执行系统，架构纵横交叉、不易断裂的"网格化"信息网络结构，建立多渠道、自动化的信息交流共享平台，对筛选的重要信息进行及时传导和反馈沟通，以便在迅速变化的生态环境中把握主动权。应重点推动离散"信息孤岛"的网络式链接聚合，完善信息共建、信息共享、信息共用的制度机制，使各生态系统之间物质、能量、信息快速流通和各要素、单元通联聚合，抓住物质流、能量流、信息流的流通关系的关键环节和关键节点，重点关注信息的积累和运用，善于从大数据中分析和挖掘有用信息，实现信息处理的实时收集、甄别评估、有效筛选、融合分发等功能，形成一定规模的积累效应和放大效应。

3. 建成多维感知系统决策的信息决策平台

随着以"有人—无人"平台为主的新型系统越来越展现出人机交互的特性，在很大程度上增加了信息决策的复杂性和准确性，传统的"博依德循环理论"（OODA）因缺乏必要的感知同步性和决策自主性，已经较难适应工作节奏快、产业转型快的社会生产需要。"一条单一的建议对于作出决定的过程，远远比不上给出一系列的可行方案及相应的预期结果有用"①。人才生态系统优化，应秉持"差距就是安全风险"的忧患意识，树立以信息系统决策为基础的决策理念，增强信息收集和信息决策意识，建立专业的方向研究机构或团体，搞好长期的基础性研究，建立完善具有多维感知和系统决策功能的信息决策系统，注重通过主要态势感知获得动态局部信息优势和认知优势，实现各要素、单元、系统等不同层级的互联互通和实时态势感知，努力实现从数据辅助决策到信息系统决策的改变，通过快速信息决策和协同不同力量形成区域优势，进而获得不同生态系统的比较优势。应积极推进实施人工智能和机器学习开发战略，形成具有海量信息的处理、人机结合信息分析、自适应和进化能力的开放性框架结构，开发基于云技术的一体化办公信息软件，发挥"生态云"的"库存量"和"蓄水池"作用，把相关工作信息统一积累储存在"云端"，分配各类人才提取修改权限，促进各类信息的资源共享和互动交流。应推进"人才资源信息数据库"建设，推进各地区网络信息体系建设朝信息互动、融合共建的方向转变，建立健全"不求所有、但求所用"的"思想库"和"智囊团"，建立健全决策咨询制度，完善信息和智力支持系统，建立大数据信息处理系统和自动辅助决策支持系统，推动各项决策科学化、系统化、智能化，进而促进生态系统整体产生强大的"聚合效应"。

二 积极实现生态系统的系统融合和功能涌现

人才生态系统应树立系统观念，通过采取提升生态系统整体的开放性、资源的共享性、信息的有用性和网络的复杂性等优化措施，强化各类人才资源的无缝衔接、各个单元集成模块的整体融合，推动各类人才资源在网络信息系统非线性功能放大，进而迸发出"1+1>2"的系统功能涌现效应，实现生态系统整体效能的数量级甚或指数级提升。

---

① 〔英〕贝根等：《生态学——从个体到生态系统》（第4版），李博等主译，高等教育出版社，2016，第437页。

（一）建立开放有序、互动流通的自主性开放系统

习近平总书记始终强调深化改革开放的重要性，指出"坚定不移扩大开放，着力破解深层次体制机制障碍，不断彰显中国特色社会主义制度优势，不断增强社会主义现代化建设的动力和活力"[①]。人才生态系统应树立开放意识，加强系统内诸要素与生态环境之间的物质交换、能流流动和信息共享，提高系统的自主开放性，从系统外部环境源源不断地引进大量的负熵，使系统能够适应外部环境变化并不断增强自身的生机活力。

1. 加强思维理念的自主开放

开放首先是解放思想、开放思想，实现从封闭式经验思维到开放式生态思维的转变。人才生态系统优化，应打破眼睛向内、自我封闭的思想桎梏，进行多渠道、多领域、多方位的开放，强化把握大局、服务中心、奉献社会的意识，坚持眼光向外、紧盯目标，坚持与国家融合、与国际接轨，根据当前局势、使命任务、环境条件的变化及时调整战略目标。运用系统开放思维敞开"思维大门"，创造人才思想连接的桥梁、平台、载体，建设人才聚集的"咖啡屋"，实现技术与知识的信息交会对接和人才之间的知识情感交流。应着眼于人才决策的动态优化而非最大化，建立基于影响、效力和效率的决策框架，明确区分人才建设的关键性决策和重要性决策，注重边际价值而非平均价值，坚持运用绩效收益率曲线提高工作绩效和收益、平衡风险和回报，利用人才资源库的绩效收益率曲线，制定系统化的人才竞争战略决策。

2. 加强培育途径的自主开放

人才生态系统优化，应坚持开放培训、开放育人的理念，把人才培育融入中国式现代化建设大局之中，"坚持为党育人、为国育才，全面提高人才自主培养质量"[②]，按照资源共享、优势互补、协同发展的理念，全面

---

① 习近平：《高举中国特色社会主义伟大旗帜 为全面建设社会主义现代化国家而团结奋斗——在中国共产党第二十次全国代表大会上的报告》，人民出版社，2022，第27页。

② 习近平：《高举中国特色社会主义伟大旗帜 为全面建设社会主义现代化国家而团结奋斗——在中国共产党第二十次全国代表大会上的报告》，人民出版社，2022，第33~34页。

统筹安排各类培训资源，实现各类人才的全员、全方位参与，建成开放型融合式人才培养途径，构筑一成俱成、一毁俱毁的命运共同体。应实现专题培训与继续教育并举、院校教学与科研攻关衔接、国内培育与国外深造结合的人才培养体系，进一步扩大各地域各领域之间在人才培养、评价、使用等方面的密切合作与资源共享，建成"区域融合、资源共享"的集约高效型综合保障体系，实现资源互助、平台互用、技术共享、开放多元的能力生成新模式。加大从企事业单位特别是科研院所优先选聘"智囊团"的政策扶持力度，建立双向流动、能进能出的能力融合式培训体系，形成政府部门与企事业单位互教互训、提供咨询服务的学习交流机制，加快懂政策、懂专业的复合型高素质人才的培养和储备。以构建人类命运共同体的视野和胸怀加强国际合作与交流，拓宽国际化、一体化的人才联合培养的国际化渠道，通过与世界各国人员互访、互学交流、信息互通等方式，构建互交互容的对外交流平台，积极加强与世界性组织和科研机构的合作，面向世界培养世界一流的人才。

3. 加强区域融合的自主开放

人才生态系统优化，应注重加强区域融合思想认知，充分借助国民教育的主渠道，加强与各高校和专业培训机构的联系与合作，积极选派有发展潜力的优秀人才在职或脱岗求学，创建人才"孵化器"机构进行前置选聘培养，预培有专业资质的人才"苗子"，进一步缩短能力生成的培训周期。应采取"走出去、请进来"的区域融合、共享共建策略，构建人才与其他区域人才的融合沟通的良好交流平台，加强各地人才互动与信息交流，不断推动人才之间的良性互动。可以建立异地人才互动开发的政府保障机构和中介机构，建成各地人才互动开发信息发布平台，吸纳相关部门和单位的各类优秀人才参与，形成纵横相连、上下贯通的人才互动网络。

（二）发挥竞合共生系统融合的非线性作用

人才生态系统需要培养建立非累加特征的非线性思维，认识到"不能把隔绝的部分的行为加总成为整体，必须考虑各从属系统和主导系统之间的关系才能了解各部分的行为"①，科学编配不同层级的人才资源，合理分配优化物质资源和信息资源，着力增强竞争与协同非线性关系和放大作用，努力增强生态系统内诸要素的耦合与互融，最终实现整体功能的非线性增值。

1. 增强有序竞争的作用

远离平衡态是一切生命系统的有序之源，是生命系统充满生机和活力的关键。对于人才、工作职位、资金物资等各领域都十分有限的人才生态系统来说，有序的竞争可以带来人才的思想激荡和工作干劲，可以推进生态系统创新活力的迸发。由于评功评奖、比武竞赛、绩效管理等传统措施递减效应明显，长期使用会使激励作用越来越弱，达不到推动系统远离平衡态的效果。人才生态系统优化，应通过一定的有序竞争发挥优胜劣汰的竞争筛选作用，使人才群体在优胜劣汰中不断发展、不断壮大②，推动生态系统跃迁至远离平衡态。应制定灵活多样的扶持政策，鼓励人才进行公平公正公开的有序竞争，建立和完善制度选人的"赛场选马"机制，公开任职岗位的选拔标准、范围、程序，实行竞争择优上岗和任前公示制度，实现竞争性选用人才，可以尝试建立内部的经费资金、保障设备等物质资源竞标配置制度，增强竞争性的资源配置，激活竞争活力和创新动力。应打破"不患寡而患不均"的思想桎梏，增强竞争与合作意识，有效引入市场竞争机制和激励政策，允许人才有序、公平地展开竞争并形成"鲇鱼效应"，必要时也可以借助外部的强制性手段，推动内部高效的优胜劣汰、动态均衡和循环更替，使更有竞争力的人才占据适合的生态位，将生态系统在竞争与协作的相互作用下跃迁至远离平衡态。同时，应根据竞争排斥规律，限制竞争的关系作用发展到竞争排斥的程度，避免发生过度竞争、非有序竞争增加不必要的系统内耗和生态失衡，造成人才群体的拥挤效应。

2. 增强合作协同的作用

人才生态系统的外力驱动主要表现在系统内外存在大量的物质循环、

---

① 〔奥〕贝塔兰菲：《一般系统论》，秋同、袁嘉新译，社会科学文献出版社，1987，第56页。

② 王通讯：《人才学新论》，蓝天出版社，2005，第47页。

能量流动和信息传递，而且离开平衡态越远，趋向于平衡的张力越大，各种运动越剧烈。而内力扰动则主要表现在系统内的关键要素人才之间存在思想、知识、技能等方面的层次差异和水平转化，高层次人才离不开较低层次人才提供的基础能量与营养，低层次人才也需要高层次人才尖端智慧与经验的引导和培养。这就要求人才生态系统内的所有人才必须通过有序地竞争与协作、互动与合作，实现生态系统内物质、能量和信息的流通与吸收，驱使生态系统到达远离平衡态。用系统的观点看，"各部分越以某种方式专门化，它们就越不能替代，这些部分的损失就可能导致整个系统瓦解"①。当前，理论和技术的专业性和互补性越来越强，在不需要内部激烈竞争的领域，人才应更加关注人才群体之间的协同合作，通过高层次的、平等的学习交流和有效互动，达到互相分享个人观点、尊重和参考他人意见、获得思想共识以及明确不同工作的责任分工的目的，实现共同的目标和最佳的配合，获得创造性的成果。人才生态系统优化，应打破各自为政、条块分割的本位主义桎梏，树立分工协作、和谐共生的理念，制定完善人才生态系统协同目标规划，以协同共生作为人才群体共同遵守的准则，对各类资源进行合理编排组合，建立人才互助组织或创新团队，通过联合培训交流、重大任务协作、相互交叉任职等方面的实际举措，增强人才之间的协同效应，增强各部门和各类人才的生态平衡和协同发展，进而有效提升人才群体的系统合力。

3. 增强互通融合的作用

当前，我国的人才竞争呈现"无边界""零距离"的发展趋势。人才生态系统优化，应坚持马克思主义辩证法中普遍联系的观点，把竞合关系看作矛盾的两个方面，重视生态系统的关联性，明白解决矛盾的关键点在于均衡竞争与合作的关系，而不是在合作与竞争两者之间作出选择，② 发挥人才之间的双向或多向的互动影响，通过加强人才之间的竞争协同效应，使任意一个组成部分的变化，引起其他各组分的整体联动、连锁反

① 〔奥〕贝塔兰菲：《一般系统论》，秋同、袁嘉新译，社会科学文献出版社，1987，第58页。
② 戴琳、包先建：《竞争与合作均衡：企业网络联盟中竞合关系协调的关键》，《价值工程》2011年第17期。

应，发挥高层次人才的带动作用。应树立生态系统可以跨越式发展的科学发展观，把个人素质与发展动机融合起来，把个体能力与组织目标融合起来，把组织目标与外界环境融合起来，动态优化单元编配结构和职责定位，以推动各个要素、单元的联通融合与系统集成。

（三）重构多样分层优势互补的复杂性结构

人才生态系统应增强生态系统的多样性和层次性，抓好多样性人才培养开发和多元化灵活组合编配这个关键，进行持续性的、周期循环的培养实施和动态调控，形成具有不同特质的、层次多样的、倒金字塔形人才群体结构，搭建各元素、单元向无缝衔接、有机融合的复杂性网络平台，提高系统的稳定性和抗干扰性，实现生态系统诸要素的高度融合和功能的复杂多样。

1. 加强人才专业化与个性化培养

人才生态系统优化，应基于各行业的专业化特色以及人才的个性化需要研究制订不同专业的人才职业生涯教育培训计划，按照"战略需求—环境营造—教师传授—人才学习"的"大生态链"定位，以充分激发内在学习动力为目标，采取层次性、模块化和个性化的分层分段人才教育培训模式，针对不同层次人才所掌握的知识和技能进行个性化"补课"：对于高层次人才，主要为他们量身打造个性化、补缺性的教育培养方案，更多的是培养理论型专才；对于中初级一般人才，主要为他们定制通识性、基础性的教育培养方案，更多的是培养应用型通才。应建立"师徒互动式""自主选课式"的"生态链"教育培训模式，以知识和技能"学习吸收—转化运用—再培训提高"这个营养链为主线，使各类人才具备"一专多能"素质能力的多元型复合发展，形成"培养—使用—反馈—再培养"的良性生态循环，从而形成一个衔接紧密、功能齐全、集约高效的人才教育培训体系。应进一步完善国民教育体系，建立健全与其他培养机构的师资互聘关系和联教联培机制，整合各类人才教育培训体系，进行深度化融合、体系化塑造，满足人才知识结构和实践经验的多样化需求，增强生态系统层次多样带来的非平衡性。

2. 加强人才层次性与多样性使用

习近平总书记指出："加强人才国际交流，用好用活各类人才。深化人才发展体制机制改革，真心爱才、悉心育才、倾心引才、精心用才，求贤若渴，不拘一格，把各方面优秀人才集聚到党和人民事业中来。"[1] 人才生态系统优化，应当按照维护生态系统多样性和非平衡性的发展原则，区分人才层次合理编配和使用不同专业特长和个性特质的人才群体，形成不同行业和不同层次的人才竞争优势互补的核心竞争力。应建立以重大任务和重大课题为引领、不同专业人才为支撑、各类人才广泛参与的岗位实践体系，在分层分类开展继续教育和定期培训的基础上，注重人才实验、实习、联合攻关的实践环境，不断拓宽人才理论联系实际的知识转化渠道，使人才资源的使用配置向以多样化任务牵引、多样化人才协同并进的方式转变，着力造就大批层级分明、能力多样、储备盈余的拔尖创新人才，使人才队伍在环境剧变和极端情况下能够优势互补、及时递补，进而增强生态系统的自我适应和修复能力。

3. 加强人才异质性与差异化调配

任何生态系统中，具有竞争关系的群落成员间必须保持一定的差异，不能完全同质，这是系统达到均衡的一个必要条件。[2] 组织部门内部人才的同质性越强，越容易导致人才流失；而组织部门间知识的相关性越大，越有利于内部人才流动，可以降低人才流失率。[3] 人才生态系统优化，应改变习惯于使用"圈子人""熟悉人"的认知偏差和用人导向，注重在同一部门或同一任务中尽量选用具有异质性或差异化的人才，并将同质性较强的人才配置到不同的部门和岗位，合理调配不同专业、不同层次、不同年龄等方面的人才梯次结构。同时，应避免知识相关度和资源重叠度过大而造成同质人才之间的过度竞争和"同根相煎"，着力提高各单位或部门之间的人才流动与岗位轮换，采取多专业交流、多岗位磨炼等办法，加强

---

① 习近平：《高举中国特色社会主义伟大旗帜　为全面建设社会主义现代化国家而团结奋斗——在中国共产党第二十次全国代表大会上的报告》，人民出版社，2022，第36页。

② 张国昌、胡赤弟：《区域高等教育生态多样性：内涵与发展策略》，《教育发展研究》2009年第23期。

③ 李纲：《关于知识和人才流失的知识生态模型》，《科技进步与对策》2008年第4期。

各类人才的动态配备，既注重人才年龄结构、任职经历的梯次搭配，又注重改善人才知识结构、专业素质的合理组合，构建多种层次、多种类型的人才生态网络，努力形成层级合理和功能完备的人才金字塔结构，不断增强人才之间的知识技能的学习转移、共享交流、优势互补，为搭配组合和交叉创新提供多样化的平台，进而形成人才群体的群落效应，促进生态系统发挥最大效能。

（四）助推创新驱动动态优化的系统性涌现

人才生态系统应以人才、平台、信息的有机融合和生态系统的自主优化为核心，引导人才认识到变是绝对的、长期的，而不变是相对的、短期的，认识到生态系统动态优化的过程实质上就是一个创新发展的过程，学会以持之以恒的动态优化思维有效应对瞬息万变的生态环境，在坚决听党指挥、服务人民的基础上，始终保持极高的创造热情和创新活力。

1. 重视不确定性因素，推动创新驱动发展

人不会像机器一样机械、精密和准确，人的非理性行为会产生各种不确定性，各种不确定性因素永远存在并对创新具有决定性作用，而创新就存在于混沌与有序的边缘上。人才生态系统优化，应高度重视不确定性因素的影响，引导各类人才准确把握马克思主义辩证法和系统观念的科学内涵，"焕发出更为强烈的历史自觉和主动精神"[①]，把不求改变安于现状的惰性思维转变为适应变化迎接挑战的历史主动精神，把固守经验安全至上的惯性思维转变为突破不确定性的创新思维，按照"完善科技创新体系"和"培育创新文化，弘扬科学家精神"[②] 的指示要求，制定生态系统的创新驱动发展的目标规划，提高自我革命、自主创新的本领，减少不可控的不确定性因素，积蓄突破创新的能量，把握创新的时间节奏，引导生态系统的新质涌现，实现系统合力的动态螺旋式跃升。

---

① 习近平：《高举中国特色社会主义伟大旗帜 为全面建设社会主义现代化国家而团结奋斗——在中国共产党第二十次全国代表大会上的报告》，人民出版社，2022，第15页。

② 习近平：《高举中国特色社会主义伟大旗帜 为全面建设社会主义现代化国家而团结奋斗——在中国共产党第二十次全国代表大会上的报告》，人民出版社，2022，第35页。

2. 培养自主优化思维，形成自主创新意识

有个一般性假说，可用公式表示为：创造力＝知识×心智模式。就是说，过多的知识灌输可能会增加我们的创造力，但若以好奇心和想象力为核心的心智模式减少可能反而会减少我们的创造力。人才生态系统优化，应摆脱经验主义、本本主义的思想桎梏，破除不适应新环境新条件的传统模式和固有思维，树立自组织机制起决定作用的自主优化思维，以新的观念和方式对待各类现象或发现新的问题，寻找内在联系、逻辑规律和解决问题的新方法新路径，从而抓住新的机遇、建立新的模式、解决新问题。应教育引导人才增强自主创新和团队合作意识，在不断掌握必备的知识和技能的同时，更加关注和培养创新思维模式，坚持系统观念，"善于通过历史看现实、透过现象看本质，把握好全局和局部、当前和长远、宏观和微观、主要矛盾和次要矛盾、特殊和一般的关系，不断提高战略思维、历史思维、辩证思维、系统思维、创新思维、法治思维、底线思维能力"[1]，注重运用反思力、洞察力和预见力来分析和判断信息和行为，通过思维模式的转变找到解决复杂问题的多种方法和可行路径。

3. 关注环境微小变化，催化动态优化动能

人才生态系统优化，应采取基于质变、顺势而为的随机涨落管理，强调突破现状，鼓励变革创新，密切关注生态系统内的微小变化，加强政策倾斜、岗位需求、智力投资、奖励鼓舞等进步因素的催化剂作用，发挥高层次人才等关键因素的领军作用和凝聚力量，加强先进典型人物事迹的宣扬力度，引导其他人才向榜样学习和靠拢，形成"拧成一股绳"的凝聚力和向心力，积极引导微小变化在相互影响作用下形成大的影响和波动，努力引起生态系统整体质变的巨大效果。同时，应加强人才前沿理论知识和技能的学习，增强人才从不确定性因素中寻找确定性规律的思维能力，使其具备及时捕捉到随机涨落出现时机的敏感性，使各种小小的创新"火花"在非线性放大作用下引发能够形成耗散结构分支的有益"巨涨落"，发挥生态系统对随机涨落选择的决定性影响，对可能的创新进行大胆支

---

① 习近平：《高举中国特色社会主义伟大旗帜 为全面建设社会主义现代化国家而团结奋斗——在中国共产党第二十次全国代表大会上的报告》，人民出版社，2022，第21页。

持、民主选择和科学决策，促进生态系统向新的有序方向涌现。

三 创设利于生成最大系统合力的
内外部生态环境

任何系统都能够从要素、结构、功能和环境来描述。具有什么功能通常由要素、结构来决定，而能否发挥所具有的功能，则取决于与环境的交互。人才生态环境是推动人才健康发展的"驱动力"，也是提升人才核心竞争力的"软实力"。人才生态系统应准确把握人才与生态环境之间的演化规律和互动状况，建设互动适应、高质量发展的内外部生态环境，突出加强适配人才发展软环境建设，增强生态系统内各类人才与生态环境之间的耦合作用和协同效应。

（一）营造有利于人才集聚发展的内部生态环境

人才生态系统的内部生态环境的差异性和不可替代性越大，其吸引更多高素质人才以及利于高素质人才聚集的人才环境友好界面就越宽，带来的人才整体竞争力就越强。人才生态系统应营造有利于人才集聚和创新发展的良好内部生态环境，以良好的生态环境吸引人、良性的竞争机制激励人、优越的物质保障留住人、正派的工作作风引领人，不断增加生态系统的负熵值。

1. 营造自我实现科学决策的工作生态环境

著名心理学家马斯洛提出了需求层次理论，认为人都有像阶梯一样从低到高的生理、安全、社交、受尊重和自我实现的五个层次需求，当某一层次的需要相对满足了，就会向追求更高层的需求发展。进入新时代，我国社会主要矛盾已经转变为"人民日益增长的美好生活需要和不平衡不充分的发展之间的矛盾"①，物质生活条件已经得到极大改善，精神生活条件也得到了极大改善，很多人才特别是"80后""90后""00后"的青年人

---

① 习近平：《高举中国特色社会主义伟大旗帜 为全面建设社会主义现代化国家而团结奋斗——在中国共产党第二十次全国代表大会上的报告》，人民出版社，2022，第7页。

才更在意自我价值的实现，需要我们"紧紧围绕这个社会主要矛盾推进各项工作，不断丰富和发展人类文明新形态"①。人才生态系统优化，应鼓励和引导自组织发育的工作生态环境，更加关注人才的成长进步和自我价值实现，给予更多的自主决策、自主创新、自我管理空间，创造条件激发人才的自主创造性，把人才的才能和精力用到实现组织目标和业务成就上来，引导到实现人才自我价值上来，释放出人才的巨大潜能。应发挥软环境建设的主导作用，更加注重在提供晋升机会、精神荣誉激励、领导尊重关怀、强制政策约束等软环境建设方面聚焦用力，通过创造优越的内部小生境吸引、培养、保留各类人才，打好特定领域的人才攻坚战，特别是在技术含量较高、人才培养周期较长的高新科技领域，可以小范围集中优势资源，营造一个适合急需高素质人才成长的小生境，实行一些特殊政策，提供一些特殊待遇，进行一些特殊操作，通过形成"小生境效应"来吸引集聚急需特殊人才，坚持优升劣降、好中选优，营造能者上、平者让、庸者下的良好用人生态环境，形成竞争择优、能上能下的鲜明用人导向。应打造上下诚实守信、互助互信的优质信用环境，建立相互信任战略和交互式战略，着重提高重大事务政策和领导干部的"公信力"，遵循以人为本、以用为本的原则，以满足人才生存需求和物质利益为基础，承认人才的个性差异，包容人才的活跃思想，给予有思想和创新意识的人才高度的尊重与信任，赋予人才更多独立性、挑战性、多样性的工作任务，引导人才自发形成对党的绝对忠诚和对实现强国目标的责任感。应树立区分层次、把握界限的层次思维，建立明确的界限意识，增强各层级之间的边界性，清晰界定不同层次人才和职能岗位的责、权、利，合理做好各项工作任务的统筹和各类人才的职责分工，明确各类组织功能和岗位职责，确定责任人、完成时限和成果，以充分调动人才自主性和创造性为主，通过抓住"关键少数"和"关键节点"，在目标任务贯彻执行过程中全程监控和督导，根据内外部生态环境变化及时调控。可以借鉴美国人力资源管理专家约翰·W. 布

---

① 习近平：《高举中国特色社会主义伟大旗帜 为全面建设社会主义现代化国家而团结奋斗——在中国共产党第二十次全国代表大会上的报告》，人民出版社，2022，第7页。

德罗和彼得·M. 拉姆斯特德提出的人才决策科学分析的"LAMP 模型"①，充分运用目标管理、流程管理、标准管理、系统管理、绩效管理等现代管理模式，建立生态系统优化路径的"LAMP 模型"（如图 6-1 所示），量化标准、变革流程，实现从人事管理（维持法规规定和管理流程的遵从与控制）和人力资源管理（提供诸如薪酬福利、人员配备及培训等服务）到着眼于改进单位或组织的系统决策的转变，确定人才生态系统核心的管理流程，改善优化的规划流程，建立明确的组织规划流程，设计工作任务流程图，根据流程图层层分解目标，明确各层次从量变到质变的关键节点，引导人才认清自身在贯彻落实战略目标流程中的功能定位，树立标准意识，加强精准管理，制定详细的技术标准、行动准则和执行任务工作手册，定期（一般 3 年到 5 年）对标准进行修订，科学选用人才资源管理工具，可以根据人才生态的特点规律和发展现状，借鉴和选用 BLM、BSC、WBS、MBO 等各种人力资源管理配置工具，注重解决组织、人才、资源等关键环节的动态优化组合和适配协调，将生态系统有限的物质资源、人才资源与复杂多变的外部环境相匹配，确保人才强国战略目标得到有效贯彻实施。

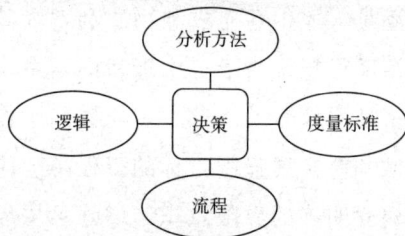

图 6-1　人才生态系统优化的"LAMP 模型"

2. 营造民主参与风清气正的政治生态环境

习近平总书记指出，"政治生态污浊，从政环境就恶劣；政治生态清明，从政环境就优良。政治生态和自然生态一样，稍不注意，就很容易受

---

① L 代表逻辑（Logic），A 代表分析方法（Analytics），M 代表度量标准（Measures），P 代表流程（Process）。

到污染，一旦出现问题，再想恢复就要付出很大代价"①，并多次强调要
"营造风清气正的良好政治生态"②。人才具有特殊的政治属性，与政治要
素之间具有目标和方向的一致性关系。人才生态系统优化，应坚持党管人
才统一性与尊重个性多样性相结合，注重维护人才的政治生命，从制度、
舆论、文化和风气等层面加强政治生态建设，实现在党管一切前提下的适
当分权、依法作主、分类管理，彻底净化生态系统内部的政治生态环境，
营造人才成长和进步所必需的政治生态环境，必须强化各类人才守纪律、
讲规矩的意识，遵守政治纪律和政治规矩，以严格遵守规章制度"绿化"
政治生态，自觉学习领会习近平新时代中国特色社会主义思想的科学体
系。应以积极的责任担当维护政治生态，发挥各级党委的领导核心作用和
纪委的专责监督作用，发挥领导干部和党员的模范带头作用，当好政治生
态环境的"领头雁"和"护林员"，强化自我监督与群众监督相结合，形
成良性传导的"政治生态链"和全面监护的"政治生态网"，严格落实
"有权必有责，用权受监督，失职要问责，违法要追究，保证人民赋予的
权力始终用来为人民谋利益"③的政治要求，积极营造绿水青山、风清气
正、人才辈出的最佳政治生态环境，不断增强生态系统政治吸收、吐故纳
新的功能。应加强党的纪律建设，强化权力运行的制约和监督，进一步健
全完善党内规章制度，"要健全权力运行制约和监督体系，让人民监督权
力，让权力在阳光下运行……要加强对权力运行的制约和监督，把权力关
进制度的笼子里"④，加强规章制度的改革完善和贯彻执行，严格执行党内
政治生活的若干准则，开展严肃有战斗性的政治生活，增强党内政治生活
的政治性、原则性、战斗性，形成政治坚定、思想统一、行动一致的良好
政治氛围。应以强有力的正风反腐败斗争净化政治生态、清新政治"空
气"，坚持问题导向，勇于自我革命，彻底铲除"官本位""小圈子""潜
规则"等封建遗毒和流毒滋生的"土壤"，坚决整肃并彻底扭转物资使用、

---

① 《习近平关于全面从严治党论述摘编》，中央文献出版社，2016，第33页。
② 习近平：《决胜全面建成小康社会 夺取新时代中国特色社会主义伟大胜利——在中国共产党第十九次全国代表大会上的报告》，人民出版社，2017，第62页。
③ 《习近平谈治国理政》，外文出版社，2014，第142页。
④ 《十八大以来重要文献选编》（上），中央文献出版社，2014，第135、136页。

工作安排、选人用人等方面的各种歪风邪气,坚决杜绝各种形式的形式主义、官僚作风和贪腐行为,坚决反对庸俗腐朽文化,以壮士断腕的革命勇气和政治自觉祛除沉疴流弊,以踏石留印、抓铁有痕的韧劲坚决纠正不良之风,打好反腐败斗争主动仗,提升人才的政治定力、纪律定力和抵腐定力,在自我净化、自我革新中不断革弊鼎新、开拓创新。还应加强民主生态环境建设,建立民主参与机制,营造民主讨论的政治氛围和民主监督的制度环境,增强人才的民主参与意识,完善民主参与决策的渠道,加强人才在重大事务决策、课题联合攻关、制订重大任务计划的参与力度,建立一个上下沟通互动、利于形成共识的思想交流平台,明确民主政治参与的权利和义务,对涉及人才的重大任务或重大决策,以及涉及人才切身利益的工作事务,可以采取论证会、听证会、旁听会等形式,吸引广大人才的积极参与,听取人才意见,强化决策监督,保证人才应有的知情权、参与权和监督权,实现"有事好商量,众人的事情由众人商量"[1]。应着力塑造正气充盈的政治文化,代代传承优良传统、红色基因和革命血脉,坚持把优良传统与时代精神融为一体,用优良传统、主流价值观牢固占领思想和文化主阵地,开展积极健康的思想斗争和批评与自我批评,形成是非分明、团结向上的良好风气,不断培育政治生态健康的"肥沃土壤",营造生态系统政治上的"绿水青山"。

3. 营造定期固化动态调整的制度生态环境

"领导制度、组织制度问题更带有根本性、全局性、稳定性和长期性"[2]。制度生态是维持人才生态系统稳定有序的最稳定、最刚性的影响因素,可以有效规范和约束生态系统的功能和行为,并引导生态系统的发展目标方向以及保持生态系统的动态平衡。人才生态系统优化,应建设定期固化有益经验、制定政策制度的制度生态,制定和完善定期制定切实可行的政策、法规和制度的制度固化运行机制,明确各级组织的制度修订职责和权限,严格制定政策制度的自组织程序,加强人才与政策制度之间巩固提高、探索创新的良性互动,更好地发挥人才要素与制度要素之间的非线

① 习近平:《决胜全面建成小康社会 夺取新时代中国特色社会主义伟大胜利——在中国共产党第十九次全国代表大会上的报告》,人民出版社,2017,第37页。

② 《邓小平文选》第2卷,人民出版社,1994,第333页。

性作用，使制定出的政策制度能够被制定者和执行者中的绝大多数人普遍认可和自觉遵守，通过制定一系列制度法规来约束人才行为、激发人才潜能和动力，并完善政策制度效益动态评估机制，定期评估制度规定效果，依据环境变化和发展需要对不合时宜的法规制度进行动态调整、修改完善，为人才生态系统优化提供一个科学规范、动态优化的制度生态环境，保持制度生态的生机与活力。应摒弃"人大于法""权高于法"的人治思维，克服不作为、乱作为的人治行为，牢固树立法治强国思维，加强依法治权的制度建设，建立依法治国、从严治权的法治环境，实现由依靠行政命令管理为主的"人治"管理模式向依靠法规制度依法行政的"法治"管理模式转变。应着力构建以人才职业化制度为核心的，包括人才吸引、培养、选用、流动、退休等一系列配套政策体系，创造人才成长进步的科学用人导向机制、公平协同竞争机制、成才选择多样化机制，实现从行政单一的任命制或聘任制向系统科学的多元化人事制度转变，更好地为人才提供动态稳定的政策制度保障，推进人才队伍建设逐步向信息化、职业化和专业化方向转型跨越，加强人机融合、联合编配、自主创新等方面的制度创新，推进系统合力生成沿着法治化、规范化、科学化的发展轨道前进，力求实现制度生态建设的质的飞跃。应更加注重营造有利于人才个体成长、工作自主和实现业务成就的制度生态建设，建立人才可以自主选择的多样化激励机制，按照工资待遇与荣誉地位双激励的原则，明确设置分配激励的梯度和奖励的种类，制定完善具体的奖励标准和流程，引入绩效贡献与薪酬回报直接挂钩的柔性化创新激励制度，探索形成以岗定酬的岗位工资制与以绩定酬的绩效工资制相结合的薪酬制度，并逐步提高津贴补助在薪酬待遇中的比重，完善具有自组织功能的奖励评定审批和实施颁发机制。可以设立专门的绩效工资、任务津贴和创新补助机制，建立体现劳动强度、艰苦程度、岗位贡献、安全等级等方面层次性和差别化的津贴补贴制度，采取多种奖励措施激励那些干满规定任期并达到设定标准要求的优秀人才，分别给予不同层次和贡献的人才在资金、项目、荣誉等方面的奖励与资助，充分体现分配激励制度的自组织功能。

（二）建设有利于人才安心岗位的外部生态环境

《淮南子·说山洲》有"良禽择木而栖，良士择土而居"，"欲致鱼者先通水，欲求鸟者先树木"。外部生态环境的不断变化，容易使人才生态系统的内部不能适应，从而导致系统熵值的增加。人才生态系统应着力打造"引得进、流得动、留得住"的良好外部生态环境，不断增强适应外部生态环境变化功能，从而实现生态系统的动态稳定和可持续发展。

1. 建设人才适宜生活与健康发展的自然生态环境

人才所在单位的工作条件、保障质量、驻地地理区位、经济发展、交通状况、教育医疗等社会配套资源，都会对人才身心状况、工作质量和完成任务产生较大影响，直接影响着人才家庭成员对其工作的支持程度，进而影响人才立足驻地的稳定性。这就需要我们必须重视自然生态因素特别是自然条件、区位条件、工作条件等因素对人才生态系统结构和功能的影响，增强生态系统的适应自然环境的能力。人才生态系统优化，应牢固树立人与自然环境和谐共处的生态思想，遵循自然发展规律，区分自然环境对人才生产力创造力生成的积极因素和制约因素，根据地理位置、气候条件和工作条件合理设置工作目标和内容，按照国家生态文明建设要求拟定具有驻地特色的生态文明建设中长期规划，把人才赖以生存和发展的自然生态环境作为系统工程来建设和治理，持续加大对自然生态环境建设的重视和投入，增强自然生态环境生育人、凝聚人、保留人的功能，努力构建起人才与自然和谐共处、一致发展的良好局面。应重点加大对生态环境的物资经费投入和实行社会化保障，建设锻炼人、吸引人、留住人的工作场所等"硬件"条件，建设便于人才工作生活的人才公寓和安置房，依据绩效贡献而非职务等级进行合理配置，不断绿化美化人才的生活条件和居住环境，建起人才适宜生活与健康发展的"乐园"。

2. 建设人才受到尊崇与获得认可的社会生态环境

马克思指出："只有在社会中，自然界才是人自己的合乎人性的存在的基础，才是人的现实的生活要素。只有在社会中，人的自然的存在对他来说才是人的合乎人性的存在，并且自然界对他来说才成为人。"① 这充分表明了人是社会关系的产物，人的生存和发展离不开社会生态环境。社会要素与人才生态系统存在利益与共、协同共进的同化关系，社会要素与生态系统各要素之间的物质、能量和信息的交换与传递，能够在相互作用和功能融合中创造出新的更高级稳态，并进一步促成新的功能耦合，从而实现两者在相互耦合、相互促进中实现同构化发展。人才生态系统优化，应着重发挥社会生态环境对生态系统的非线性作用，坚持舆论先行，突出尊重人才作用和地位的舆论造势，充分发挥电视、报纸、网络等各种新闻传媒的作用，特别是拓展微博、微信等新兴媒体的渠道与途径，加大人才工作的宣传力度，大力宣传党和国家对人才的倾斜政策和各行各业涌现出来的先进典型事迹，在保证国家安全的基础上向全社会展现人才的丰硕成果和社会功能，凸显人才的政治地位和社会贡献，不断扩大人才的知名度和社会地位，营造尊重人才、尊重创造的良好社会氛围和正确舆论导向，使人才充分感受到自身价值实现的自豪感、荣誉感和贡献社会的成就感，打造人才得到社会承认和尊重的健康舆论生态。应加强与人力资源管理服务中心等相关职能部门的联系沟通，制定不同层次、多样化的社会支持政策制度，对作出突出贡献的人才给予崇高的社会荣誉和社会奖励，给予人才及家人应有的社会待遇和优惠政策，及时真实反映人才及家庭的心声并解决实际困难，努力营造人才和家庭都受到尊重、获得尊严的良好社会生态环境，进一步增强人才坚守的决心和创新的信心，真正体现出人才为国家、社会和人民奉献所应得的社会地位和价值。

3. 建设人才付出与收获等量齐观的经济生态环境

研究表明，经济生态环境对人才聚集效应和创新动力的基础性作用是各生态环境诸要素中影响最强最持久的。良好的经济环境、资金支持和经济奖励，有利于人才的吸引、培养、发展和稳定，也有利于人才生态系统对人才的聚集和容纳。人才生态系统优化，应根据所肩负的维护国家经济安全和人民经济利益、为国家可持续发展保驾护航的使命任务，构建由生态环境和经济环境耦合而成的复合经济生态环境，合理调配经费使用结

---

① 《马克思恩格斯文集》第 1 卷，人民出版社，2009，第 187 页。

构、物资流通和价值取向，形成以人才的可持续发展为重点、以能力持续提高和发挥为目的的循环型经济模式，将有限的资源经费用在刀刃上，最大限度地提高人才的生产力和创造力，尽可能地降低行动对自然资源环境的影响和破坏，使生态系统成为促进经济发展和科技进步的重要引擎之一，通过推进高质量发展和中国式现代化建设，实现经济效益、社会效益和生态效益的协调统一。应根据人才生态系统的发展目标和现状，可以借鉴经济领域中有关人均可支配收入、人才就业率、人才流动率等经济环境指标对人才要素影响和调控的指标，设计出经济要素与人才要素作用模式来间接评价其作用影响，也可以通过调节和动态优化经济指标来提高生态系统功能作用，或者通过指标分析来预测生态系统未来人才资源发展需求，进而有针对性地提出优化经济生态环境的策略和措施。

第七章　人才生态系统生态安全的
有效维护

习近平总书记在党的二十大报告中提出"加快实施重要生态系统保护和修复重大工程"[①] 的重要指示要求，为维护人才生态系统安全提供了科学遵循。人才生态系统虽然具有一定的自我适应与自我调节功能，但也会在一定条件下出现动态失衡和快速坍塌，甚至可能会产生生态危机或灾难，成为因人为干扰或破坏而发生系统紊乱的"不健康的"生态系统。这就需要我们建立完善的安全预警和维护的人才生态系统保护机制，增强其服务保障功能，坚持在发展中保护、在保护中发展，不断提高生态系统服务的质量，完善反馈循环机制，确保生态系统向有生机活力、可持续发展的方向优化。

一　提高生态系统服务的质量与效益

"生态系统服务是指生态系统提供的产品和服务的总称，代表着人类直接和间接地从生态系统中得到的利益。"[②] 生态系统服务是生态系统对内部要素的服务作用，而系统生态力是生态系统对外部环境的作用。人才生态系统的生态系统服务作用，是维护人才健康安全和实现可持续发展、人才从生态系统中直接或间接获得的所有资源和服务，包括人才生存发展的资源支持、评估调节、文化制度保障等服务。人才生态系统优化的最终目的是获得更好的生态系统服务，运用有限的人才资源和生态环境资源产生

---

① 习近平：《高举中国特色社会主义伟大旗帜 为全面建设社会主义现代化国家而团结奋斗——在中国共产党第二十次全国代表大会上的报告》，人民出版社，2022，第51页。
② 赵海凤、徐明：《生态系统服务价值计量方法与应用》，中国林业出版社，2016，第2页。

更大的系统生态力。

（一）提高生态系统优化生命周期内的增长质量

贝塔朗菲强调："系统应当不仅是空间而且是一个时间的整体。"[①] 人才生态系统优化应把握好"时、度、效"，在保质保量的前提下尽力缩短系统合力的生成周期，在世界性竞争中真正实现"弯道超车""变道超车"的赶超战略。人才生态系统优化，应遵循辩证法规律，注重人才从诞生、产生到进化、发展再到退化、衰亡的新陈代谢过程，注重人才自身能流的积累潜伏与产生形成，注重人才从事创造活动并发挥生机活力，注重人才丧失创造能力而淘汰出局或自愿退出，形成了包括继承期、创造期和衰亡期三个历史时期的生态演化周期，使生态系统不断新陈代谢、自我发展。应发挥生态系统的调节作用和人才的主观能动性，重点关注从非人才或潜人才到富有创造力的人才、从富有创造力的人才到丧失创造力的非人才的两次质的飞跃，通过缩短继承期促进第一次飞跃和延长创造期推迟第二次飞跃，使人才能够在其生命演化周期中发挥出最大生产力和创造力。

研究表明，人才生态系统优化同样遵循逻辑斯蒂（Logistic）增长规律。根据逻辑斯蒂增长模型，可以将人才生态系统优化过程用公式表示为：

$$S=K/\left(1+\frac{K-S_0}{S_0}e^{-r}m^t\right)(r_m\geq0,K\geq0)$$

对上述公式两边求导：

$$\frac{d^3S}{dt^3}=r^3m\times S\times\left(1-\frac{S}{K}\right)\times\left(1-\frac{6S}{K}+\frac{6S^2}{K^2}\right)$$

根据上述方程，可以得出人才生态系统优化状态曲线和速度曲线（如图7-1所示）。

基于此，人才生态系统应准确把握萌芽期（$0<t<t_0$）、成长期（$t_0<t<t_1$）、成熟期（$t_1<t<t_2$）和衰退期（$t_2<t<+\infty$）四个阶段的不同表现特征，

---

① 〔奥〕贝塔兰菲：《一般系统论》，秋同、袁嘉新译，社会科学文献出版社，1987，第47页。

$$\frac{\mathrm{d}S}{\mathrm{d}t}$$

$$\frac{r_mK}{4}$$

$$\frac{r_mK}{6}$$

人才生态系统优化速度曲线

t

S

K

$$\frac{K}{6}(3+\sqrt{3})$$

$$\frac{K}{2}G$$

$$\frac{K}{6}(3-\sqrt{3})$$

0　　t_0　　t_1　　t_2　　　t

人才生态系统优化状态曲线

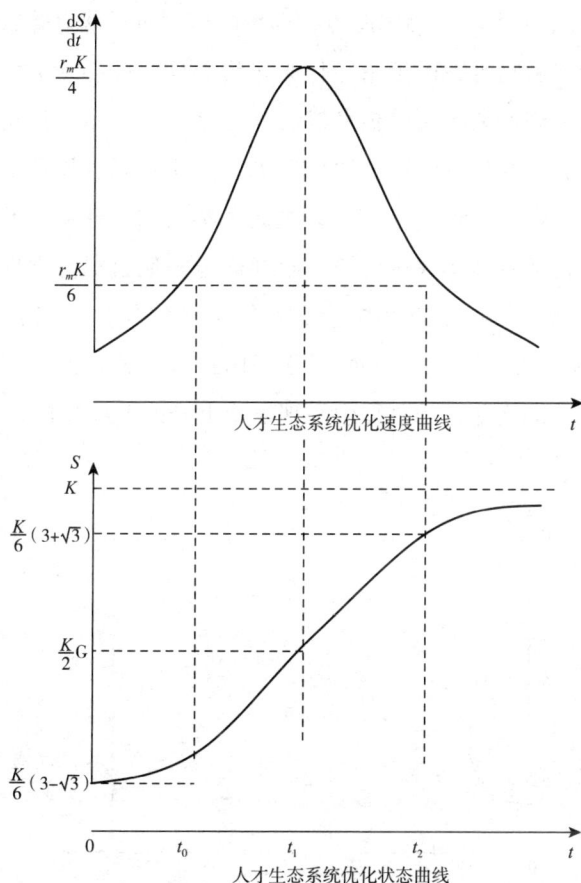

图 7-1　人才生态系统优化逻辑斯蒂增长曲线

根据逻辑斯蒂增长规律和优化计量模型制定针对性优化策略，促进生态系统自组织机制与他组织机制的相互作用发挥，强化人才对生态环境变化的适应和生态系统自组织与他组织的相互耦合。在萌芽期、成长期，主要通过生态系统自身的自组织作用提高优化质量和自适应力，而在成熟期，可以通过更高层级生态系统的他组织作用加以强制性管控，确保生态系统优化向更高级的复杂系统方向转变。应重点关注对逻辑斯蒂增长曲线起决定性作用的两个参数 K 和 r_m，增强影响 K 值的自然环境、政治资源、资金投入、基础设施、人才资源、技术资源、创造工具等硬件层面的主要因素，并根据影响生态因子指标体系进行具体量化和调控，创造有利于生态系统优化的生态环境和现实条件，使成长曲线变得更陡、顶点更高；同时，增强影响 r_m 值的竞争水平、协作能力、创新能力、执行能力等软件层面的主要因素，并根据影响生态因子指标体系进行具体量化，使 r_m 值越来越大，推动生态系统达到饱和的速度越来越快。还应增大 t_2 值，推迟生态系统进入衰退期，通过增强自然资源、社会资源、人才资源、技术资源、资金投入等主要因素，增大系统的 K 值，以提高各类资源与环境限制的阈值；同样，应当通过科学规划、政策调控、制度规范等他组织行为促使生态系统向最佳方向优化，实现生态系统沿着逻辑斯蒂增长曲线组合模型（如图7-2所示）方向发展，最终通过循环往复的持续优化，使生态系统在旧质消亡、新质产生的循环运动过程中呈现螺旋上升的发展过程。

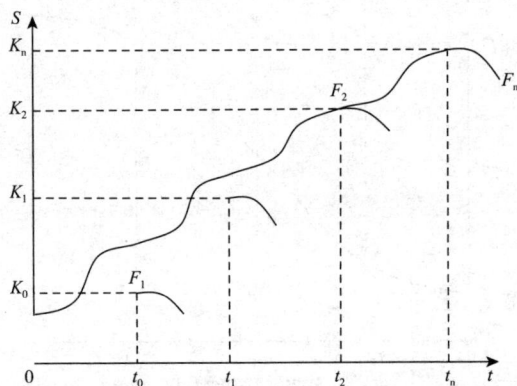

图7-2　人才生态系统持续优化逻辑斯蒂增长曲线

（二）确保生态系统生态力沿着最佳的路径发展

"生态力"是指在一定的时空尺度上，生态系统中所有要素在物质、能量和信息的生产、交换和消费过程中相互作用，实现整体性功能的能力。[1]人才生态系统也有生态力，表现为人才与生态环境之间物质流、能量流、信息流的驱动力和系统自身的活力和生产力，是人才充分运用马克思主义生态观理性认识世界，遵循自然生态规律和可持续发展模式，进行实践和

---

[1]　徐怀科、王国聘：《生态力探究》，《南京林业大学学报》（人文社会科学版）2009年第2期。

创造性活动，产生的所有具有生命活力的、可持续发展的、用于改造世界的生态作用力及生态效应的总和，是生态系统内部生命活力和对外系统合力的综合体现。人才生态系统优化的目的最终是形成更为强大的生态系统生态力，对内表现为人才生命持久的生机活力和发展潜力，未对外输出前"储存"为潜生态力，对外则表现为生态系统可持续输出的新质生产力，对外输出后表现为显生态力。人才生态系统优化，需要搞好科学统筹，加强分类指导，推进优化的整体协调和持续发展，走解放思想、开拓创新、反复实验、逐步改进的螺旋式上升发展路子，确保产生的生态系统生态力始终沿着正确的方向发展。

在人才生态系统优化过程中，应教育引导人才坚持系统观念和系统思维方法，正确把握生态系统各要素与生态环境的相互关系和交互作用，站在中华民族伟大复兴战略全局的高度，统筹好战略目标与人才个体需要的关系，兼顾好整体利益与个体利益，探索一条集约高效型发展新路子。应根据可供应资源有限的客观实际，针对各组分的局部特征实施突出重点的局部突破，加强重要节点和关键环节的链接组合，进行局部性的自我革命、自我创新，最终实现以点带面、以局部促整体的质变。应着眼高远、不忘初心，根植于我国长期建设已有成就和发展现状，一步一个脚印地打牢地基、建起高楼，加强中华优秀传统文化的创造性转化与创新性发展，继承和发扬党的"红色基因"，适应外部环境变化进行突破创新，保证生态系统优化始终沿着正确的方向前进，最终形成持久高效的生态系统生态力。

（三）提高效益最大化的生态系统服务有效功率

洛特卡（Lotka）提出了生态学著名的"最大功率原理"，即生态系统总是将有用的能流最大化，用于生态系统的发展和完善。奥德姆（Odum）则认为，有效功率的最大值就是最大功率。生态系统中有机物的生物量的累积就是生态潜能，生物量浓度的增量（即功率）可用公式表示为：

$$功率 = E \times J = \sum \frac{\Delta G}{C} \times \frac{dG}{dt}$$

其中，E 指生态潜能，$\dfrac{\Delta G}{C}$ 指可做有用功的分量，$\dfrac{\mathrm{d}G}{\mathrm{d}t}$ 指生态通量，G 指自由能，C 指生物量浓度。

人才生态系统优化绝不是一役之功，而是一个动态优化、长期演进的过程。应着眼提高生态系统服务的有效功率，放眼长远、立足当下，正确处理和科学统筹未来发展与当前建设的关系，根据设计规划的生态系统优化蓝图研究制定行动路线，选准重点突破的方向，把握破旧立新的节奏，明确具体实施的步骤，推进优化步伐在动态平衡中又好又快前行，努力实现生态系统服务效益的最大化。应处理好优化速度与效益之间的对立统一矛盾，考虑人才的使用价值、间接价值和伦理价值等，兼顾系统优化的经济价值和社会效益，以"成本—效益"为质量衡量标准，建立可持续发展的生态系统服务指标体系，通过指标体系的监测评估计算出生态系统的服务价值，计算物质资金能量的最低消耗与获得最大社会效益的产出比。应引导人才形成强烈的机会成本意识和效益意识，坚持"欲速则不达"的优化理念，更加重视"从所有到所用"的使用效益，立足现有条件合理使用物质资源和人才资源，以最小的成本取得最大的社会效益，追求生态系统速度与效益相统一、集约高效的高质量发展。

二 发挥生态系统生态平衡的机制与作用

人才生态系统优化是一种追求稳定有序的动态优化，需要发挥生态系统自身生态平衡的机制和作用，对不确定性因素在创新成果与承担风险之间进行必要权衡，在多样化的优化方案中选择有利于生态稳定的方案，通过可预测趋势的渐进性优化降低不确定性风险。同时，生态系统也需要通过非线性机制提高整体竞争力，通过不断适应外部环境变化提高抵抗系统性风险的能力，为向更高层次的持续优化进行量的积累。

（一）重视人才生态系统的调控反馈

人才生态系统本身是一个调控和反馈系统，具有保持或恢复自身结构和功能相对稳定的自我调节能力，包括有促进性调节机制的正反馈调节能力和有抑制性调节机制的负反馈调节能力,具备一定的抗干扰能力和修复功能,可以通过生态系统自我调节来达到或维持动态平衡状态。这种自我调节能力的强弱是由多方因素共同作用的结果。一般来说,结构复杂、成分多样、能量流动和物质循环途径复杂、抗干扰能力强的生态系统自我调节能力较强,生态系统的生态平衡也就较稳定;反之,结构与成分单一、抗干扰能力弱的生态系统自我调节能力相对较弱,生态系统的生态平衡很容易被打破。

人才生态系统的自我调节能力可以通过其影响生态因子指标体系的熵流值变化进行大致计量。当生态系统自身过度发展而毁灭性破坏其生态链的完整性,或生态环境出现巨变而使涨落幅度超出生态平衡的"阈值",或外来干扰破坏超越系统的自我调节能力而不能恢复到原初平衡状态时,生态系统就会出现生态失衡甚或引发生态危机。受人才数量、质量和物质资源有限等条件和环境的制约,人才生态系统有一定的负载能力上限,其自我调节能力也有一定的衰变阈值,如果超出这个阈值,生态系统功能就会受到损伤和破坏,出现生态失衡甚或引发生态危机。例如,在一个特定范围的生态系统中,只能容纳或最少需要一定数量和质量的人才,如果人才超支或短缺超出一定的阈值,就会导致人才之间的负相互作用急剧增强,造成人才的大量流失或短缺,进而引发系统性动荡。同样地,生态系统也在通过不断调整优化自身结构和功能中自主适应新的条件和环境,从外部生态环境中引入足够的负熵值,消除自身生存和发展中产生的正熵值,并可能在一定的时空条件下超出其质变阈值,引发从量变到质变的系统性跨越,最终形成一个更加稳定有序和高级复杂的新的生态系统。人才生态系统优化,应高度重视生态系统的调控和反馈机制,通过优化计量模型较为准确地计算系统质变和衰变的阈值,加强对系统性风险的把控,创造各种有利于向更高级的自组织系统转化的优越条件和良好环境,引导生态系统在自主适应环境、动态优化结构中保持动态稳定。

(二)紧盯人才生态系统的有序开放

系统开放度决定了等级水平的空间尺度和时间尺度,开放程度的大小是衡量系统保持动态稳定并向更高级的自组织系统转化的主要依据之一。

为了可持续发展，人才生态系统必须通过有序开放保持系统内外物质、能量、信息的输入与输出，不间断地进行"新陈代谢"，并随着生态环境的动态变化而不断自主适应和自我变革，促进生态系统在动态稳定中向更高级的自组织系统转化。应时刻紧盯生态系统自身的有序开放程度的大小，提高与外部生态环境进行熵流交换的速度和效率，尽可能地引入负熵流、排出正熵流，在不断的能流转换中积蓄变革力量，实现质的突破。人才作为生态系统的能动主体，应该给予良好的开放性条件和环境，促进其在熵流交换中发挥潜能、突破创新，保证其在新的生态环境中自由全面发展和实现自我价值。

人才生态系统的开放机制是一种生态系统自身熵产生、外部负熵流引入和熵流交换的熵流机制，其输入与输出的差值可以使用熵流值来计量。可以通过对该系统的三种熵流变化进行数理计算和分析，从熵变的角度来计量系统开放机制的熵变尺度和作用程度，具体计算流程如下。首先，计量该生态系统产生的熵增值。熵增原理指出，生态系统内部在熵增过程中所产生的熵增值会随着时间的推移而逐渐增加。通过比较计算影响该系统熵增值产生的影响生态因子指标体系引起的熵流变化值，可以得出一个的熵增值（正熵值）。其次，计算该生态系统输入的熵减值。可以运用优化计量模型估算某一时空范围内（如 2023 年度）生态系统与外部生态环境进行引才引智、资金支持、政策制度等能流交换引起的熵减值（负熵值）。最后，综合计算熵变值。以一个合理的平均熵流值为基准点（如 2012～2022 年的平均熵流值），对该生态系统的熵增值和熵减值进行求和，计算得到生态系统的熵变值，从而反映生态系统开放的程度变化和未来发展趋势。

（三）关注人才生态系统的涨落作用

涨落机制是生态系统的创新机制，也就是说，估算生态系统的创新程度首先要掌握其涨落的变化方向。人才生态系统应密切关注容易引发质变和创新的涨落因素，充分发挥随机小涨落的非线性放大作用，引导生态系统的小涨落向有利于创新的巨涨落方向演化。尽管生态系统的随机涨落目前还无法精准预测和有效控制，涨落的大小也不能准确测定，但可以通过选用一些生态系统功能性参量作为判断指标，对涨落作用的强弱程度进行大概性估算。

人才既是人才生态系统的关键主体，也是影响系统涨落的关键因素。由此，可以从人才的一些功能性参量出发进行初步估算。根据人才生态系统优化影响生态因子指标体系的权重值计算，可以从以下几个关键指标进行度量。一是人才个人专注程度的涨落。统计结果表明，人才个人专注程度的权重最大。以某一时段内人才的职业忠诚度和工作满意度为基准值（一般为年平均值），统计计算不同时期的变化值，即可以作为个人专注程度的涨落值。二是人才流动速率的涨落。以某一时段内人才引进和流出生态系统的流动速率的平均值（一般为年平均值）为基准值，计算不同于基准值的异常偏差，即人才流动速率的涨落值。三是人才梯队结构的涨落。以某一时段金字塔结构人才梯队不同梯次的数量平均值（一般为年平均值）为基准值，统计各个梯队不同梯次上出现的偏差，即可以作为人才梯队结构的涨落值。四是人才投入效益的涨落。以某一时段人才引进、培养、科研和激励等方面的投入与产出比值的平均值（一般为年平均值）为基准值，计算不同时段的投入与产出比值的偏离和波动，即可以作为人才投入效益的涨落值。人才生态系统通过测算所有人才在这四个方面的涨落值变化，并对所有数值求和，就可以初步估算出生态系统整体的涨落作用大小。

三　开展生态系统持续动态的监测与评估

人才生态系统应重视过程控制的突出作用，主动介入生态系统优化的全过程，采取全程参与式监测评估的办法，明确定性和定量相结合的评估指标体系（如图7-3所示）。通过持续动态的监测评估及数据分析，科学估算生态系统优化的安全态势，为优化策略实施的反馈和调整指明方向。

（一）开展生态系统动态稳定的监测评估

生态系统的稳定性主要是指生态系统抵抗外部条件变化或扰动的能

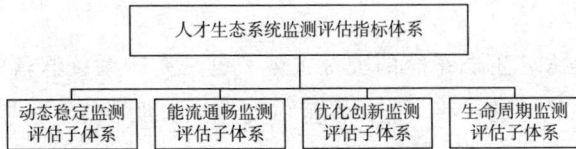

图 7-3　人才生态系统监测评估指标体系

力，主要表现在系统具有一定的承载力、缓冲力和恢复力。承载力（亦叫抵抗力）指生态系统在受到环境变化影响后维持自身稳定的承受能力，而承受能力的大小主要取决于外部环境干扰作用的强度和生态系统自身所能承受的最大波动程度，可用外部强制函数与内部状态变量的变化的比值来量化，最大承载力就是所有可用的输入能量用以维持所有基础结构和功能达到的状态，也就是说，在 P（生产量）与 R（呼吸消耗）相等的条件下所能承受的总生物量。[1] 缓冲力与承载力密切相关，约恩森将缓冲力定义为：

$$\beta = \frac{1}{\partial \omega / \partial \theta} = \frac{\Delta \theta}{\Delta \omega}(\theta \text{ 指外部强制函数}, \omega \text{ 指内部状态变量})$$

恢复力是指生态系统遭受外界条件变化时，吸收干扰，认识变化，以便继续维持其功能、结构、特性和反馈的能力，[2] 体现出生态系统自身的柔韧性和鲁棒性。恢复力的大小主要取决于生态系统自身的多样性和协调性，组成要素越多样和可替代，自我恢复能力就越强，而且过于复杂的生态系统和自我调节能力过低的生态系统的恢复力稳定性并不高，只有调节能力适中的生态系统才有较高的恢复力和稳定性。一般来说，生态系统的承载力与恢复力呈负相关。

人才生态系统优化，应改革现有较为单一的目标管理体制，将传统的以党委组织领导、部门分工负责的部门制监管体制，逐步过渡到党委统筹管总、部门竞争协同的功能性监管体制，建立健全动态稳定的监测评估体

---

[1] 〔美〕奥德姆、巴雷特：《生态学基础》（第 5 版），陆健健等译校，高等教育出版社，2009，第 116 页。

[2] 〔丹〕约恩森：《系统生态学导论》，陆健译，高等教育出版社，2013，第 171 页。

系，以增强生态系统的承载力、缓冲力和恢复力等自我调节功能为监管目标，以生态失衡风险控制和责任追究机制为重点，根据影响生态因子指标体系的相关指标加强对生态系统稳定性的动态监管，尽力消除监管的"盲点"和"盲区"，切实增强监管的时效性。例如，针对社会影响生态因子对生态系统的稳定性影响，可以根据本书建立的影响生态因子指标体系，学习借鉴刘瑞波等的《科技人才社会生态环境评价体系研究》①，制定完善适用于各类人才的开放互融环境、生活保障环境、家庭支持环境、政策扶持环境等可具体量化的社会生态环境评价体系，对社会生态环境进行动态评测，粗略估算社会生态环境对人才生态系统熵流值变化方向的影响和关键影响因素，提出较为精准的改进措施。例如，针对人才个体的稳定性监测，既可以依据"安心岗位"的影响生态因子（工资福利待遇、家庭照顾程度、家庭成员支持、领导工作作风等）进行熵流值监测，也可以根据波特（Porter）的 OCQ 量表或弗雷德里克的忠诚严格检测调查表（Loyalty Acid Test Survey）改进和制作适合特定人才特点的职业忠诚度量表，还可以通过人才职业满意度、360 度人才忠诚度和选才用才公信度等已有的指标评估体系对人才职业忠诚度和思想稳定性进行动态监测，增强人才的主人翁意识和荣誉感、获得感。

（二）开展生态系统能流通畅的监测评估

一般在生态系统中，物质循环过程常存于一个或多个贮存场所（即"库"），并借助库与库之间的物质要素转移而彼此相互联系。人才生态系统也可以看作人才和物资的"贮存库"或"蓄水池"，可以用下列公式进行能流流动性监测：周转率＝流通率/库内物质总量、周转时间＝库内物质总量/流通率。

人才生态系统优化，应以生态系统的物质流、能量流、信息流为主体，建立相应的能流流动监测评估指标体系，包括物资流动指标体系、人际关系指标体系、信息传递指标体系、人才流动指标体系等。应树立人才

---

① 刘瑞波、边志强：《科技人才社会生态环境评价体系研究》，《中国人口·资源与环境》2014 年第 7 期。

安全意识，着重加强人才流动指标体系建设，采用人才引入子指数、人才流动指数、人才显性流失与隐性流失指数等具体指标，为加强人才需求和流失预测、规范人才管理服务流程、指导人才有序流动提供必要的决策依据，促进人才流动的动态平衡。还可以建立人才个体的生态位指标体系，从能力维度、环境维度、空间维度和方向维度等方面量化成指标和一定数量，包括人才的生态位宽度、生态位体积、生态位维数和生态位重叠等指数，依托网络信息系统实现各类信息的全维共享和系统融合，为各类人才生态系统优化的监测评估提供可靠依据。

（三）开展生态系统优化创新的监测评估

衡量一个生态系统是否健康有活力，主要是看这个生态系统能否让最有生气且最具创造力的人才资源行动起来、流动起来、集聚起来，并发挥最大效能。绩效考评工作既是正确识人选人的"点将台"，也是人才自我改进的"加油站"，是一个"开展工作—绩效评价—改进工作"的循环往复的过程。人才生态系统优化，应建立生态系统功能发挥和绩效评估评价体系，定期对生态系统优化效益进行综合评估。可以利用网络分析软件EcoNet执行网络环境分析（NEA），通过计算连通性值、系统总流率、间接效应指数、均质化指数、加积指数、协同指数、共生指数、Finn's循环指数、优势度等指标，来量化各组分之间及其与环境之间输入输出的实际关联。应注重经济成本和社会效益，建立生态系统收获管理监测体系，建立动态数据库和计量模型，明确物质、能量、信息的输入与输出比率监测指标，监测收获努力和创新成果的变化量，计算最大持续创新的数量，进而采取规定收获努力或收获固定比例等精准策略。

建立人才生态系统创新能力和创新成果监测评估指标体系，可以采用创新成果指数、价值取向指数、职业精神指数等可量化的指标来调控和影响人才生态系统的有序发展和创新，对生态系统未来的创新方向和发展前景进行预测。可以从人才资源风险、物力资金投入风险、技术创新风险、政策制度风险、机会成本等方面建立优化创新监测评估指标体系，运用人才占用比例、投资回报指数、创新成果转换指数、成果生命周期、临界创新收益、政策制度支持度等可量化的指标，对生态系统优化创新的风险程度进行比较全面的监测评估。对于人才个体创新，可以采取科学计量、专家评价和系统分析相结合的方法，先对人才个体进行成果统计和数据分析，基于"技术—成果—人才"的生态信息链，分析其科学研究能力、技能创新能力和职业发展潜力，并通过数据关联耦合程度评价其创新能力的结构，然后邀请相关领域专家运用德尔菲法对创新能力和水平进行评价并预测发展方向，在数据分析（主观）和专家评价（客观）的基础上，再采用系统分析法对生态环境因素等影响因素进行评估，构建定量与定性相结合的综合指标体系，并运用系统工程分析方法对未来技术需求和演进方向进行预判。

（四）开展生态系统生命周期的监测评估

任一生态系统都有一定的生命活力和生命周期，经历着萌芽期、成长期、成熟期和衰退期的发展过程。人才生态系统在适应外部环境和演化博弈的过程中，一般倾向于追求保持旺盛生命力、可持续成长的长远发展，在动态发展过程中呈现从生成、成长、成熟到衰退再到重生的新旧系统周期性演替的特点规律，表现出从前期规划生成、中期运作成熟、终期落实完成直到系统解散重构的生命周期演替，推动着生态系统不断演进和螺旋式发展。人才生态系统需要通过不断优化来激发自身的生命活力、延长生命周期，表现出优化（补充）、失调（消耗）、再优化（补充）、再失调（消耗）的循环往复的规律性运动，呈现人才的消长性、使用的渐进性、形成的周期性、损耗的恢复性等基本特征。应建立必要的生命周期监测评估指标体系，运用人才生命周期循环阶段指标、物资生命周期循环阶段指标等量化指标，密切监测和掌控生态系统生命周期的全过程。

进入新时代，人才与人才的竞争与协作更是一种"红色女王效应"[①]的演化博弈而非零和博弈。当前，中国式现代化建设最缺的已经不是资金和技术设备，而是熟练掌握先进设备、技术工艺的各类人才。人才知识的迭代、技能的累积和信息的传递同样有一定的速率和周期，因而时间因素

---

① 指处于竞争与协作环境中的人，不得不努力快跑以保持竞争优势和地位，若跑慢了或停止不前就等于落后。

已经成为决定人才能力素质高低的关键因素。人才生态系统优化，必须高度重视人才主体的生命周期，关注人才的知识积累和更新迭代速率，借鉴现代人力资源管理工具和技术手段，建立包括人才知识含金量评估指标、人才信息占有率评估指标、人才知识更新速率指标、人才技能提升速率指标等的各类监测评估指标体系，促进人才知识积累和更新速率的稳步提升。而且，人才的知识技能也存在积累效应和放大效应，可以通过"师徒制"传授等专业知识传递链的累积和放大，使不同层级的人才群体更快地掌握丰富的专业知识和技能，形成"种核"效应，实现人才队伍思想、知识和技能的全面"弯道超车"。

四 加强生态系统安全预警的管理与干预

人才生态系统应建立一套科学的生态安全预警机制，建立集信息采集、信息处理、决策服务于一体的生态系统健康管理系统。按照"压力—状态—响应"的管理流程（如图 7-4 所示），根据生态安全信息监测评估结果，对生态系统的健康状况和人才的需求趋势进行科学预判，进而加强生态系统服务的管理与干预，最终实现生态系统的整体和谐、动态平衡、持续稳定的健康演进。

（一）加强安全预警的信息处理与安全决策

费尔韦瑟（Fairweather）提出以压力（P，人类行为）、状态（S，所引起的群落结构和生态系统功能的改变）和响应（R）为框架的生态系统健康的管理对策，[①] 通过衡量生态系统监测评估的健康指标，确定优先干预对象并评估干预效果。人才生态系统优化，应建立以"开放性、非平衡性、层次性、创新性"为核心的动态监测量化指标体系，收集有关生态系统结构、自组织功能、环境等的指标信息，通过信息处理系统对生态系统的健康状态进行筛选核实和整理分析，确保采集信息准确和避免发生误

---

① 〔英〕贝根等：《生态学——从个体到生态系统》（第 4 版），李博等主译，高等教育出版社，2016，第 613 页。

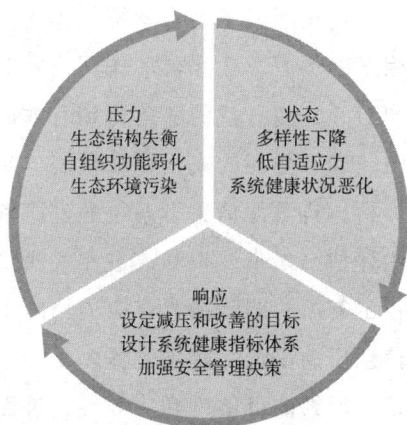

图 7-4　人才生态系统安全预警管理系统

警、虚警，再由安全预警决策系统对信息进行决策处理和反馈循环。应明确生态系统大数据平台安全标准和安全评估的信息安全标准，建立人才资源数据分析平台，充分利用已有的大数据技术手段和专业软件工具，对生态系统的安全状况进行综合评估，并明确生态安全管理者的监督评估和动态调控职能，赋予人力资源管理部门一定的人才生态安全管理职能，为党委管理决策提供精准的量化数据，辅助作出有利于发挥自组织功能作用的正确决策。应加强安全预警的安全决策管理，积极发挥安全管理功能，科学制定和动态调整中短期目标，定期召开不同专家和人才参与的头脑风暴会议，研判和预测系统发展目标和制订人才开发计划，建立战略安全预警机制，设计必要的安全稳定的"安全墙"，通过自组织仿真建模技术预测安全决策的方向和区域，及时作出反应，对人才战略目标作出应对性调整。

（二）加强安全预警的动态调节与反馈循环

人才生态系统优化，应抓好自身优化的调节与反馈环节，设置安全预警机制的自动化处置功能，设置安全预警阈值，一旦生态系统安全中不可自调节的生态失衡或外部生态环境剧变超出一定阈值，安全预警机制可以自动启动应急预案进行适度干预，形成自组织、自循环生态系统。应遵循生态关联性、层次多样性、协同优化性等生态系统的基本法则，完善保护生态系统安全的动态监测和评估反馈机制，充分运用自身发展与环境限制的正负反馈作用和力量，重视不利于生态系统优化的消极因素，采取有效措施避免或抑制消极因素的负面影响和破坏作用，并对有利于生态系统优化的积极因素进行正向引导，使有益的涨落得到有效放大并发挥作用。应建立人才信息正负反馈、动态循环的安全预警机制，对所获得的监测信息进行专家评价和系统分析，科学评估生态系统的健康和效益变化值，确定优先干预对象，并运用评估结果来调整和改进相关决策和规划，提升维持生态系统整体和谐、稳定有序的调节能力。应适当减少信息反馈路径的层级，畅通多向传导的信息反馈渠道，建立立体多维、高效便捷的安全信息反馈体系，增强安全信息反馈的可信度和时效性，进而缩短生态系统安全预警的响应时间。

（三）加强安全损害的生态问责和生态补偿

生态权利需要生态正义来保障，生态正义是资源配置的社会正义，是制定和完善生态环境政策的伦理支撑。生态正义是指"正确或恰当地解决生态权利的保护、生态权利的购买和生态补偿等问题"①。温茨在关注生态环境的社会正义问题时指出："社会正义和环境保护的议题必须同时受到关注。……生态学关注并不能主宰或总是凌驾于对正义的关切之上，而且追求正义也必定不能忽视其对环境的影响。"② 人才生态系统优化，应当坚持生态正义的道德原则，遵循配置资源公平公正和平等互惠、对生态环境担责自律等要求，以生态正义为基础制定保护环境政策和社会正义制度体系，提供合理合法的生态利益诉求机制，吸引人才参与维护自身生态权益以获得社会的生态正义，建设友好和谐的、适于人才生存和发展的环境友好型生态环境。应充分借鉴国内外已有的生态问责制度体系，建成一套权责明确、分工清晰、运行流畅的生态安全问责制度，按照权、责、利对等的原则和生态安全的决策、执行和监督功能对权责进行划分和设置，加强各级各部门的生态保护意识和责任意识，鼓励全员参与、全程监督生态系

---

① 李惠斌等主编《生态文明与马克思主义》，中央编译出版社，2008，第67页。
② 〔美〕彼得·S. 温茨：《环境正义论》，朱丹琼、宋玉波译，上海人民出版社，2007，第2页。

统安全保护，及时发现安全隐患问题，形成各方共管、分工协作、追究责任的良性互动，督促各类人才积极履行生态系统安全保护的权利和义务。应强化生态安全纪律和规矩的刚性约束作用，加强生态系统优化情况常态化监督检测，综合运用党委机关和职能部门问责、第三方专业评估机构问责、法制和审计监察问责等多种问责形式，对损害生态安全的失职行为进行监督和问责，及时启动追究责任机制，并在规定范围内采取一定形式对问责结果进行公示和反馈，把生态安全责任的"板子"打在具体的人身上，实现生态系统安全问责的高度公开和透明，进而实现生态系统优化全过程的立体监督。应建立生态补偿自组织机制，根据监测和评估结果自动进入生态补偿程序，发挥生态系统自组织机制作用，自主优化和修复人才资源的基础生态位，不仅要对人才主体及时"补位"，更要恢复生态系统各组分的比例平衡，通过提供可利用性资源和适宜生境来补偿生态系统健康的损坏，推动生态系统的健康可持续发展。

结　语

列宁指出："规律就是关系。……本质的关系或本质之间的关系。"①
规律是事物发展变化中内在的必然联系和前进趋势，并且是不以人的意志
为转移的客观存在。研究人才生态系统优化，就必须科学地认识"客观事
物的内部联系，即规律性"②，并能动地运用这些规律，以便更好地达到优
化目的。"马克思在考察有机整体时，常常是在由它统一并以其命名的特
殊环节中，在各个环节的主要东西中，来考察事物本身的一般性。"③ 也就
是说，一般的规律性规定，要从特殊的现实形式中总结、提炼和升华。本
书从调查分析人才与生态环境之间的关系现状着手，尝试运用已有成熟的
科学理论和思维方法，对两者所构成的生态系统进行系统性分析，在规划
设计总体目标、建构优化模型和透析运行机制的基础上，通过优化现有生
态系统的结构与功能，着力构建具备耗散结构和自组织优化功能、更高级
更复杂的新生态系统，探索形成一些能够有效解决人才复杂系统问题的规
律性认识成果，为在人才强国实践中发挥人才作用、形成系统合力提供必
要的理论支撑和应用参考，希冀为实现中华民族伟大复兴的宏伟事业贡献
一份微薄之力。

列宁曾指出，思维从具体的东西（指生动的直观）上升到正确的抽象
的东西（即抽象概念）都"不是离开真理，而是接近真理"④。毛泽东也
说过："人类认识的历史告诉我们，许多理论的真理性是不完全的，经过

---

① 《列宁全集》第 55 卷，人民出版社，2017，第 128 页。
② 《毛泽东选集》第 3 卷，人民出版社，1991，第 801 页。
③ 〔日〕见田石介：《资本论的方法研究》，张小金等译，中国书籍出版社，2013，第
170 页。
④ 〔德〕黑格尔：《小逻辑》，贺麟译，商务印书馆，2014，第 15 页。

实践的检验而纠正了它们的不完全性。"[①] 本书尽量运用批判性思维对所用理论进行辨伪存真，确保研究结论的可证伪性和有用性，但绝不是达到了绝对正确和普适的真理，而只是适用于一定假设和范围的"一种对真理的逼近"，特别是所构建的计量模型，还需要在以后的实践应用中不断调整和完善，进一步增强其适应性和生机活力，使研究成果更加接近真理。由于笔者学术水平和时间精力有限，本书所构建的人才生态系统优化理论体系还不够完善，生态系统的计量模型还不能完全模拟原生态系统的实际状态，容易受个人主观因素和不同单位的特殊情况影响，还没有充足时间把研究成果应用于具体个案并进行长时间的跟踪验证，容易出现计量模型建构过于理想化、可重复性不够强等问题，还有很大的改进空间。

　　下一步，笔者将把生态系统的计量模型运用到个案进行效果验证，根据实验偏差调整计量模型，完善计量公式，提高测量精度和适用广度，然后运用大数据技术对人才生态系统优化成果进行效果测量和评估，修改完善形成更具普适性的优化路径，为各生态系统提供可预测发展趋势的优化策略。笔者还将运用马克思主义生态哲学思想和系统观念对研究成果进行必要的批判性反思，从系统哲学和生态哲学的高度研究和完善人才生态系统优化的理论体系和思维模式，力求取得更多更好的理论成果和应用价值。

---

① 《毛泽东选集》第 1 卷，人民出版社，1991，第 293 页。

参考文献

一 中文文献

（一）经典类

《马克思恩格斯全集》第 1 卷，人民出版社，1961。

《马克思恩格斯全集》第 2 卷，人民出版社，1961。

《马克思恩格斯全集》第 3 卷，人民出版社，2001。

《马克思恩格斯全集》第 12 卷，人民出版社，1998。

《马克思恩格斯全集》第 20 卷，人民出版社，1971。

《马克思恩格斯全集》第 25 卷，人民出版社，1974。

《马克思恩格斯全集》第 42 卷，人民出版社，1979。

《马克思恩格斯全集》第 44 卷，人民出版社，2001。

《马克思恩格斯选集》第 1 卷，人民出版社，1995。

《马克思恩格斯选集》第 3 卷，人民出版社，1995。

《马克思恩格斯选集》第 4 卷，人民出版社，1995。

《马克思恩格斯文集》第 1 卷，人民出版社，2009。

《马克思恩格斯文集》第 2 卷，人民出版社，2009。

《马克思恩格斯文集》第 3 卷，人民出版社，2009。

《马克思恩格斯文集》第 5 卷，人民出版社，2009。

《马克思恩格斯文集》第 9 卷，人民出版社，2009。

《列宁全集》第 28 卷，人民出版社，1990。

《列宁全集》第 52 卷，人民出版社，1988。

《列宁全集》第 55 卷，人民出版社，1990。

《毛泽东选集》第 1 卷，人民出版社，1991。

《毛泽东选集》第 2 卷，人民出版社，1991。

《毛泽东选集》第 3 卷，人民出版社，1991。

《毛泽东选集》第 4 卷，人民出版社，1991。

《毛泽东文集》第 1 卷，科学出版社、中央文献出版社，1993。

《毛泽东文集》第 2 卷，科学出版社、中央文献出版社，1993。

《邓小平文选》第 2 卷，人民出版社，1994。

《邓小平文选》第 3 卷，人民出版社，1993。

《江泽民论有中国特色社会主义（专题摘编）》，中央文献出版社，2002。

中共中央宣传部编《习近平总书记系列重要讲话读本》，学习出版社、人民出版社，2014。

中共中央宣传部编《习近平总书记系列重要讲话读本（2016 年版）》，学习出版社、人民出版社，2016。

中共中央文献研究室编《习近平总书记重要讲话文章选编》，党建读物出版社，2016。

科学院编《马克思主义理论著作选读》，科学出版社，2008。

《国家中长期人才发展规划纲要（2010—2020 年）》，人民出版社，2010。

中共中央纪律检查委员会、中共中央文献研究室编《习近平关于党风廉政建设和反腐败斗争论述摘编》，中央文献出版社、中国方正出版社，2015。

中共中央纪律检查委员会、中共中央文献研究室编《习近平关于严明党的纪律和规矩论述摘编》，中央文献出版社、中国方正出版社，2016。

中共中央组织部党建研究所课题组编著《中国特色干部选拔任用制度改革拓展研究》，党建读物出版社，2011。

习近平：《高举中国特色社会主义伟大旗帜 为全面建设社会主义现代化国家而团结奋斗——在中国共产党第二十次全国代表大会上的报告》，人民出版社，2022。

习近平：《决胜全面建成小康社会 夺取新时代中国特色社会主义伟大胜利——在中国共产党第十九次全国代表大会上的报告》，人民出版社，2017。

胡锦涛：《坚定不移沿着中国特色社会主义道路前进 为全面建成小康社会而奋斗——在中国共产党第十八次全国代表大会上的报告》，人民出版社，2012。

《中国共产党第十八届中央委员会第三次全体会议文件汇编》，人民出版社，2013。

《十八大以来重要文献选编》（上），中央文献出版社，2014。

（二）专著类

徐民华、刘希刚：《马克思主义生态思想研究》，中国社会科学出版社，2012。

徐颂陶、罗洪铁：《马克思主义人才论》，中国人事出版社，2006。

曾广堂、陈尤龙主编《马克思主义基本原理》（下），辽宁教育出版社，1987。

陶火生：《马克思生态思想研究》，学习出版社，2013。

李惠斌等主编《生态文明与马克思主义》，中央编译出版社，2008。

王伟光：《利益论》，人民出版社，2001。

乌杰：《系统哲学之数学原理》，人民出版社，2013。

陈忠、盛毅华：《现代系统科学学》，上海科学技术文献出版社，2005。

郭志达：《生态工业系统的演化规律及其运行机制》，经济管理出版社，2015。

魏宏森、曾国屏：《系统论——系统科学哲学》，清华大学出版社，1995。

常杰、葛滢：《生态学》，高等教育出版社，2010。

范国睿：《教育生态学》，人民教育出版社，2000。

林育真、付荣恕主编《生态学》（第2版），科学出版社，2011。

邹冬生主编《生态学概论》，湖南科学技术出版社，2007。

湛恩华、沈小峰等编《普利高津与耗散结构理论》，陕西科学技术出版社，1982。

宋方敏主编《军事管理经济分析》，科学出版社，1993。

黄梅：《人才生态的理论探讨与管理创新》，经济科学出版社，2014。

叶忠海、郑其绪主编《新编人才学大辞典》，中央文献出版社，2015。

齐三平：《人才战略理论与实践》，科学出版社，2014。

裘克人：《人才学引论》，能源出版社，1988。

薛永武主编《人才开发学》，中国社会科学出版社，2008。

王日中：《新编人才学》，解放军出版社，2000。

沈国权、杨云学：《人才学新论》，解放军出版社，2002。

李建昌主编《军事人才学概要》，国防大学出版社，2010。

杨敬东：《潜人才学》，山西教育出版社，2004。

沈邦仪：《人才生态论》，蓝天出版社，2005。

孙正聿：《哲学通论》（修订版），复旦大学出版社，2005。

寇炜材：《人事管理生态化研究》，科学出版社，2009。

〔德〕黑格尔：《小逻辑》，贺麟译，商务印书馆，2014。

〔德〕黑格尔：《美学》第1卷，朱光潜译，商务印书馆，1979。

〔德〕黑格尔：《逻辑学》（下卷），商务印书馆，杨一之译，2011。

夏禹龙等编著《科学学基础》，科学出版社，1983。

〔奥〕贝塔兰菲：《一般系统论》，秋同、袁嘉新译，社会科学文献出版社，1987。

〔美〕巴巴拉·沃德、雷内·杜博斯主编《只有一个地球》，国外公害资料编译组译，石油工业出版社，1981。

〔美〕拉兹洛：《用系统论的观点看世界》，中国社会科学出版社，1985。

〔德〕汉斯·萨克塞：《生态哲学》，东方出版社，1991。

〔德〕卡尔·雅斯贝尔斯：《什么是教育》，邹进译，生活·读书·新知三联书店，1991。

世界环境与发展委员会：《我们共同的未来》，王之佳等译，吉林人民出版社，1997。

〔美〕彼得·S.温茨：《环境正义论》，朱丹琼、宋玉波译，上海人民出版社，2007。

〔法〕埃德加·莫兰：《复杂性思想导论》，陈一壮译，华东师范大学出版社，2008。

〔美〕奥德姆、巴雷特：《生态学基础》（第5版），陆健健等译/校，高等教育出版社，2009。

〔日〕见田石介：《资本论的方法研究》，张小金等译，中国书籍出版社，2013。

〔丹〕约恩森：《系统生态学导论》，陆健健译，高等教育出版社，2013。

（三）期刊类

唐德章：《人才生态系统的动态平衡及政策措施》，《生态经济》1990年第6期。

张一方：《人才生态学与中国荣获诺贝尔奖的可能途径》，《科学学与科学技术管理》2001年第7期。

李勇、陈旭东：《基于博弈论的合作竞争战略》，《中国软科学》2001年第9期。

秦玉明：《管理导向 教育导向 编辑导向——"导向学研究"之十一》，《攀枝花大学学报》2001年第1期。

丁大建：《培育首都人才良性的"生态系统"》，《科技潮》2004年第7期。

梁磊、邢欣：《论组织生态学研究对象的层次结构》，《科学学研究》2003年第1期。

马伟光：《生态学规律与人才生态圈》，《人力资源》2004年第11期。

李光玉：《对人才实施动态配置的设想》，《东南学术》2004年第3期。

孙志伟、杜恒波：《胶东半岛制造业基地人力资源生态环境研究》，《山东社会科学》2005年第7期。

宋素娟：《人才生态系统的建构》，《现代企业》2005年第6期。

贺继红、杜恒波：《基于生态学理论的企业人才集聚对策》，《商业时代》2006年第13期。

颜爱民、刘媛：《人力资源生态位概念界定及因子测算》，《生态经济》（学术版）2006年第2期。

颜爱民：《人力资源生态系统刍论》，《中南大学学报》（社会科学版）2006年第12期。

林洁梅：《谈一点人才成长的"生态环境"建设问题》，《科技管理研究》2006年第3期。

陈娆燕：《论科学发展观人本价值向度的科学性与伦理精神的统一》，《求索》2006年第7期。

王强：《高校生态型人才培养的制约因素及对策》，《中国成人教育》2008年第24期。

许芳、王宏：《人才生态环境建设探讨》，《企业活力》2007年第7期。

徐怀科、王国聘：《生态力探究》，《南京林业大学学报》（人文社会科学版）2009年第2期。

王通讯：《从人事管理到人力资源管理与开发》（下篇），《中国人才》2008年第23期。

吴冰、季秋轩：《科学发展观与人的全面发展》，《解放军艺术学院学报》2008年第3期。

王殿雄、杜云飞：《中国人力资源生态环境的动态优化》，《人力资源》2007年第12期。

马计斌、董玉红、李海涛：《基于改进生态位测度的企业人力资源评价模型》，《统计与决策》2008年第4期。

邬江兴：《完善创新生态链培育创新型人才》，《科学咨询》2007年第3期。

黄梅、吴国蔚：《人才生态环境综合评价体系研究》，《科技管理研究》2009年第1期。

牛德林：《论人的本质、人的全面发展和人的可持续发展》，《哈尔滨市委党校学报》2008年第6期。

龙青云:《计算机专业应用型创新人才培养的生态系统研究》,《计算机教育》2009 年第 24 期。

张淑林:《营造创新生态环境 培养高层次创新型人才》,《中国高等教育》2009 年第 22 期。

李援越、吴国蔚:《基于生态学的高技能人才开发研究》,《科技管理研究》2010 年第 16 期。

徐茜、张体勤:《基于城市环境的人才集聚研究》,《中国人口资源与环境》2010 年第 9 期。

杨菲:《培育人才生态系统》,《21 世纪商业评论》2010 年第 1 期。

李龙强:《动态优化人才生态——人才资源管理的根本》,《山西煤炭管理干部学院学报》2012 年第 3 期。

杨凡、吴红云:《基于生态学视阈的创新型人才成长体系初探》,《四川教育学院学报》2010 年第 9 期。

周方涛:《基于 AHP-DEA 方法的区域科技创业人才生态系统评价研究》,《管理工程学报》2013 年第 1 期。

黄梅:《基于熵流模型的人才生态区动态监测体系研究——以北京中关村海淀园为例》,《中国行政管理》2013 年第 9 期。

吕星何:《对人才成长环境的探析》,《海军士官》2010 年第 6 期。

黄河、冯辰:《人才成长生态环境建设探微》,《政工理论研究》2009 年第 3 期。

戴勇、范明:《跨国经营背景下企业人力资源生态系统研究:基于知识链视角》,《江海学刊》2008 年第 4 期。

杜国柱、王博涛:《商业生态系统与自然生态系统的比较研究》,《北京邮电大学学报》(社会科学版) 2007 年第 5 期。

盖宏伟、刘志峰:《人力资源管理生态系统内涵、结构与动态优化研究》,《生态经济》2010 年第 10 期。

李纲:《关于知识和人才流失的知识生态模型》,《科技进步与对策》2008 年第 4 期。

刘冬梅、汪波、张保银:《基于生态位理论的高新区人才流动现象探究》,《软科学》2010 年第 6 期。

严爱民、李顺:《企业人力资源生态系统稳定性影响因素实证研究》,《统计与决策》2009 年第 18 期。

杨凡、吴红云:《基于生态学视阈的创新型人才成长体系初探》,《四川教育学院学报》2010 年第 9 期。

戴琳、包先建:《竞争与合作均衡:企业网络联盟中竞合关系协调的关键》,《价值工程》2011 年第 17 期。

李纲:《关于知识和人才流失的知识生态模型》,《科技进步与对策》2008 年第 4 期。

张国昌、胡赤弟:《区域高等教育生态多样性:内涵与发展策略》,《教育发展研究》2009 年第 23 期。

王海花等:《创新生态系统视角下我国实施创新驱动发展战略的"四维"协同框架》,《科技进步与对策》2014 年第 17 期。

刘瑞波、边志强:《科技人才社会生态环境评价体系研究》,《中国人口·资源与环境》2014 年第 7 期。

司林波、张新宇:《澳大利亚生态问责制述评》,《西华大学学报》(哲学社会科学版) 2016 年第 1 期。

二　外文文献

U. R. Margalef, *Information Theory in Ecology*, Gen System, Chandler, 1958.

W. H. Van Dobben, *Unifying Concepts in Ecology*, Washington, 1974.

12. R. Pomeroy, et al., *Concepts of Ecosystem Ecology*, Springer-Verlog, New York, 1988.

Y. S. Lincoln, E. G. Guba, *Natualistic Inquiry*, Beverly Hills: Sage, 1985.

J. P. Aubin, *Viability Theory*, Birkhauser, Boston, 1991.

S. E. Jorgensen, *Integration of Ecosystem Theories: Apattern*, Kluwer Academic Publishers, Lippincott, 1992.

C. Pahl Wostl, *The Dynarmic Nature of Ecosystems: Chaos and Order*

Entwined, John Wiley & Sons, Hoboken, 1995.

R. D. Simpson et al., *Ecosystem Function & Human Activities*, Chapman & Hall, Rexburg, 1997.

3. Pahl Wostl, The Dynarmic Nature of Ecosystems: Chaos and Order Entwined, John Wiley & Sons, Hoboken, 1995.

6. B. Samson et al., *Ecosystem Management Selected Readings*, Springer-Trerlag, Berlin, 1996.

19. J. CECI, "Urie Bronfenbrenner (1917 – 2005)," *AmPsychol*, 2006 (2).

Ruediger Klimecki, *Human Resource Ecology-an Empirical Analysis*, University of Konstanz, Konstanz, 2003.

J. K. Klein, *Interdisciplinarity: History, Theory, Practise,* Detroit: Wayne State University Press, 1990.

Robert E. Ricklefs, *The Economy of Nature Fifth Edition*, W. H. Freeman, 2007.

S. A. Tansley, "The Use and Abuse of Vegetational Concept and Terms," *Ecology*, 1935 (16).

Edgar H. Schein, "Culture: The Missing Concept in Organization Studies," *Administrative Science Quarterly* 41, 1996 (2).

13. Danger, T. Daufresne, F. Lucas, et al., "Does Liebig's Law of the Minimum Scale up from Species to Communities," *Oikos*, 2008 (11).

M. Day, J. Saive, "Testing Shelford's Law of Tolerance in Amphipods (Gammarus Minus) Exposed to Varing PH and Conductivity," *Journal of Ecological Research*, 2009 (9).

Sarah E. Needleman, Fletnher Owen, "A Start-up Ecosystem Forms in Chicago," *Wall Street Journal-Eastern Edition*, 2012 (61).

图书在版编目（CIP）数据

人才生态系统优化研究 / 周忠坚著. -- 北京：社
会科学文献出版社，2025.5. --（新时代党的创新理论
研究论丛）. -- ISBN 978-7-5228-4614-9

Ⅰ. C964.2

中国国家版本馆 CIP 数据核字第 2024TQ7908 号

新时代党的创新理论研究论丛
人才生态系统优化研究

著　　者 / 周忠坚

出 版 人 / 冀祥德
责任编辑 / 曹长香
文稿编辑 / 公靖靖
责任印制 / 岳　阳

出　　版 / 社会科学文献出版社 （010）59367162
　　　　　　地址：北京市北三环中路甲 29 号院华龙大厦　邮编：100029
　　　　　　网址：www.ssap.com.cn
发　　行 / 社会科学文献出版社 （010）59367028
印　　装 / 三河市尚艺印装有限公司

规　　格 / 开本：787mm×1092mm　1/16
　　　　　　印张：13.5　字数：185 千字
版　　次 / 2025 年 5 月第 1 版　2025 年 5 月第 1 次印刷
书　　号 / ISBN 978-7-5228-4614-9
定　　价 / 89.00 元

读者服务电话：4008918866